互联网背景下的大学英语教学创新研究

苏婷婷　董　霞　靳慧敏　著

中国书籍出版社

图书在版编目(CIP)数据

互联网背景下的大学英语教学创新研究 / 苏婷婷，董霞，靳慧敏著. -- 北京：中国书籍出版社，2021.8
ISBN 978-7-5068-8676-5

Ⅰ.①互… Ⅱ.①苏… ②董… ③靳… Ⅲ.①英语－教学研究－高等学校 Ⅳ.①H319.3

中国版本图书馆 CIP 数据核字(2021)第 181445 号

互联网背景下的大学英语教学创新研究

苏婷婷　董　霞　靳慧敏　著

丛书策划	谭　鹏　武　斌
责任编辑	吴化强
责任印制	孙马飞　马　芝
封面设计	东方美迪
出版发行	中国书籍出版社
地　　址	北京市丰台区三路居路 97 号(邮编：100073)
电　　话	(010)52257143(总编室)　　(010)52257140(发行部)
电子邮箱	eo@chinabp.com.cn
经　　销	全国新华书店
印　　厂	三河市德贤弘印务有限公司
开　　本	710 毫米×1000 毫米　1/16
字　　数	372 千字
印　　张	18.5
版　　次	2023 年 1 月第 1 版
印　　次	2023 年 1 月第 1 次印刷
书　　号	ISBN 978-7-5068-8676-5
定　　价	98.00 元

版权所有　翻印必究

目 录

第一章　绪论 ………………………………………………………… 1
　第一节　互联网背景分析 …………………………………………… 1
　第二节　互联网与教育的融合 ……………………………………… 6

第二章　大学英语教学概述 ………………………………………… 9
　第一节　大学英语教学的界定与历史 ……………………………… 9
　第二节　大学英语教学的现状与方法 ……………………………… 12
　第三节　大学英语教学的内容与原则 ……………………………… 16
　第四节　大学英语教学的理论依据 ………………………………… 19

第三章　互联网背景下的大学英语教学 …………………………… 28
　第一节　互联网对大学英语教学的深刻影响 ……………………… 28
　第二节　互联网背景下大学英语教学的意义与目标 ……………… 32
　第三节　互联网背景下大学英语教学的基本原则 ………………… 36
　第四节　互联网背景下大学英语教学的优势与挑战 ……………… 38

第四章　互联网背景下大学英语教学中涌现的教与学模式 ……… 42
　第一节　互联网背景下大学英语教学的新模式 …………………… 42
　第二节　互联网背景下大学英语学习的新模式 …………………… 62

第五章　互联网背景下大学英语听说教学的创新探索 …………… 69
　第一节　互联网背景下的大学英语听力教学 ……………………… 69
　第二节　互联网背景下的大学英语口语教学 ……………………… 82

第六章　互联网背景下大学英语读写教学的创新探索 …………… 91
　第一节　互联网背景下的大学英语阅读教学 ……………………… 91
　第二节　互联网背景下的大学英语写作教学 ……………………… 107

第七章 互联网背景下大学英语词汇与语法教学的创新探索 ··· 125
第一节 互联网背景下的大学英语词汇教学 ··· 125
第二节 互联网背景下的大学英语语法教学 ··· 139

第八章 互联网背景下大学英语翻译与文化教学的创新探索 ··· 151
第一节 互联网背景下的大学英语翻译教学 ··· 151
第二节 互联网背景下的大学英语文化教学 ··· 172

第九章 互联网背景下大学英语教学评价的创新 ··· 191
第一节 英语教学评价简述 ··· 191
第二节 互联网背景下大学英语教学评价创新的必要性 ··· 198
第三节 互联网背景下大学英语教学评价的原则 ··· 199
第四节 互联网背景下大学英语教学评价的方法 ··· 205

第十章 互联网背景下大学英语教师的专业发展 ··· 213
第一节 教师专业发展简述 ··· 213
第二节 影响英语教师专业发展的因素 ··· 216
第三节 互联网背景下大学英语教师的角色与素质 ··· 219
第四节 互联网背景下大学英语教师专业发展的途径 ··· 223

第十一章 互联网背景下大学英语教学其他方面的创新 ··· 232
第一节 课程思政教学的创新 ··· 232
第二节 生态教学的创新 ··· 244
第三节 跨文化交际教学的创新 ··· 255
第四节 ESP 教学的创新 ··· 270
第五节 英语教材的创新 ··· 276

参考文献 ··· 280

第一章 绪 论

现在的互联网技术已经进入飞速发展时期,渗透到人们生活中的各个方面,逐渐成为个体间进行交流、学习以及理解世界的一种基本方式。互联网技术在发展过程中的每一次飞跃都是人类文明史上的进步,其对推动社会的发展产生着重要的意义,并在教育领域发挥着巨大作用。本章作为开篇,对互联网背景以及互联网与教育的融合展开分析,为后面章节内容的展开做铺垫。

第一节 互联网背景分析

一、信息技术的产生与发展

(一)信息技术的内涵

在现实社会中,信息广泛存在,我们每时每刻都离不开信息,而且我们需要经常不断地获取信息、加工信息和运用信息来为社会各个领域服务。

正是为了扩展人类的信息功能,信息技术才得以发展起来。在古代,指南针、烽火台、风标、号角、语言、文字、纸张、印刷术等作为传载信息的手段都发挥过重要作用;望远镜、放大镜、手摇机械计算机等作为近代信息技术的产物,是现代信息技术的早期形式。

到了20世纪中叶,伴随着计算机技术的出现和发展,人类在信息处理方面也进入了一个全新的阶段,即现代信息技术阶段。

现代信息技术是利用科学的原理和方法来实现信息采集、存储、传递、处理、使用等功能的一类技术。

(二)信息技术在教育中的应用

总体而言,无论是教学还是教育都离不开信息技术,教学中使用最多的教材就是一种信息技术。随着科技的进步与发展,现在信息技术对人们的工作、学习等产生了深远影响,尤其是计算机技术的进步,为信息技术应用于教学提供了便利。最初,计算机在教学中的应用主要是开发辅助教学软件,这些软件大都是基于行为主义学习理论的,主要用来供学生操作和练习。

20 世纪 70 年代,计算机在教学中的运用更为广泛,一些大学和公司相继开发了各课程的比较成熟的辅助教学软件。

到了 20 世纪 80 年代后期,随着微型计算机和多媒体技术的发展,信息技术在教育中的应用越来越广泛,利用计算机开发的教学软件的呈现方式也不仅仅局限于文本,而是图、文、声、像并茂。此时认知理论已经成为指导计算机辅助教学发展的重要理论基础,这一时期开发了一些高质量的教学软件。与此同时,世界上许多国家在 20 世纪 80 年代初已经把"计算机教育"引入中小学教育中。

20 世纪 90 年代以来,国外的中小学普遍加强信息技术教育,发达国家尤其注重这一点。而且他们已经意识到以计算机、多媒体和网络为核心的信息技术将是今后人们获取知识、从事工作、了解世界和与人交往的重要途径。为此,发达国家加大了对信息技术教育的投入,用于购置计算机设备和进行信息技术教育方面的师资培训。

在中小学开设信息技术教育课程的目标是培养学生的信息能力,即学生获取、分析、加工和利用信息的能力,为实现这一目标,通常有两种模式:一是独立开设信息技术课;另一种是将信息技术内容整合到中小学各学科的课程中去,使信息技术知识和能力的培养与各学科的教学过程紧密结合起来。20 世纪 90 年代中期以前,基本上是采用第一种模式——单独开课;到 20 世纪 90 年代中期以后才有一些国家开始采用第二种模式——信息技术与课程整合。

之前,教育者把注意力都放在了技术在教学中的单独呈现上,而忽视了技术与课程的整合。尽管第二种模式只是试验性探索,但是"整合模式"将会成为信息技术教育发展的必然趋势。

二、大数据时代的到来

(一)数据无处不在

互联网的迅猛发展,要求机器设备采集信息应该具有及时性,加上移动互联网的应用,导致产生了大量的文本、数据、音频、视频等,这对存储技术提出了更高的要求。同时,位置信息、关系信息等使得数据的种类也更加丰富,因此对数据进行挖掘显得非常重要,也得到了人们的重视。当然,这些数据如何进行挖掘和存储成为一个关键问题,这时大数据的理念与方法正在悄然诞生。

根据中国互联网络信息中心发布的报告,当前我国的网民数量已经稳居世界的首位,每天产生的数据量也在世界名列前茅。很多人早晨起床的第一件事就是刷手机,看手机实际上就是看信息,看信息其实就是在看数据。也就是说,现如今人们已经离不开数据。

随着互联网技术的迅猛发展,物联网、云计算以及社交网络、智能终端等应运而生。另外,为了避免数据出现遗失,也出现了很多存储设备与功能,便于数据保存更为快捷与安全,也让数据变得更为强大。

数据的快速增长吸引了更多的数据管理与分析服务等。政府、互联网、电子商务、医疗、金融等行业开始采用多种新兴信息技术来收集各类数据,便于从中挖掘出价值与知识。数据规模与类型越来越大,这已经成为当今社会的显著特征。对于组织而言,数据采集已经不是障碍,关键在于如何对其完善,挖掘出更有效的信息,让信息变得更容易理解并且便于利用。

(二)数据成为战略资源

《华尔街日报》指出了引领未来繁荣的三种技术:智能化生产技术、大数据技术以及无线网络技术。麦肯锡公司也指出数据属于一种生产资料,是下一个竞争与创新的前沿。世界经济论坛的报告也指出了大数据是一种新的财富手段,价值甚至要超过石油。

通过上述这些的论调,我们应该知道这一时代需要更好地认识与掌握大数据,并对大数据进行合理的开发与利用。大数据的价值主要体现在其具体的应用上,人们对大数据的关心实际上也是对应用的关心,关心如何从业务与应用出发,挖掘大数据的价值,从而使大数据为人们的生产生活服务。

在大数据时代,谁能够挖掘与掌握数据的价值,谁就能够在竞争中获胜。下面从几个层面来分析大数据的战略价值。

1. 从国家战略看大数据

当前,大数据已经成为对国家竞争优势进行重塑的新机遇。在信息化迅猛发展的今天,大数据已经成为国家的重要战略资源,其价值已然与今天的自然资源、人力资源等同,大数据在信息公开、国家安全、设施布局、隐私保护等层面的作用非常巨大。大数据及其应用已经成为各行各业在当今社会制胜的关键。

对大数据的恰当应用,实现数据规模、质量的提升,发掘其潜在的价值,有助于更好地发挥大数据的战略作用,提升网络空间数据的保护能力,维护国家的安全,进而提升国家的竞争力。

2. 从企业发展看大数据

大数据是随着网络发展而不断产生的,其应用领域非常广泛。大数据在精准广告、搜索引擎、商贸零售等层面都得到了广泛的应用,其对数据的挖掘与应用是得到人们认可的。同时,在互联网金融、医疗等领域,大数据也得到了人们的关注。不仅如此,大数据也对传统行业产生了巨大的冲击。

如果企业能够运用大数据,那么就能够抢占先机,如果能够将数据作为核心资产,那么就能够提升自身的竞争力与国际地位。在大数据时代,将会有更多的企业有数据的需求,这些需求能够促进企业进行良好地转型。百度、腾讯等公司就为这些企业提供了服务,有些企业在经营中并不盈利,但是他们通过这些服务,可以获取广大用户的数据,从而开发这些用户资源,从而获得利润与价值。电信运营商是典型的数据资产运营者,他们有着丰厚的用户数据、视频数据、流量数据等,这些数据给予了他们极大的优势,目前主要的电信运营商都在努力开发数据资源。显然,在大数据时代,可以毫不夸张地说,得数据者得天下。

从大数据的案例到实际运用,从数据收集到挖掘,大数据本身是一个非常复杂的过程。大数据的数据量并不是一个重要的问题,最为重要的问题是数据质量问题,即要保证数据的实效性。

3. 从公众视角看大数据

在当今时代,公众不仅仅是数据的消费者,也是数据的生产与加工者,他们对数据的生产、加工等过程,能够提升自身对世界的认知,会对他人的决策判断产生影响,进而影响他们的消费需求。因此,在大环境下,如何培养自身的数据基因与思想,并对这些数据基因与思想进行分析,对复杂的现象进行判断,则成为现代人必备的生存技能与个人修养。

(三)大数据的核心价值

1. 促进了思维数据化

从目前来看,当大数据时代到来时,任何一家公司的竞争力都可以划分为三种类型。第一种是大数据本身；第二种是与大数据相关的技术；第三种是大数据思维。这三种竞争力当然都是不可替代的，也是缺一不可的，但其中最为关键的，就是把数据与思维结合起来的部分。数据可以被复制，技术也可以被超越，只有思维难以被窃取。拥有领先思维的大数据玩家，最有资格发动一场胜算极大的战争，或者占据最大份额的市场，形成自己坚不可摧的竞争力。可以发现，具备大数据思维优势的公司往往是那些新兴的创业型公司，它们在一个全新的领域内崛起，而且它们的创始人大都具备大数据思维能力和大数据技术，能够及早地发现某特定商业领域中大数据的应用价值，并且做到第一时间把自己的理想付诸实施。在别人进入之前，它们就已完成了垄断。做企业是这样，对个人也是适用的。

大数据时代的到来，不仅是技术的更新，它同时标志着我们处理信息方式的变化，我们思考问题的模式的升级，我们思维深度的掘进，也是我们智能的进化。随着时间的推移，大数据将会彻底地改变人们思考这个世界的方式。

之前已经有预言：大数据的到来将引发一场新的"智慧革命"。人们可以从海量、复杂、实时的大数据中发现知识，提升智能，为社会创造更大的价值。所以，尽管存在这样或那样的不足，但大数据时代一定是美好的时代，因为数据化正在可控的范围内让我们的生活更美好，让人们的工作更方便，让人们的未来更清晰，也让人类看到了改变世界整体结构的希望，让它逐步具备"智慧"特征，从而通过数据这个工具，实现人与自然的沟通，互相之间进行智慧与理性的交流。

那么，到这时候，人们的学习、工作、生活、娱乐以及交通、医疗、能源利用方式等等都将随之改变。人们可以改变自己的头脑，从海量数据中获取所必需的工具和技能，可以提升自己的智慧，以大数据的思维重塑自己的人生战略，从而增强竞争力。

2. 促进了生活变革

大数据时代给人们生活带来的好处当然是显而易见的。现在，几乎人人拿着一部手机，有的人甚至好几部智能手机；人们的面前也摆着电脑，随时可以上网；人们面对爆炸式的信息，遨游在信息之海，可轻松地获取数据，来改善生活的质量，享受科技带来的乐趣。

数据爆炸引发了生活变革。这不仅使人们的世界充斥着比以往更多的信息，而且其增长速度也更快，快得让人感觉眼花缭乱，应接不暇。这种信息总量和速度的变化，最终导致了信息形态的变化，从量变引发了质变。

3. 促进了社交变革

在社交领域内，人们能想到的第一个概念就是"关系"。关系并不局限于自己所认识的人，如朋友、亲戚、同事和客户。这些直接关系的"关系"，也涉及人脉资源。

传统的社交理念是碎片式的，就是只跟直接关系有联络，然后再通过他们去认识他们的人脉资源，就像一片片的叶子，通过互相之间的枝脉相连，建立一种间接联系。

大数据时代改变了这一传统社交理念，将碎片式的社交连接变成了网式关系库。所谓网式关系库，就是"点对点"的直接连接，人们在大数据工具的帮助下，直接与目标关系人建立联系。

第二节　互联网与教育的融合

一、"互联网＋教育"的内涵

"互联网＋"是现代的主流思想，其意义是把传统的生产、销售、运营乃至生活方式都以互联网的思维进行全新的诠释。互联网＋教育也是最近的热门话题，那么"互联网＋教育＝？"答案是教育对教育的变革。

首先是对教学思维及模式的改变。传统的教学是以老师为主体。在互联网的思维模式下，老师与学生的地位完全被颠覆。所以，现在强调要提升学生在课堂上的主体地位，引发学生的学习积极性，增加课堂的互动性及灵活性。

其次是助学工具的改变。传统的助学工具，就是提供试题，让学生来做题而已。但是现在，这些简单的助学工具已经无法满足时下教育的需求。所以更多的教育商开始提供更多更科学、更人性化的服务。比如，孩子们上下学都是交通的高峰期，有很多一线城市堵车非常严重，动辄一个小时或者几个小时。那么，学生有一部分时间是浪费在上下学途中，缩短了学生的自主使用时间，无形中增加了学生的负担。而网上的教学系统则很好地解决了这个问题，只要在手机中下载软件，就可以离线学习，于是堵车的过程变成了学习的过程。这样不但科学地整合了学生的零散时间，也及时地帮助学生在最短时间内完成课后的复习，巩固了知识点，相对减轻了学生的学习负担。

总体而言，"互联网＋教育"就是在教育行业中引入互联网，实现一些基于互联网的教育应用,如 K12 在线教育、MOOC 等,"互联网＋教育"将会改变教育行业的很多行为方式。"互联网＋教育"没有一个固定的形式与定义,"互联网＋教育"等于变革——变革了传统的教育思维、教育方式及教育工具,而三者的变革又相辅相成,共同促进着变革的发展与深入。

二、"互联网＋教育"的机遇与挑战

(一)"互联网＋教育"的机遇

互联网的技术进步和应用的普及,正惠及亿万城乡师生,将会带来教育理念和模式的巨大变革,并在以下几个方面带来教育事业的重大发展机遇。

(1)促进教育公平。互联网突破了传统教育的时空限制,可以把最优质的教育资源、最先进的教育理念、最新颖的教学模式在更大范围内共享,包括偏远贫困地区,能在很大程度上改善国内教育资源分配不均的现状,为每个人提供更好的教育机会,促进教育公平发展。

(2)提高教育质量。利用网络技术,不仅能实现教学资源和智力资源的共享与传播,激发学生的学习兴趣和增强学习效果,还能推动优质教育资源共享、教育教研合作交流,推动课程改革,全方位提升教育教学的质量和效益。

(3)降低教育成本。互联网推动了教育资源配置的优化,使更多的人同时获得更高水平的教育,提高了教育资源的使用效率,降低了教育成本。另外,由互联网打造的没有围墙的学校,也为个性化学习、全民学习和终身学习提供了可能。

(二)"互联网＋教育"的挑战

教育是关系到千家万户的系统工程,涉及教育主管机构、学校、教师、学生和家长等众多实际相关主体,互联网推动下的教育变革仍将面临不小的挑战。首先是观念方面的问题。如今的学生已经是与网络共生的一代,是地地道道的互联网原居民,他们可以熟练地借助网络生活,本能地通过屏幕学习。而"50后""60后"的人的习惯是借助书本学习。观念的差异很难在短时间内得到弥补,由此对互联网＋教育的影响不能小视。其次是互联网基础设施的问题。我国互联网的普及率还没达到50%,也就是说我们还有一半的国民没有条件使用互联网。虽然近些年我国教育信息化取得了长足的发展,但仍有少数中小学没有接入互联网,10M 以上宽带接入比例仅占60%左右。部分地区的中小学生人机比配置还不理想,教育信息化基础设施建设的城乡差异仍然较大。

另外,教育管理方式也存在问题。如果学生不能自由选择学习科目和讲课教师,如果学分不能互认,学位不能等价衔接,互联网＋教育很难发挥其最大效益。我们需要尽快研究制定教学资源的上网认证标准,要针对经过认证的教学类资源制定网上学习效果评价标准,要制定课程微证书发放办法等。

需要说明的是,"互联网＋教育"与目前热闹的在线教育投资热是有区别的。互联网与教育的融合是必然的,也将越来越密切,但是以资本与互联网商业模式驱动教育与互联网,是有致命缺陷的。2012年掀起的在线教育投资热潮已经开始褪去,但互联网＋教育的热潮还将持续下去,不可逆转。

总之,我们要有新的观念、新的技术和新的管理模式,才能拥抱"互联网＋教育"的新时代。

第二章 大学英语教学概述

在我国高等教育教学中,大学英语教学有着重要的地位,并且随着人们对大学英语教学越来越重视,对大学英语教学的要求也越来越高。当前的大学英语教学不仅在于传播英语知识,还承担着培养英语实用型人才的责任。本章就对大学英语教学的理论展开研究。

第一节 大学英语教学的界定与历史

一、大学英语教学的界定

英语教学是教师依据一定的英语教学目的与教学目标,在有计划的系统性的过程中,借助一定的方法和技术,以传授和掌握英语知识为基础,促进大学生整体素质发展的教与学相统一的教育活动。对于大学英语教学可以这样定义。

(一)有目的、有计划的活动

说教学具有计划性、目的性,主要是在于教师是为了让学生获得知识与技能,实现多层面的发挥。在教学活动中,教师需要按照教学任务与教学目的出发,将课程内容作为媒介,通过各种方法、手段等引导学生进行交往与交流,促进学生的全面发展。

(二)教师教与学生学的统一活动

无论就哪个角度而言,人们都不能否认教学活动是"教"与"学"的过程,且二者是相互制约、相互依赖的关系。在课堂中,教师的教离不开学生的学,学生的学自然也离不开教师的教,因此二者是同一过程的两个层面。正如中国教育理论家王策三在《教学论稿》中所说:"所谓教学,乃是教师教、学生学的统一活动,在这一活动中,学生掌握自身需要的知识与技能,同时促进自己身心的发展。"

需要指明的是,大学英语教学并不是教与学的简单相加,而是教师指导学生学习的过程,是二者相统一、相结合的过程。要想保证教与学的统一,不能片面地强调只有教或者只有学,也不能片面地简单相加,而应该从学生自身的学习规律与身心发展特点出发,进行教与学的活动。从这一点来说,教师教学能否成功的关键是学生的学。

(三)一种人际交往活动

也就是说,大学英语教学的本质是人与人之间的交往,是一种重要的社会活动,其体现了一般的人际交往与语言交际的特征。这一交往活动表现为师生之间围绕共同的目标、共同的话题展开对话与合作,从而使学生不断提升自身的表情达意能力,提高自身的文化意识与情感态度,促进自身学习策略的进步与发展。

(四)需要采用合理的方法与技术

大学英语教学经过深厚的历史积淀,形成了大量有效的教学方法。现代科学技术,尤其是信息技术的发展,为大学英语教学提供了多种可以借助的教育技术。

二、大学英语教学的历史

(一)20世纪五六十年代

任何一个教育政策的颁布都与国家的政治、经济等密切相关,当然英语教育也是这样的,其与国家的科技、外贸等有着紧密的联系。例如,我国在1950年倡导"向苏联学习",这就使得俄语在中国流行起来,但是那时候英语未得到应有的重视。因此,在中华人民共和国成立之前,很多英语教师纷纷转向学习俄语这门语言,这一情况一直到1980年初期。我国英语教师的数量逐渐下降,各个高校也认识到这样问题,因此要求教师重新学习英语。但是,因为教师长时间学习俄语,导致英语教育技能基本忘却,因此很多教师也就丧失了担任英语教师的能力。

(二)20世纪七八十年代

20世纪70年代末,我国整体处于百废待兴的状况,英语教学也转向真正的起步阶段,并且受到人们的广泛关注,英语的重要性再次被凸显出来。在这一时期,英语教育者开始投入到英语教育事业之中,但是因为很多教师对于公共英语教学的经验很少,并存在一些客观因素,导致这一时期的英语教学受到了很大的阻碍。在这一时期,我国的公共英语教学主要呈现了如下两大倾向。

1. 专攻科技英语

确切来讲,在1966年之前,我国很多大学毕业生对英语并不熟悉,三年或者四年的英语教育并没有向他们传授足够的英语知识,这就使他们的英语能力非常低下。基于这一问题,外语界提出了一个方便快捷的建议,即大学生在学习阶段可以专门学习科技英语。因此,在这一时期,很多科技英语名词涌现出来,如"机械英语""电工英语""农业机械英语"等。但是,由于当时的科技英语教材编写过于仓促,不具有系统性,很多术语也很难让人理解,导致科技英语的效果并不理想,最终消失了。

2. 倾向听说领先

随着改革开放的推进,我国与国外在教育领域、贸易层面的交流更加密切,因此英语教学对于"听说教学"更为侧重,目的是能够与国外的朋友进行交流,从而吸收国外的先进科技文化,推动我国社会的前进。但是,"听说领先"的建议似乎只能解决与国外友人的日常对话,无法展开深入的交流,因此这一倾向很快就消失了。

(三)20世纪90年代

20世纪90年代,我国的英语教学迅猛发展,出现了"英语热"的局面,全国上下开始大规模学习英语,并出现了很多英语教学理论。因此,这一时期英语教师的教学水平、理论水平等得到了显著的提升。在这一时期,我国一项重要的发展被提出,即"发展是硬道理"。

(四)21世纪至今

在21世纪的今天,英语这门语言的重要性更加突显出来。2003年,在《英语教学要求(试行)》已基本成型的情况下,教育部在北京交通大学召开了英语教学改革研讨会,该会议的主要内容如下。

(1)大力推进英语教学改革的原因。之前的英语教学大纲是以阅读为主,兼顾听说。如今,要将培养学生的英语综合应用能力特别是听说能力放在首位。

（2）如何推进英语教学改革。英语教学改革的目的得到明确后，下面就要对改革的手段加以明确。

第二节 大学英语教学的现状与方法

一、英语教学的问题

（一）受"应试教育"的影响

在传统教学模式中，应试教育是一个基本的目标，其主要目的是让学生成功通过考试。例如，在大学阶段，学生特别注重四、六级考试成绩，因为在他们看来，通过四、六级考试，就能够顺利毕业。但是，这样的考试就失去了英语教育的作用，也很难提升学生的英语实际应用能力。

（二）教材选择方面存在弊端

从很大程度而言，教材决定课程的教学内容与方法，因此，无论对于什么课程来说，教材的选择与运用非常重要，当然大学英语教学也不例外。

但是，在我国当前的高校英语教材上，内容多是注重文字与争论，忽视了实用性。虽然当前我们也引入了大量的国外教材，但是这些教材与我国的教学需要并不完全适应。因此，我国的教材仍旧存在明显的弊端。

（三）师资水平参差不齐

在大学英语教学中，教师是重要的组成因素，起着重要的引导作用。因此，教师素质高低，对学生英语学习的积极性有着直接的关系。但当前，很多学校的师资力量紧张，并且师资水平也存在差异，导致大学英语教学存在明显的师资问题。

二、大学英语教学的方法

（一）语法翻译法

语法翻译法起源于欧洲中世纪，又叫古典法，因为这种方法最早用于教授古典语言拉丁语和希腊语。16世纪,语法翻译法被用来教授英语、德语、法语等现代语言,这种方法一直沿袭运用至今。语法翻译法是用母语翻译、教授书面语的一种方法。目的是通过阅读翻译原著和对复杂的语言及语法规则的逻辑分析、讲解以及练习运用,培养训练学生的智力。

语法翻译法的教学特点是:教学主要以母语为中介;词汇教学是孤立的,脱离语境的;详细讲解复杂的语法规则、词汇用法,分析课文,指导课文翻译;教材结构以课文为主线,首先引入语法规则,然后是带有母语释义的外语单词表,最常见的练习形式为母语和外语的互译。课文的位置一般是在一课书的最前面;句子是语言实践的基本单位。课程主要内容是以语法为手段进行句子的双语互译。

(二)听说法

听说法产生于第二次世界大战期间,20世纪五六十年代在世界范围内产生了很大影响。以行为主义心理学和结构主义语言学为理论基础,认为语言是有声的,口语是第一性的,文字是第二性的。语言首先指口头说的话,而文字则是记录口头语言的,是第二性的表现形式。因此,在外语教学中应当以听说训练为主,读写为辅,以句型为纲,以句型操练为中心,因此又叫"句型教学法"或"口语法"。听说法的主张者把外语教学过程归结成刺激—反应—强化的过程。他们认为语言是一套习惯,主张通过模仿、反复操练等学习形式形成自动化的语言习惯;认为人生下来脑子一片空白,语言习惯通过刺激—反应形成。听说法继承了直接法的特点,但又不同于直接法。它的不同点在于强调句型的重要性和对比的方法。认为句型是典型的句子模式,是语言的基本结构。因此,句型是语言教学的基础,外语教学要以句型操练为中心,以外语和本族语的句子结构对比决定教学内容的选择和编排。听说法是第一个自觉地把系统的语言学和心理学理论作为自身理论基础的教学法体系。其教学过程是课堂上教师说、学生模仿,或教师放录音、学生模仿。通过不断地句型操练和对话练习形成了对某一语言表达或结构的习惯反应从而实现习得语言的目的,而后教师再设计能应用这一表达或结构的情景进一步强化训练。句型操练和模仿对话是听说法的主要教学手段。

(三)交际法

交际法,顾名思义,以培养学生综合运用语言技能进行交际为教学目标,又称功能意念法,是因其教学大纲以语言的各种交际功能为主要项目,如邀请、致歉、请求、询问、介绍及允诺等等,而不是以语言的形式或结构为中心。

交际法产生于20世纪70年代初期的欧洲。其语言理论基础主要来自社会语言学家海姆斯(Hymes)的"交际能力"理论和英国语言学家韩礼德(Halliday)的功能语言理论。它的语言交际观的基本特征可以概括如下：语言是表达意义的体系；语言的主要功能是人际功能和交际功能；语言的结构反映其功能和交际用途；语言的主要单位不仅仅是它的语法和结构特征，还包括功能和交际范畴。

交际法的教学特点如下。

(1)教学中培养学生使用外语教学交际的能力，使他们学会在一定的社会环境中恰当地使用语言，懂得语言的形式、意义和功能以及同一语言结构也可用来表示不同的功能。

(2)教师在教学过程中的不同阶段扮演不同角色。在介绍新语言项目阶段，教师是示范表演者和讲解员；在操练阶段，教师是指挥者和组织者；在练习阶段，教师是裁判员，是监督者，也是交际伙伴。教师设计小组讨论、游戏、角色表演、信息交流等活动，帮助学生在有意义的情景中自如地运用所学的语言进行交际。

(3)交际法认为语言是语言使用者创造性的活动，这种活动往往在尝试与错误的过程中完成，因此对错误应采取较宽容及辩证的态度。

(4)通过交际过程学习语言。通过交际法学习交际，主张以学生为主体的课堂教学，强调师生之间、学习者之间的互动作用，强调语言的意义与语言形式、结构的结合。

(5)交际法课堂教学强调语言材料的真实性，反对教授脱离语境的、孤立的及僵化的语言。

(6)交际法课堂教学对听、说、读、写等语言技能从一开始就给予全面综合的训练，即使在学习的初级阶段也要鼓励有效的交际活动。

"交际法"是继"听说法"之后出现的影响很大的教学法体系，以语言功能观为基本理论，通过语言交际的实践学会交际及掌握语言结构。交际法以学生为中心，以交际为目标，其产生受到语言学理论(包括社会语言学、心理语言学、语用学)的影响，也受到心理学理论的影响。它是语言教学体系上的一次较大变革。

(四)任务教学法

任务型教学法指根据真实的交际需要来确定语言学习任务，让学生在完成任务的过程中学习和掌握语言的教学法。任务型教学法强调以意义为中心，以完成交际任务为目标和动力，以交流、互动、合作等学习方式，让学习者在执行任务的过程中充分发挥自身的认知能力,激活其原有的目的语资源,从而获取新的知识和技能。任务型教学法需要学习者在任务活动中应变、决策,充分体现了学习者的主体性,因而也有利于培养其独立思考和分析、解决问题的能力。

我们将任务型教学法界定为:任务型英语教学法指以英语学习任务为中心的教学法,它是通过用英语沟通、交流和意义创新等方式,使学习者执行一系列根据其学习需要而设计的教学任务,让其通过语意表达完成既定目标,实现真正的跨文化交际与创新。

从国外任务型教学的研究来看,目前正呈现出以下几种趋势。

(1)任务型教学的理论模式呈现多元化的趋势。针对不同的教学环境、教学对象,对任务型教学模式的应用研究开始走向多角度、多层面。

(2)对任务的设计和编排越来越重视语言形式与交际内容的平衡,更倾向于采取一种折中的路线,从而使学生在有意义的交际活动中仍保持对语言形式的注意,从而有计划地促进学生语言运用能力的发展。

(3)深入开展对任务型教学模式实施者的研究。研究者普遍意识到任务的设计和实施对教师要求较高,教师素质将成为此模式实施的关键。任务型教学模式下教师素质的研究将引起学术界的广泛关注。虽然任务型教学的理论模式已比较清晰,但是并未臻于完善。该领域中争议的问题也是我们在课程实验和实施过程中面临的问题。例如:

①任务的定义问题。任务是任务型教学的核心概念。但是,究竟什么是任务,各家的说法差别很大,任务的定义多种多样。在人们看来,任务似乎是一个模糊的概念。对于任务认识上的模糊性显然不利于任务型教学的普及。

②任务的难度问题。关于任务的难度,可以从许多不同的角度来判断,但是,就具体操作而言,例如其中的认知难度,本身涉及的面很广,只能做主观性较强的粗略分析。

③尽管任务型教学的理论得到了一些语言习得方面的实证支持,但是毕竟还十分有限。而且,目前关于第二语言环境下的任务教学的讨论居多,而外语环境下的讨论较少。

④如何处理好任务型教学中的准确度、流利度、复杂度的平衡,语言活动的过程与结果的平衡,语言教学中的语言形式与表达内容的平衡,仍然是需要不断探索的问题。例如,要防止一种可能出现的情况:学习者为了完成任务,有可能过于关注任务的结果,忽视语言结构形式的正确性。大量使用简单的、支离破碎的语言。甚至回避语言的使用,而使用体态语等手段来代替。这对于语言习得并无积极作用。

⑤对于我国的大学英语教学来说,我们在任务型教学方面的研究起步较晚,理论的探讨还不够深入,研究成果还不够丰富。尽管以任务型教学为指导编写的教材正逐步出现,但目前还处于尝试阶段,相应的教学实验、实证研究还很不足。

任务型教学对我国英语教学的启示意义,用一句话概括,就是它促使我们反思我国输入为主的英语学习文化。

所谓学习文化(learning culture),与其他文化形态一样,是观念、态度、行为方式的表现,也是民族文化传统的产物之一。具体而言,学习文化是教师和学生对学习本质和学习方法的理解,对课堂教学的期望,对师生作用的认识以及这些观念、态度和认识在教学上的反映。英语教学在这些问题上的不同表现就形成了不同的英语学习文化。

我国的英语学习文化是以输入为主的,在英语教学中的典型表现就是所谓的精讲多练。中学英语教学中常见的课堂教学程序大致如下。

第一阶段,让学生熟悉生词,然后对这些生词逐一讲解,时常需要借助母语,再挑出课文中的重点句法结构和词语深入讲解,并举出许多例句来精心比较和辨析各种意义和用法上的细微差别。

第二阶段,围绕着这些重点结构和词语(习惯上称之为语言点)做大量的练习以求加深记忆,并要求学生运用这些语言知识进行阅读和翻译的练习。

第三阶段,引导学生在掌握刚学到的语言规则和词项的基础上进行表达,也就是说和写。由此可见,英语教学总体上仍以 3P(Presentation, Practice, Production)模式为主。渗透在这种精讲多练传统模式中的事实是一种输入为主的英语学习文化,体现了师生双方关于什么是学习、什么是有效的学习方法,以及有关师生课堂角色的认识和理解。

第三节 大学英语教学的内容与原则

一、大学英语教学的内容

(一)教授语言技能

大学生在学习英语的过程中,掌握语言知识是基础,同时还要在语言知识的基础上掌握更多的语言技能,包括听、说、读、写、译。其中,听力技能的掌握可以帮助学生识别、分析、理解话语含义，提升自身的听力能力。口语技能的掌握主要是为了提升自身的语言输出以及表达思想的能力。阅读技能主要在于培养自身的辨认、理解语言知识内容的能力。写作技能是让大学生可以利用书面表达来输出自己的思想、表达自己的看法。翻译技能则是学生英语综合运用能力的一种体现，不仅涉及语言知识的输入，而且涉及语言知识的输出。

听、说、读、写、译是高校学生综合运用能力的基础，通过这五项技能的训练，可以保证学生在具体的实践中做到得心应手。

（二）教授语言知识

众所周知，想要掌握一门语言，必须熟悉这门语言的语音、语法、词汇、语篇、句法、功能等知识，这对于英语学习而言同样也不例外。大学生掌握英语这门语言的前提就是学习这些知识，将这些基础知识牢牢把握好，并在此基础上提升自身的语言综合运用能力。英语与汉语作为两种存在鲜明差异的语言，中国学生必须要形成英语思维，并利用英语思维学习英语，如此才能取得事半功倍的效果。

（三）教授文化知识

语言与文化密不可分，学习一门语言，必然离不开对该门语言背后的文化知识的学习。一旦语言教学离开了文化教学的底蕴，那么这种语言教学也就不再具有思想性和人文性的特点了。所以，教师在教授学生学习英语的过程中，一定要引导学生了解语言背后的文化知识，如英语所在国家的地理、人文、习俗、生活、社会、风土、人情等。

在具体的教学中，教师有两点需要引起注意。首先，教师讲授文化知识需要依据学生的心理发展以及认知能力，在此基础上循序渐进地导入文化知识，逐步培养大学生的文化素养，拓宽他们的眼界。其次，教师引入西方文化知识时要有选择性，不能盲目引入，避免学生形成崇洋媚外心理。

二、大学英语教学的原则

（一）可行性原则

对英语教学进行设计是为课堂教学展开的一种规划，要想使设计变成现实，需要具备如下两点条件。

第一,要与主客观条件相符,这是教师进行教学设计的重要层面。所谓主观条件,即教师应该从学生的年龄出发,并考虑学生的生活经验以及已知知识。教师只有对学生的认知规律予以遵循,并对学生的身心发展特点有清楚的把握,才能设计出符合学生的教学设计,也才能使得教学设计更具有针对性与实效性。如果教学设计与学生的年龄特点相背离,甚至超过了学生的认知能力,那么这样的教学设计是不可行的。所谓客观条件,即教师在展开教学设计的时候,需要借助教学设备,并考虑地区差异等因素。也就是说,教师需要了解所在学校的教学条件、地域环境以及学生的学习能力等,了解学校能够为教师与学生提供什么样的教学设施。教学环境、教学条件、学生的学习能力是教师展开教学设计需要首先考虑的。如果教师不考虑这些客观条件,仅仅从自己的主观层面展开设计,那么很容易将教学目标定得太高,这样学生是很难接受的。

第二,要具有可操作性,这是教师的教学设计应用价值的一大体现。教师进行教学设计主要是为了指导自己的教学实践,因此,他们在设计时必须能对自己的教学实践进行指导,而不是进行理想化的设计。教师的教学设计必须通过实践的检验,去验证自己的设计理念是否合理,是否符合学生的需要,所采用的方法是否得当,是否收到了理想的效果等。

(二)互动性原则

从生态学的观点出发,任何事物之间都存在一定的关系,学校是教育生态系统中的一个子系统。在这个子系统中,教师和学生都是其中的因子,彼此相互作用与交往。教师与学生的关系是以学生最终的发展作为目的而关联在一起的,在教学过程中,信息的传递具有双向性,如果教师与学生之间的互动能够保持有序、平衡,那么他们才能将各自的作用发挥出来,实现和谐统一发展。如果教师与学生之间的互动关系不能保持平衡,那么就会打破教育要素之间的平衡关系,这对于教师与学生自身的发展,甚至学校的发展产生巨大的不利影响。

教师与学生之间的交流与沟通是一个连续的过程,通过不断的动态变化,从而找寻彼此的平衡点。教师需要不断提升自身的理论水平,从而将这一理论运用到具体的实践过程中,促进学生的可持续发展。学生的优秀成绩也是教师价值的体现,而且是对教师的一种鼓励。因此,在大学英语教学中,师生之间应该保持一种和谐共生的关系。

(三)系统性原则

英语教学设计具有系统性,是一种系统功能,系统中的各个要素相当于子系统,是相互独立也是相互依存的,形成一个有机的统一体。教学设计中各个子系统的排列是具有程序性特征的,即各个子系统有序地组成结构进行排列,并且前一个子系统对后一个子系统进行制约与影响,而后一个子系统对前一个子系统也进行制约。一般来说,一个规范的教学主要包含教材分析、学情分析,从分析结果对教学目标加以确定。

就形式上说,教材分析、学情分析与教学目标是独立的,但是彼此之间又是相互依存的。学情对教学目标进行制约,教学目标的制定是基于学情分析建构起来,彼此之间存在着内在逻辑性。这种逻辑性保证了前后各个要素之间的衔接。基于这样的逻辑性,如果教学目标得以明确,那么教学重难点也就确定下来了。

重点、难点是教师选择教学方法的重要指标和依据,它在一定程度上决定了教师选择什么样的方法突出重点、突破难点,以实现教学目标。所以,教学设计的程序是无法随意改变的,教学设计中教师应遵循其程序的规定性及联系性,确保教学设计的系统性和科学性。

第四节 大学英语教学的理论依据

一、二语习得理论

(一)对比分析理论

在外语教学中,学生难免会犯错误,几乎在每一个阶段,每一个层面,都可能出现错误。在传统的外语教学中,外语教师的一项重要责任就在于对学生的错误进行预防和纠正。很多研究者认为,学生的语言错误大部分是可以被认识的,并且可以对其展开研究,它们既有个性,又有共性,常带有某些规律性,并可以概括上升为理论知识,形成一套外语学习过程的错误分析理论。

20世纪50年代,美国应用语言学家拉多(Lado)等人就开始系统地对错误展开研究,并由此产生了有关错误的早期理论——对比分析。拉多在 *Linguistics Across Cultures* (1957)一书中提出,"人们倾向于把他们本民族的语言和文化的形式、意义以及它们的分布迁移到外民族的语言和文化中去。"[①]他的这一假设成为后来对比分析的基本思想并影响了全世界的外语

---

① Lodo R. Lingustics across Culture [M]. Ann Arbor:University of Michigan Press,1957:129.

教学。

　　对比分析的基本任务在于通过两种语言或多种语言的共时比较,将它们在结构和功能上的异同挖掘出来。就研究的目的来说,对比分析可以划分为两大类:理论对比分析和应用对比分析。前者的目标是通过对比,将这种语言的异同找寻出来,对普通语言学的理论加以验证与补充。后者的目标是通过对比来对异同进行分析,将研究成果用于教学与翻译之中。

　　Fisiak(1978)用下面的图2-1和图2-2来表示两种对比分析的区别。

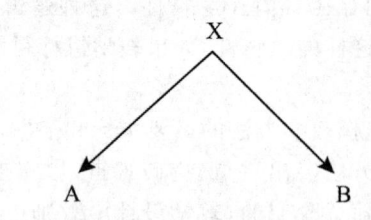

```
        X
       ╱ ╲
      ↙   ↘
      A    B
```

图2-1　理论对比分析(Theoretical CA)

(资料来源:杨连瑞等,2007)

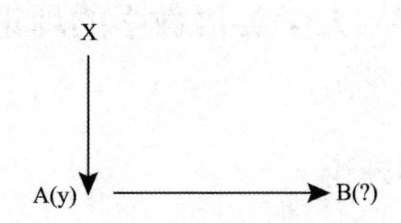

```
      X
      ↓
    A(y) ────────→ B(?)
```

图2-2　应用对比分析(Applied CA)

(资料来源:杨连瑞等,2007)

　　从图2-1中可以看出,理论对比分析的出发点X是一个普遍性的,至少是在被比较的两种语言中都存在的范畴。对比的任务是发现X在语言A和语言B中各自怎样表现。

　　图2-2为应用对比分析,是已知X在A语言中表现为(y),对比的任务是发现X在B语言中怎样表现。从上图可以看出,理论对比分析是双向的、静态的,应用对比分析则是单向的、动态的,它反映着学习者的学习过程。

　　我们需要思考一个问题:学生在学习中的语言错误是从哪里来的?根据现代理论看来,主要涉及两种来源。

　　一是来自母语的干扰。

　　二是来自外语或学习外语的过程。

　　对母语和外语学习的干扰的对比分析加以研究又称对比语言学,即将两种语言或两种以上的语言展开共时对比,从而对异同点加以确定。对比分析与比较语言学不同,比较语言学是一门对同一语言的不同发展阶段进行历时比较的过程,以形成共同原始语(prolanguage)的语言学科。但是,对比分析是应用语言学的一个分支,它通过对两种语言之间的某些特定的语言特征进行比较,从而向语言教师和教材设计者提供充分的信息和数据,使他们更有效地对大纲进行制订,对课程加以设计,对教材进行编写,从而将重难点确定出来。可见,对比分析理论是每一位教师都应该具备的素质。

(二)错误分析理论

20世纪六七十年代,外语学习者学习中的语言错误就已经引起了一些学者的关注。英国语言学家于1967年发表了 *The significance of learners errors* 一文,该文被塞利格(Seliger)称为心理语言学领域的里程碑,改变了第二语言习得研究者对于学习者和他们所使用语言的看法,于是研究者开始把研究的重点从两种语言的对比转移到直接研究学习者的语言本身,集中对学习者所犯的语言错误进行系统的分析研究,从而发现第二语言的习得过程。这一学术研究的转向标志着第二语言习得研究由对比分析发展到一个崭新的研究领域——错误分析。

在西方,20世纪70年代是错误分析的鼎盛时期。这一期间的有关文献数量众多,研究的主要问题是错误的类型、原因本质等。我国学者也对此进行了研究,研究内容涉及理论探讨和实例分析等,为将来的研究工作打下了一定的基础。[1]

认知理论是错误分析的心理学基础,语言学基础则是乔姆斯基的普遍语法理论。二语习得过程被看成规则形成的过程,即学习者不断从目标语的输入中尝试对目标语规则做出假设,并进行检验与修正,逐渐向目标语靠近并建构目标语的规则体系。错误一般指外语学习者用外语说话、作文时出现偏离目标语正确表达法的现象。要系统地分析研究错误,我们必须首先弄明白错误的基本概念。错误大体可以分为两类。

一类是错误,是不符合语法规则和交际规范的话语,反映出的问题是学生的语言知识和能力不足。例如:

Does Tom can dance?

这个句子表明学生初步具备了使用助动词提问的能力,但他的错误表明他这种能力还没有完全而正确地形成。这是初学者正常的学习过程,没

---

[1] Boomer, D. S, Laver J. D. M. Slips of the tongue[J]. The British Journal of Disorders of Communication, 1968, (1):2-12.

有什么值得责备的。

另一类是失误,由说话和写作时精神不集中、疲劳、紧张、粗心、厌烦、激动或其他行为而导致的失误,即通常所说的口误(slips of the tongue)和笔误(slips of the pen)。失误是充分掌握语言的人的偶然性错误。在脱口而出的场合,失误是难免的,这种失误不是系统的,并不能反映说话者的语言能力,说本族语的人也常出现这样的错误。这种错误的特点是,一旦这种错误出现后,说话者有能力自我改正。例如:

I majored in Chinese literature.

I majored in Chinese lavatory.

受心理紧张的影响,一名中国学生在课堂上回答问题时,把 literature(文学)说成了 lavatory(厕所),结果受到了全班同学的嘲笑。他自己意识到后也笑得前仰后合,并马上予以更正。这就是失误。

可以看出,错误和失误是属于两种性质不同的错误,对这两种错误进行区分对外语教学具有重要意义。错误分析和研究的对象是前者,而不是后者。

(三)中介语理论

中介语理论这一概念最早是由美国语言学家塞林格于 1969 年在其论文 *Language Transfer* 中提出来的。1972 年塞林格发表了题为 *Interlanguage* 的论文,根据他的说法,"中介语指第二语言学习者的一种独立的语言系统,这种语言系统在结构上处于母语与目标语的中间状态。"

(1)独立的语言系统

中介语既不同于母语,又区别于外语,当然也不能简单地视为外语来自母语的干扰而形成的混合体。因为中介语常常反映出学习者运用某些规则去解释外语中固有而不规则的语言现象。阿梅利(Hammerly,1975)用图 2-3 表示出了中介语与母语和目标语(外语)的关系,说明了中介语的独立性。

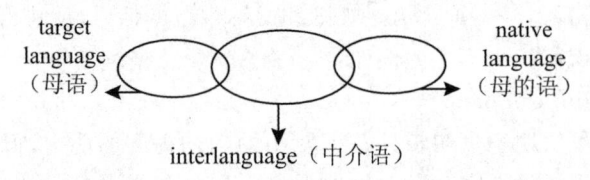

图 2-3 中介语与母语、目标语的关系

(资料来源:杨连瑞等,2007)

第二章　大学英语教学概述

(2) 动态的语言系统

随着学习者的努力和交际需要,中介语不断变化,由简而繁,由低而高,逐渐离开母语而接近外语。如果我们假设在母语与外语之间的中介语为一个连续体,那么,在某一特定阶段,学习者的中介语可以用连续体上的某一点表示。中介语越靠近外语,说明学习者的外语水平越高,可用图2-4表示。

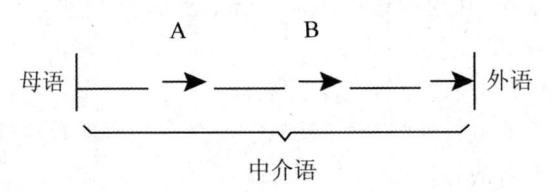

图2-4　中介语与母语、外语的距离

(资料来源:杨连瑞等,2007)

这里中介语B比A更靠近外语,它代表的外语水平更高一些。正是由于中介语具有不断变化的性质,所以它更复杂,也很难确切地描述它的特点。这里用直线表示外语能力的发展过程,主要是为了示意,绝不是说外语能力是沿直线朝前发展的。

学者孙德坤(1993)认为,中介语这个概念实际上包含两层意思,第一层意思是中介语发展的任何一个阶段的静态语言状况;第二层意思是指学习者从零起点开始不断向目标语靠近的渐变过程,这个过程就是动态的。[①] 若用"共时"和"历时"这两个语言学术语表达这两层意思的话,那么静态的语言状况相当于"共时",而动态的发展过程相当于"历时",如图2-5所示。

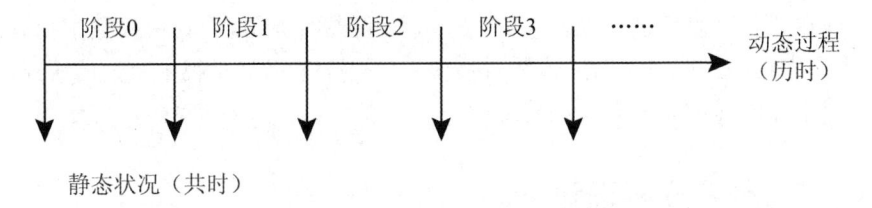

图2-5　共时与历时过程

(资料来源:杨连瑞等,2007)

中介语理论主要就是对这个"历时"的动态过程进行研究。显然这种对"历时"的研究必须建立在对"共时"的描写基础上进行。

[①] 孙德坤. 中介语理论与汉语习得研究[J]. 语言文字应用,1993,(4):84-94.

(3)合法的语言系统

将中介语视作一种语言,是因为它具有人类语言所有的一般特性和功能。它也是一个由内部要素构成的系统,就是说它有语音的、词汇的、语法的规则系统,而且自成体系,学习者是这些规则的创造者,并能运用这套规则系统去生成他们从来没有接触到的话语。中介语同儿童语言一样,应视为一个合法的系统,其间的错误不应受到教师过多地非难和责备,它们是"走向完善的路标"。

(4)反映学习心理过程的语言系统

描写中介语的过渡性"临时语法"或"心理语法",解释这种语法的建立,即是揭示外语学习的心理过程,如图2-6所示。

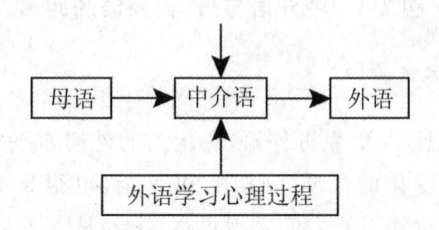

图2-6　外语学习心理过程

(资料来源:杨连瑞等,2007)

西方学者认为,外语学习者是按其头脑中的"内在大纲"(built-in syllabus)规定的程序,对输入的信息进行处理的,这个"内在大纲"被认为是人脑中的"认知结构系统",是人类掌握语言的客观的普遍的规律。这一反映外语学习心理过程的"内在大纲"是看不见摸不着的"黑箱",我们只能通过学习者的外在的言语表现进行分析推测。中介语假说的提出,为我们提供了揭开"内在大纲"之谜的可能性,这就难怪应用语言学家极为重视中介语的研究,并视中介语理论为最有发展前途的一个领域。

二、需求分析理论

需求分析理论对英语学习策略具有重要的指导意义。学习策略的选择只有以需求分析为基础,才能提高其有效性。因此,本节就对需求分析理论进行概述,主要内容涉及需求分析的内涵、对象、内容、启示几个层面。

(一)需求分析理论概述

需求分析有广义与狭义之分。广义的需求分析是指学习者除了自身的学习需求,还需要考虑单位、组织者、社会等其他方面的需求。狭义的需求分析则仅涉及学习者个人自身的学习需求。

威多森(Widdowson,1979)指出,需求是指对学生的课后所设置的学习要求,这是一种以目标为导向的需求。①

英国语言学教授贝里克(Berwick,1989)指出,需求是指在学习或工作之外,学生想要获得的个人目标需求。②

学者陈冰冰认为,"需求分析是通过访谈、内省、观察、问卷等方式对学习者的学习需求进行的调研,这种方法已经广泛应用于教育、经贸、服务、制造等行业中。"

在语言教育领域中,最早出现的需求分析是针对专门用途英语展开的。在专门用途英语的学习中,学习者的学习需求主要表现在为了达到某些目标所需求的语言知识、语言技能而展开学习。后来,随着大学英语教学的深入发展,"需求"的应用范围越来越广泛,涉及语言、教材、情感等方面的人的需求、愿望、动机等。

(二)需求分析的对象

需求分析的对象包括以下四个方面。

第一,学习者。这主要包括学生以及其他有学习需求的学习者。

第二,观察者。这方面主要包括教师、教学管理人员、助教、语言项目的相关领导等。

第三,需求分析专家。这主要是指专业人员或者具有丰富经验的大纲设计教师等。

第四,资源组。这方面指的是能够提供学习者信息的人,如家长、监护者、经济赞助人等。

(三)需求分析的内容

一直以来,众多学者对需求分析展开了研究,不同学者对这方面的研究存在不同视角,自然所得出的成果也存在差异。同样,对于需求分析的内容,不同学者也提出了不同的看法。

---

① Widdowson,H. G. EST in theory and practice[A]. Explorations in Applied Linguistics[C]. In H. G. Widdowson(ed.). London:Oxford University Press,1979:326.

② Berwick,R. Need assessment in language programming:from theory to practice[A]. The Second Language Curriculum[C]. In R. K. Johnson(ed.). Cambridge:Cambridge University Press,1989:55.

1. 哈钦森和沃特斯的观点

英国学者哈钦森和沃特斯(Hutchinson & Waters,1987)认为,需求分析包括目标需求、学习需求两个方面。其中,目标需求指的是学习者在目标情景中所能掌握的可以顺利使用的知识、技能。另外,这两位学者又进一步将目标需求分为必备需求、所缺需求、所想需求。学习需求指的是学生为了掌握所需要掌握的知识内容所进行的一切准备活动。

2. 布朗的观点

美国学者布朗(Brown,2001)认为,学习需求在内容上可以分为以下三大类,他认为这种分类方式可以有效缩小需求分析的调查范围。

(1)形式需求与语言需求。

(2)语言内容的需求和学习过程的需求。

(3)主观需求和客观需求。

3. 伯顿和梅里尔的观点

英国学者伯顿(J. K. Burton)和美国学者梅里尔(Merrill)认为需求分析涉及如下六大层面。

(1)预期需求,即将来的需求。

(2)表达需求,即个体将感到的需求进行表达的需求。一般来说,这可以采用多种形式,可以是座谈,可以是面谈,还可以是观察等,便于对方提取信息,从而对表达需求予以确定。

(3)标准需求,即学习者个体与群体的现状与既定目标间存在的某些差距。

(4)感到的需求,即个体感受到的需求。

(5)相比需求,即通过对比找到个体与其他个体的差距,或者同类群体之间的差距。

(6)批判性实践的需求,即一般不会轻易发生,如果发生那么必然会导致某些严重的结果的一种需求。

4. 布林德利的观点

布林德利(Brindley,1989)认为需求主要包含如下两大层面。

(1)主观需求,即学习者学习语言的情感、对语言学习的认知层面的需求,包含对语言学习的态度、是否持有自信心等。

(2)客观需求,即学习者性别、年龄、背景、婚姻状况、当前的语言水平、当前从事的职业等各方面的信息。

(四)需求分析理论对英语教学的启示

需求分析理论对英语教学的启示主要体现在以下几个方面。

1. 突出英语重难点

大学英语教学往往是在教学目标的指导下展开的,所以需要明确教学的重点与难点,如此才能有针对性地展开教学。可见,教学重难点是为整体教学目标提供服务的。

需求分析有助于确定教学中的重难点问题。通过实践,国内大学生对于听力学习、阅读学习以及口语学习都存在困难,因此在对教学目标进行规划时,可以将其视作重难点。而目标的多样性也决定了重难点也是多种多样的。

当我们把英语教学目标从认知向非认知扩展的时候,也需要重点和难点的相应扩展,当我们把教学重心从认知向非认知转移的时候,也需要重点和难点的转移。

2. 提升教学设计的效果

通过需求分析,可以对教学设计的必要性与可能性进行充分的论证,使教师与学生可以集中精力,对教与学中的重难点问题加以解决,从而不断提升教与学的质量和效率。

具体来说,通过需求分析,教师可以对"差距"资料进行准确的把握,基于此来设计教学目标,同时需求分析可以作为教学目标、教学策略等设定的依据。

因此,需求分析对于大学英语教学而言是十分重要的,甚至决定着大学英语教学的成败,需要教育者加以关注。

第三章　互联网背景下的大学英语教学

"互联网＋教育"的出现要求各方面事物都应尽量与互联网技术相结合，这是各方面事物在当下的发展趋势，大学英语教学也要顺应这一发展潮流，寻求与互联网技术结合的机遇，以此提高大学英语教学的效果。本节就来分析互联网背景下大学英语教学的相关问题。

第一节　互联网对大学英语教学的深刻影响

一、中国大学教育面临市场化的冲击

千百年来，大学一直被认为是知识和学习的中心。其间尽管科技手段带来了巨大的社会变革。例如，活字印刷机、工业革命、电报、电话、无线电、电视机和计算机等的发明和使用，而大学生产和传播知识、评价学生的基本方式一直未变。有一种观点认为，正像那些以信息为核心的产业（例如新闻媒体、报纸杂志、百科全书、音乐、动画和电视等）一样，高等教育很容易受到科技的破坏性影响。知识的传播已不必局限于大学校园，云计算、数字课本、移动网络、高质量流式视频、即时信息收集等，技术方面的可供性已将大量知识和信息推动到"无固定地点的"网络上。这一现象正激起人们对现代大学在网络社会中的使命和角色的重新审视。有关大学未来的争论，一个主要的驱动因素，集中在它已陷于四面楚歌的商业模式上。学生和家长们为不断飙升的学费而苦恼，他们越来越质疑自己对高等教育学费的负担能力，以及学位作为求职证书的最终价值。

在上述背景下，新技术催生出了相关的教育市场，大规模公开在线课程开始备受人们的关注。2011年夏，斯坦福大学计算机科学教授塞巴斯蒂

安·特龙(Sebastian Thrun)宣布将在网上免费公开自己的秋季课程,并附上课后练习题和随堂小测验后,其选课人数迅速增加。社会公众认为,大规模公开在线课程不仅能充分利用有限的教师资源来教授大量课程,达到教学成果最大化的目的,还可以降低人们求学的经济成本,缓解大学教育面临的经济压力。虽然在线课程让更多人"走进了"课堂,但它依然饱受争议,德尔班科坚称:"传统课堂上的教学体验是在线课程无法替代的。"另外,他认为,在线课程会催生教育界的超级巨星,如哈佛大学政治哲学领域教授迈克尔·桑德尔(Michael Sandel)因在网上公开了自己的演讲而声名大噪,随即拥有了数量庞大的追随者。然而,这却给那些没有名气的教授带来了压力,使他们很难在教学中得到安全感。德尔班科表示,"如今真正需要思考的是,有多少人能从在线课程中获得真才实学?关于学生是谁、学生的具体问题是什么、怎样有针对性地解决学生的问题等,都需要教师与学生进行面对面地交流来寻找答案"。无论是否存在争议,大学已经发现竞争对手正在侵蚀自己的传统使命,它们包括营利性大学和可汗学院等非营利性学习组织、系列讲座的提供商 iTunesU 等网络课程在线服务机构,还有为特定行业和职业提供指导和认证服务的大批专业培训中心。相比实体教育机构,它们都能更快捷地提供规模化的网上教学服务。因此,尽管有时受制于财务预算短缺和抵制变革的学术文化的影响,高等教育管理者们仍在努力回应,并着手进行改革。

二、使普通高校面临缺乏优质生源的挑战

　　如图 3-1 所示,自 1992 年开始参加高考的人数在不断地上升,到 2008 年达到 1 050 万人,达到一个高峰,而后又开始不断地下降,而这个时间段刚好又是互联网火热发展的阶段。从数据中可以看出,高校录取比例近年来不断下降,而国家政策也在不断地调整高校的录取人数,这两方面可以看出高校正在面临生源不断减少的危机。

　　互联网将最优质的课程以一种近乎免费的方式提供给广大的学生。例如,2010 年在海地地震之后成立的"人民大学",就是互联网教学的雏形。在这里学生能够免费或是缴纳少部分的学费进行学习。按此模式发展,如果互联网教育发展到了一定的程度,并且能够提供受到社会认可的证书,那么相当一部分学子在没有进入所谓的重点院校之后,也不会退而求其次地进入一所普通院校,甚至是学习自己不喜欢的专业。他们可以通过互联网学习大学应该学到的知识,并且得到社会的认可。

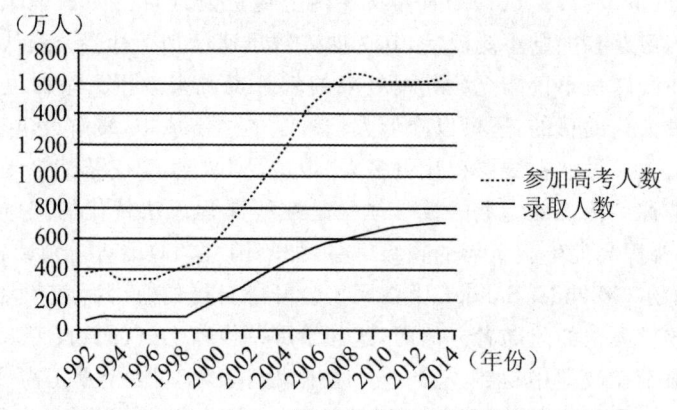

图 3-1　1992—2014 年高考人数与录取人数状况[①]

首先，我国很多二、三本院校以及高职等专科院校的师资资源本就比不上重点院校的师资资源丰富，而在互联网教育的时代，又不能与网络上提供的教学资源相比。

其次，学校为了维持其基本的运转和基础设施的建设，就必须向学生收取超过互联网时代网络学校的费用，这样在成本上面又无法相抗衡。

最后，在互联网教育不够发达的时代，高校学生之所以选择一所普通高校就读，甚至在分数不够的情况下选择一个自己并不喜欢的专业就读，很大一方面的原因是为了获得学位，受到社会上的认可。

但是，既然互联网教育也能够提供一样的学位认可，且学生能够自主进行专业的选择，那么高校就会受到互联网教育的冲击。而且高校进行的是学生基础理论的教学，主要目的是让学生学会思考。这样就注定了高校即使自降身价也无法与一般的技术院校去争夺学生资源，于是，高校无法招收到学生，没有资金的运转，也不可能去获取更好的教师资源，这样循环下去，普通高校势必面临严重的优质生源危机。

三、使大学生受到学习碎片化的影响

学习碎片化起始于信息碎片化，进而带来知识碎片化、时间碎片化、空间碎片化、媒体碎片化、关系碎片化等。即学习者可以利用乘坐公交车、课间休息、睡前十分钟等零碎时间，通过网络获取一些零碎的知识进行学习。

---

① 李晓朋."互联网+"时代英语自主学习与课堂教学的整合模式探究[M].成都:电子科技大学出版社,2017:25.

碎片化学习资源具有短小精悍、结构松散、传播迅速、生命周期短，去中心化、多元化与娱乐化以及多方式表达、多平台呈现的特点，而也正是因为这些特点导致学生对网络学习产生障碍。

首先，碎片化知识短小精悍、结构松散促进了学生认知方式的转变，对新知识的呈现形态提出新的要求，学生适应了简短的信息阅读方式，可能会对较长的信息和图书阅读产生不适感。而且长期以来，我们受到的大学教育都是系统的知识教育，而结构松散的知识要求学生能够对知识进行加工建构，否则学生就会产生认知的障碍，甚至以偏概全。

其次，碎片化知识传播迅速、生命周期短，这就对学生的记忆能力提出要求。一直以来，高校学生都习惯了纸质书籍这种连续的、线性的知识获取方式，前后信息相互联系具有一体性，这样便于学生对于知识进行记忆。但是碎片化知识以短时间记忆为主，因此学生日后进行信息的提取时可能产生虚构和错构，导致信息失真。

最后，碎片化信息去中心化、多元化和娱乐化等特点，导致学生的思维不能集中，产生思维跳跃。知识碎片的多元化导致学生正在思考的内容很容易被环境中时刻变化的新信息吸引，尤其是被娱乐信息吸引，无法围绕一个主题进行深入思考。同时由于大量碎片化知识和信息唾手可得，而其中大量的信息内容空虚、缺乏价值甚至是毫无价值，而学生对于这类信息全盘接受而不加以思考，导致思维活动空洞，毫无深度可言。正是因为互联网下的教育与各行各业的知识在不断融合，知识不断更新拓展，知识的复杂度加强，信息以指数级增长，且呈现出碎片化的形式，可用的资源虽丰富却也鱼龙混杂。而在传统的学习模式下，学生一直接受的是填鸭式的教育，对于知识实行的是全盘接受，无须考虑其他，但是在互联网时代，却需要学生对知识信息进行加工处理，而这对于学习能力不足、信息加工处理能力不足的学生来说是一个巨大的挑战。

四、使大学生受到心理健康和人际关系的双重冲击

2014年是中国接入国际互联网20周年，据中国互联网网络信息中心发布的报告，截至2013年年底，中国网民规模突破6亿，国内域名总数1 844万个，网站近400万家，全国信息消费整体规模达到2.2万亿元，其中又是以青少年为主的网络群体。互联网由于其信息的易得性和娱乐性成了人们主要的信息获取和沟通的来源，但是由于我国对于互联网管理的法制不健全，管理比较被动等原因，导致互联网上的信息以及教育视频良莠不齐，包含许多错误言论和不健康的信息。其次，由于技术不平衡的原因，网

络上超过90%的信息为英文信息,而且国外发达国家也较早从事互联网的教育工作,导致现在网络上比较有名的几个互联网教育机构或雏形都是国外的产品。最糟糕的是少数国外发达国家凭借对网络高技术的垄断,极力推行网络霸权主义。他们在通过互联网大力宣传西方文化的同时还宣扬一些暴力和黄色信息,致使在大学之前较少接触网络的高校学生,因为青春期的萌动导致心理扭曲,造成不良的影响。

第二节 互联网背景下大学英语教学的意义与目标

一、互联网背景下大学英语教学的意义

(一)对外语教师的意义

应用互联网进行教学与研究对于外语教师有着"近水楼台"的优势,因为老师们完全没有语言障碍,随时可以掌握网上最新的动态与消息。我国著名应用语言学家桂诗春(1997)曾把上网对教师的好处归纳为以下五大点。

(1)可以为自己建立一个最完善的图书馆,解决教学中的各种疑难问题。

(2)网上语言主要是英语,上网为教师提供了广泛接触英语的机会,对迅速更新知识、提高英语水平很有好处。

(3)外语教学中最缺乏的是教学资料,互联网可以每日每时为我们提供大量的教学资料。

(4)可以参加与外语教学有关的新闻组和电子论坛的讨论组,交流信息和经验,开拓视野,提高科研水平。

(5)可以上网参加一些适合自身水平和兴趣的在线课程,不断充实提高自己。

在这个迅速发展的信息社会,许多教师还存有疑问和恐惧,就是计算机与网络的发展会不会取代教师的地位和职业?这一点其实大可不必担心。正如克莱尔·布拉德(Claire Bradin)所说,"计算机不会取代老师的职业,但是会利用计算机的老师却必然会取代不会利用计算机的老师"。计算机不能也不会取代教师的地位,这是因为机器不能替人做许多有意义的工作。比如,备课和选取学习资料。但随着技术的不断更新和发展,只有不断

迎接它，不断利用它，更新自己的知识结构，才能做一个受学生欢迎的教师。同时，在人机交互的学习环境下，传统的"学生在教师控制下被动接受知识"的局面将会改变。教师应放弃一些原有的课堂权威，把角色转换为"启发学生如何运用计算机学会学习"。学生在教师的引导下将会更加独立、自主、积极地学习。

(二)对外语学习环境的意义

对正在进行外语学习的学生而言，网络具有巨大的开放性，它为学生提供了更加广阔的学习和思维空间，激发了他们的兴趣和自主学习的能力。同时网络的介入还更加优化了外语学习环境。

埃格伯特与杰赛普(Egbert & Jessup,1996)曾提出理想的语言学习环境的四个条件。

(1)学习者要有与真实语言交际对象进行交流和讨论的机会。

(2)学习者要参与有利于接触和产生各种创造性语言的真实训练活动。

(3)学习者要有组织思想和有意识认知的机会。

(4)学习者在课堂里要有理想的压力和焦虑环境，这种焦虑是一种积极的焦虑，而不是退缩性焦虑。

显然，网络的介入优化了这种学习环境，并赋予它全新的面貌。主要包括以下几方面。

(1)能够帮助教师实现个体化教学。外语教师在备课时常常因为学生对英语兴趣各异、水平不齐而感到苦恼。然而，通过网络自主学习，学生能够建立自己的学习目标，并独立自主地掌握学习进度。互联网上有大量的语言学习信息，难度与种类也各不相同，学生在老师的统一指导下可以选择自己感兴趣的和适合自己水平的内容学习；由于电子邮件实现快速专递，使学生在几分钟的时间内就可以与世界各地的人们交换信息，促使他们在短时间内进行网上写作，大大激发了他们运用语言的兴趣和创造性的潜能。日本著名的CALL研究专家Kitao(1996)曾说过："网络鼓舞了学生积极向上的学习，使他们及时运用已有的知识，鼓励了理解性的学习，而且能够让学生们发现自己在进步。"

(2)使学生学习到并运用上真实的语言。外语学界普遍认为，学习真实的语言，也即现实中的人在真实的场景下有明确交流目的的语言，能够达到最佳的学习效果。在互联网上不仅能够实现人机交流，而且能够及时实现人与人之间的交流。无论学生是在电子公告栏发布消息和观点、参加讨论组、加入英语聊天室，或是在互联网上检索和阅读信息，他们都会发现自己置身于真实的英语环境，学习任务本身也不再是枯燥无味的了。

(3)促进协作式学习。协作式学习意味着一组学生互相协作,为完成一项学习任务共同努力。这种协作式学习可以是本校学生之间的,也可以国际交流的方式进行。教师联系教学任务,规定一个小项目,学生以小组的形式在规定时间内完成任务,最后举行评比。

二、互联网背景下大学英语教学的目标

(一)改变传统观念

在互联网背景下,大学英语教学应该改变传统的教学观念。我国传统的教学往往以教师作为中心。在教学中,学生往往是被动的学习,教师对整个课堂教学进行控制。这种教学形式不能被完全否定,其也是存在可取之处,如对知识系统的传授是较为完整的,但是其也不可否认有弊端,即忽视了学生的主体地位,忽视了学生内心的改变。因此,在培养学生独立性与创新性层面存在着明显的不足。

互联网背景下的大学英语教学就是要将学生的主体性充分发挥出来,让他们敢于创造,让学生真正成为知识的主体与建构者,而不是被动的接受者。教师应该逐渐成为课堂的指导者与组织者,引导学生对意义加以建构,而不仅仅是主宰与灌输。因此,无论对于教师、学生还是管理人员而言,都应该改变传统的教与学观念,从以教师为中心转向以学生为中心,从完全的课堂教学转向计算机自主学习。传统的计算机辅助教学仅仅改变了教学手段,因此在这里的计算机仅仅是一种辅助工具,对教学内容、教学结构等未做改变。互联网背景下的大学英语教学是运用互联网创造理想化的学习方法与环境。同时,教师也应该改变传统观念,不能仅仅将互联网视作辅助的工具,而应该强调将互联网视作学生自主学习与情感激发的工具,将其看成课程的一部分。

(二)改进教与学的方法

在互联网背景下,大学英语教学应该逐渐改变教与学的方法。也就是说,大学英语教师并不是知识传授的唯一渠道,教师应该引导学生突破课本的限制,运用互联网技术,进行自主探索、自主学习,实现资源的有效共享。教师应该将学生带入计算机构建的探索空间,使他们的知识获取渠道更为广阔。

这就要求,教师的教需要做如下改变。

第一,在课堂教学层面,从原本的以课本为主导的教学转变成帮助学生探寻、收集学习资源的教学。

第二，在教学组织层面，从原本的以教师作为中心转变成教师帮助学生展开深层次的思考，引导学生设计符合自己学习的任务。

第三，在教学设计上，从原本的对教学内容的注重转变成对教学过程、教学模式的注重，并深层次开发与利用教学资源。

第四，在教学模式上，从原本的以教师为中心的教授、模拟等步骤转向学生注重探索，与教师或者其他学生进行合作学习。

第五，在教学评价上，从原本强调对学生学习结果的终结性评价转向对学习过程的形成性评价。

可见，在互联网背景下，学生的学习并不能完全对教师与课本产生依赖，而是应该学会运用互联网平台，教师与学生之间进行互助式的学习，并运用互联网对信息加以收集与探究。因此，在互联网背景下，学生需要掌握如下几点。

第一，学会运用网络资源展开自主学习。

第二，学会运用网络进行交流与协作。

第三，学会在数字化情境中展开自主学习。

第四，学会运用信息加工工具展开创新学习。

（三）提高教与学的效率

互联网技术融入大学英语教学之后，教学效果会发生如下几点改变。

第一，通过计算机网络资源的共享，可以提高教学效率。我们都知道，计算机网络覆盖的内容非常广泛，信息更新也非常及时，运用互联网展开教学，很多教学资源也都经过优化，能够让大家共享，这就使得原有的课程内容被无限放大，便于提升教与学的效率。另外，外语教学的很多场景都可以通过互联网进行设计，这可以为学生提供语言学习的环境。显然，这些在传统的教学中是不存在的，传统的教学无法设计语言操练的场景，但是互联网就可以做到，学生可以随时运用丰富的教学资源来展开自主学习，这必然会提升教与学的效率。

第二，计算机超级强大的功能有助于提升教与学的效率。在互联网背景下，计算机成为大学英语教学常规的手段与工具，并在每一位教师、每一堂课中渗透，逐渐成为一种常态化的手段。因此，计算机并不再是一种辅助教授的工具，而逐渐成为课堂教学的一部分。也就是说，计算机除了演示功能外，还可以发挥其他功能，如激励学生学习、师生之间交流、运用个别辅导软件进行辅导、运用数字测试系统进行测试等。这些都是计算机超级强大的功能，在这些功能下，学生学习的积极性也会提高，可以改善之前"费时低效"的学习状态，促进教与学效率的提升。

(四)整合教学资源

在互联网背景下,各种资源可以被引入进来并被利用。在大学英语教学中,什么是教学资源?美国教育技术与传播协会(AECT)将教学资源定义为"帮助个人有效学习和操作的所有东西"。但应用到大学英语教学中,教学资源应该包含教与学中的所有人力、物力以及信息等资源。一般认为,学习资源包含如下几种。

第一,根据学习资源的来源,可以划分为设计资源与可利用资源。前者指的是从教学目的出发而准备的资源,如教材、教室等;后者指的是用于为教学服务的资源,如教学软件、百科全书、网络信息资源等。

第二,根据教学资源的表现形态,可以划分为硬件资源与软件资源。前者指的是在教学过程中需要的场所、设施等设备;后者指的是媒体化的学习资料等软件。

第三,根据教学资源所涉及的人与物,可以将其划分为人力资源与非人力资源。前者指的是同学、教师、学习小组等,甚至一些可以通过网络展开交流的人员;后者指的是教学信息、学习媒体等。

从目前我国的大学英语教学来说,各方面资源都较为短缺,尤其是大学英语教学的人力资源。这主要的原因是,我国高等学校从1999年开始扩大招生数量,并以每年8%的速度扩大招收本科学生。大学扩招给原本紧张的外语师资带来严重的压力,正如吴启迪所指出的那样:"用传统的教授方法,需要多少师资才能满足教学需要,完成教学任务?如何来保证教学质量?这些都是我们必须面对和思考的问题。在校学生的数量不断增加是国家在一定历史时期社会、经济发展的要求,也是高等教育大众化发展的必然趋势,但我们的教师队伍不可能以同等的速度无限制增长。"这就需要改变传统的教学方法,利用现代信息技术整合现有的教学资源,满足外语教学的要求。

第三节 互联网背景下大学英语教学的基本原则

一、以学生为中心原则

"互联网教育"视阈下大学英语教学需要坚持以学生为中心的原则。在学习过程中,学生考虑自身的特点与实际水平,主动参与到学习之中,选择与自己能力相匹配的内容。在人机交互过程中,学生能够主动地思考,并动手进行操作,从而激发学生学习的主动与积极性。

总之,这种以学生为中心的互联网技术不仅为学生提供了自由的学习空间,还为学生提供了大量的学习内容,保证他们在学习中不断提高,获得更佳的学习效果。

二、主导式自主学习原则

以互联网为核心的现代信息技术逐渐进入到外语教育领域。这就导致以教师为中心的传统教学转向以学生为中心、以教师为主导的教学,以单向传授知识与技能的教学转向既传授知识与技能,又注重语言运用能力与学生自主学习能力培养的教学。

也就是说,当前的大学英语教学应该以互联网为依托,集合文字、图像等为一体,通过运用各种传播手段,以个性、开放的形式对大学英语教学的信息加以存储与加工,并进行传播,将互联网技术与大学英语教学紧密结合,将课堂教学与互联网学习紧密结合,以学生为中心,学生展开以教师为主导的自主学习,即为主导式自主学习。简单来说,主导式自主学习即是一种有目标指向的积累性的学习方式,学生基于教师的主导,在宏观目标的调控下,从自身的需要与条件出发,制订并完成具体目标的一种学习方式,其主要表现为教师在学习中充当参与者的身份,学生将自身的独立性与主观能动性发挥出来,实现教师与学生的良性循环与有机结合。

在主导式自主学习中,主导指的是教师创造一切与学生学习相关的环境,引导学生建构对周围世界的认知。自主指的是不同于学生对教师的依赖,而是采用一种独立的方式进行学习,但是这种学习不是自由的学习,而是自主学习,其需要学生形成积极的学习态度,对自己的学习内容、学习目的有明确的认识,并采用恰当有效的方式展开学习。同时,这种自主还强调基于目标的指导,学生要进行自我调控,主动参与到学习之中,并努力实现目标。

虽然自主与主导有着不同的视角,但是二者对于世界的认识、对于知识的整合以及对意义的建构等的实效性与主动性都非常注重,都是将提升学生的素养作为着眼点。就这一意义来说,二者是密不可分的关系,自主以主导作为航标与指向,主导以自主作为助推器与支撑单位。

三、多元互动教学原则

教学是人与主体之间交流情感与思想的过程。教学的效果好坏并不取决于教与学,而是取决于教与学主体间的互动结果。所谓多元互动教学,即在互联网环境下,大学英语教学中教师与学生之间、学生与学生之间、教师及学生与机器之间的相互作用,是一个以促进学生主体认知重组为基础的多层次的交互活动,目的是实现意义的建构。

多元互动教学使现代的大学英语教学的教师、学生、教材等要素形成了立体的网络,学生置于真实的情境之中,运用自身所学的知识与技能,通过对一系列的语言实践活动进行观察,并不断进行探索与试验,逐渐掌握语言知识与技能的意义。就这一层面来说,互动在语言教学中被认为是运用语言最本质的特征,是学生获取外语知识的一条必经之路。

在语言教学活动中,语言是知识体系与技能体系的融合,实践性较强。语言教学内容的传授也是教师和学生共同参与的过程,彼此之间通过合作、完成任务,从而使学生获取知识。通过多元的互动,学生能够不断发现语言使用的规则以及他们对语言使用的反馈情况,同时将新的语言形式与规则运用到自身的实践之中,通过多种实践,学生可以对语言运用的规则加以感悟,与语言表现形式进行对比,体验语言的社会功能,完善自身的语言体系。

互联网技术与大学英语教学的整合导致原有的教学要素进行重新配置,从而产生一个具备外语教学过程的虚拟的、网络的教学环境,为多元互动教学开辟一个新的空间。

第四节 互联网背景下大学英语教学的优势与挑战

一、互联网背景下大学英语教学的优势

(一)有利于提高学生的综合英语素质

计算机网络体现了交互性和个别化两大特征。交互性有利于激发学生学习的兴趣,使学生产生强烈的学习欲望,从而形成学习的动机;计算机网络所提供交互式教学环境。所谓交互性,就是学习过程中学生不只是单纯地被动学习,而是可以参与到过程中去。传统的教学过程几乎是一切由教师主宰,从教学内容、教学策略、教学方法、教学步骤,甚至学生所做的练习都是教师事先安排好的,学生只是被动地参与。而在多媒体交互式教学活动中,计算机对学生提出的问题能快速做出反应,对学生所提供的答案能做

出逻辑判断并及时地向学生反馈信息。学生充分利用了电脑进行打字练习,锻炼了英语的整合运用能力。在这种学习环境中,学生可按照自己的学习基础和兴趣来选择自己学习的内容,这种交互式学习模式,为学生主动参与提供了理想环境。

(二)有利于让课堂知识更丰富

课堂的知识容量大,延展性强,有利于丰富课堂和提高教学效率和质量。在互联网背景下的英语教学课堂上教师可以利用现代多媒体技术把大量的教学内容融入到课堂中,知识的展现不再是单纯的文字和图片,而是集文字、图片、声音、视频等多种媒体于一体的综合体,在课堂上学生通过不同媒体展示知识的途径获取新知识,而且在视觉和感官上都有新的认识,从而在有限的时间内,进行知识的有效学习。例如,在进行 Unit 2 *Puzzles in Geography* 这一教学中,可以融入许多知识内容,设计形式多样的教学活动并顺利开展。这是传统教学所不能及的。

(三)有利于充分发挥学生主体性和教师的主导作用

互联网背景下的大学英语教学中,学生占据主体地位,教师发挥主导作用,这就营造了一个轻松、和谐、融洽的师生交互的环境。通过借助多媒体的优势,设计活动,组织教学,充分发挥教师的主导性,让学生在不同的活动中参与、体验、感悟、交流和成长。所设计的活动既有自主学习,又有合作探究学习等,以培养学生的自主、自觉、合作学习能力,充分发挥学生在学习中的主体性。而多媒体技术网络环境又为师生活动的互动营造一个宽松、和谐、融洽的环境,使得学生乐于参与、敢于谈论、积极思考,形成自己的新知识,提高自我思考和处理问题的能力。

二、互联网背景下大学英语教学的挑战

(一)挑战传统的教学方法与教学手段

传统的大学英语教学是从教材出发来一步步地传授知识的,教学主要是以教师为中心,采用"填鸭式"的教学模式。随着互联网的推进,以及慕课教学、微课教学的不断引入,教学内容不断深化与多样,学生可以在任何地方运用互联网获取教学内容。

在传统的大学英语教学中,教师占据主体地位,学生往往是知识的被动接受者,互联网的引入使得教学方法发生了改变。教师运用互联网技术,采

用探究式、项目式等方式的教学,实现了教与学的改变,逐渐形成了教师负责引导与启发、学生负责参与来获取知识的模式。显然,传统的黑板＋粉笔的模式已经过去,当前应该以互联网作为依托,运用现代多样化的教学手段,不断提升大学英语教学的质量和水平。

(二)挑战传统的学习观念与学习方式

在互联网背景下,主动学习、自主学习、合作学习等是最为常见的方式。互联网技术的引入,使得知识更为开放,课堂与教师不再是学生获取知识的唯一来源,学生也可以通过互联网来获取更多的资源。课堂也不再是传授知识的唯一场所,而是教师引导学生对学习策略进行掌握,对学生在课后学习中遇到的问题进行答疑解惑。课堂教学与互联网的结合拓宽了学生自主学习的路径,对学生自主学习的资源加以丰富,促进学生从被动学习转向主动学习。在资源选择上,学生的自主性更为明显,他们可以选择本校教师的微课讲解,也可以选择其他学校教师的讲解。同时,学习的时间、地点也非常灵活,只要具备无线网络,学生就可以在任何时间、地点展开学习,这将传统课堂只能讲授一两遍的弊端予以消除。

互联网技术在英语教学的应用也使学习的互动性增强。网上交互学习平台使得师生之间、人机之间得以互动。学习平台能够对学生的学习过程进行全程监控,教师也可以对学生的学习记录进行查看,进而提出一些反馈意见。教师与学生之间、学生与学生之间随时可以进行交流,凸显了英语学习的可易懂性。泛在性、自主性、随时性是互联网时代的大学英语学习方式的主要特征,颠覆了传统的"机械"和"被动"的学习方式。

(三)挑战传统的教师角色与教学技能

"教师教、学生学"的教学形式将教师的角色固定为知识的传递者和讲授者。但是随着互联网时代的到来,慕课、微课、翻转课堂、移动学习平台的兴起,教师的责任更多是学生学习的引导者、帮助者、促进者。教师的主体地位被颠覆,但是他们仍然是学生进行学习的主要推动者。当学生需要指导的时候,教师便会向他们提供必要的支持。自此,教师成了学生便捷地获取资源、利用资源、处理信息应用知识到真实情景中的脚手架。教师在英语教学中不仅要"授业解惑",还要与时俱进地不断提升个人的信息技术能力。

在传统大学英语教学中,教师只要具备较好的专业素养,对课件制作、电脑操作可以简单执行,就可以完成自己的大学英语课堂。但是,就目前形势而言,教师不仅需要具备较高的资源提炼能力,也不仅需要具备课堂组织能力,还需要具备较高的信息技术应用能力。

第三章　互联网背景下的大学英语教学

互联网为教师和学生提供了海量的资源,学生在面对如此多的资源的时候是很难做出选择的,这就需要教师的帮助,教师帮助学生对资源进行甄别,在课前将这些资源提供给学生,如微课视频、微课课件等。在课堂上,教师要将学生学习的热情、兴趣等激发出来,对课堂活动组织策略有熟悉的把握,如开展合作学习、项目学习等。教师还需要跟上新技术发展,具备使用信息技术的意识、知识和能力,需要具备制作微课视频、监测学习平台、线上线下与学生互动等信息技术。同时,还要处理好传统教学与现代教学手段之间的关系,延续对学生思想、情感、人格等方面的影响作用。

第四章　互联网背景下大学英语教学中涌现的教与学模式

在互联网教育背景下,各大高校应该运用互联网技术,对旧有的教育模式进行变革,采用新的教学模式,这样才能使大学英语教学摆脱旧有方式的束缚和限制。另外,大学生在英语学习中也可以应用互联网技术,对自己的学习方式进行转变。基于此,本章就互联网教育的背景,对大学英语教学的教与学模式展开分析和探讨。

第一节　互联网背景下大学英语教学的新模式

一、微课教学模式

(一)什么是微课

微课又称为"微课程"或者"微型课程",主要的形式是通过视频教学为主要的学习载体,依托 PPT 作为主要的技术支撑,完善记录围绕某个知识点和教学内容进行简短、完整的教学工作。在整个教学活动中,主要针对某一项专门的知识点进行重点讲解,通过短小精悍的视频形式,将教学内容传授给学生。在相关知识传授的基础之上,辅助性地增加教学设计、练习作业以及专家点评等模块。因此,微课并不是对传统教学模式的简单延伸,而是一种新形势下具有完善的开放性特点的新型教学模式。

在 21 世纪的十几年发展中,国外学者对于微课程的重视和研究逐步扩大,并形成了具有相当规模的微课程视频,对全球基础教育的发展产生了深远持久的影响。在国内的相关研究方面,由教育部和教育技术委员会牵头,进行了一系列微课教学研讨工作,促进了我国微课的推广和普及工作。但是我国的相关研究还处于初级阶段,研究的方向也主要集中在宏观领域,专业性研究仍然呈现出相对匮乏的局面。

(二)大学英语微课教学的优势

1. 微课教学主题鲜明、突出

在做大学英语微课的选题时,首先要保证其主题鲜明、突出。在此基础上,再将课程主题确定下来,通常是大学英语教学中的特定知识点。大学英语微课教学采用的教学方式为视频,而视频的时间是有限的,视频结束后,学生也无法向老师提出问题。因此,这就要求微课的教学内容必须是焦点、重点、难点、易错点,这些都是处于核心地位的,具体来说,微课没有内容限制,某一个学习环节、学习主题、学习任务等都可以,具体要以学生的实际需要为标准,这样,不仅能有效节省学生的学习时间,还能使学生学习的针对性更强,相对于传统的课堂教学,微课教学所产生的效果会更好,这与其筛选的精炼的教学内容以及较高的教学效率和教学质量有关。

在大学英语教学过程中运用微课这一教学形式,能够将其特殊作用充分发挥出来。

第一,借助微课的形式来进行课前预习,在随后的课堂练习中,能够获取的理论指导会更多。

第二,借助微课的形式引入正式的课堂学习,观看制作好的微课教学视频,能够将学生对微课程的浓厚兴趣激发出来,有利于取得良好的教学效果。

第三,借助微课的形式来进行课堂总结,能使学生对自我认知的准确性更强一些。

第四,借助微课的形式来学习课外内容,能更好地指导英语技能的运用,大大增强学生自主学习的能力。

2. 微课教学时间短且精

心理学研究发现,成年人高度集中注意力去完成一个简单枯燥的任务,其注意力仅仅能高度集中 20 分钟左右,也就是说,学生在大学英语教学过程中,也只有前面的 20 分钟是能够做到高度集中注意力的。因此,后面的 25 分钟的课堂教学效果并不理想。因此,微课对传统的大学英语课堂要完成复杂的教学内容要做出相应的调整和改变,微课内容的设计要科学合理,特色鲜明,形式活泼多样,教师的讲解也会更加清晰明了,更容易引起学生的兴趣,这会使学生在大学英语课堂上对相关内容的掌握程度更高一些,理解的透彻程度也会更高一些。因此,为了促使学生保持高度的注意力来学习知识,从认知心理特点来说,微课的短时间教学方式更加有效。

3. 微课中的教学资源丰富且方便使用,学生在学习时间上能自由支配

尽管大学英语微课的时间相较于传统的课堂教学要短一些,但其中所包含的教育资源的丰富程度却并不低,采用的教学形式也不乏显著的多样性特点。微课课程将需要教学的内容都制作成精彩的教学视频,由此能够对其中包含的核心内容有准确且正确地掌握,学生对这种新型的教学形式也会产生好奇心,对于吸引他们更好地参与到教学中并取得理想的教学效果都是有很大帮助的。另外,大学英语微课资源所占据的流量是比较少的,便于通过网络传输和发布,也能使学生个性化学习的需求得到较好的满足。可以说,其将精炼性特点体现得淋漓尽致。大学英语微课支持的播放形式并不是单一的,不仅支持多种移动设备上的在线播放,下载储存至移动设备再进行移动学习也是可以的,并且这种形式还不受时间和地点的制约,自由程度较高。如此一来,可见其作用的显著性与广泛性,补充大学英语教师在课堂教学中的讲解只是其中之一,还能作为学生课前预习的材料,能使学生因此而获取一定的便利,从而保证了教师的课堂教学的高效率,同时学生的学习兴趣也不断被强化。

4. 微课教学内容形象化,实用性强,学生理解消化的难度小

不管大学英语微课的形式是什么样的,其本质上仍然是大学英语课,这一点是不变的。微课中教学内容的设计都是通过教师展示出来的,比如,多媒体课件中的展示或示范、讲解或配音、引导或说明、解释或纠错等,大都是教师亲自进行示范和展示而制作成的,如果在微课教学过程中用到相关的教学器械,那也是真实的,与教学相适应的,采用的教学方式和练习方法、测试等都是课堂内容的真实体现。由此可以看出,微课能够将一个实用性、直观性、可操作性非常强的课堂形式展现给学生,这就为学生更好地理解和消化知识点提供一定的便利。

(三)大学英语微课教学的构建策略

在大学英语教学中应用微课,首先要将其与学校所制定的教学培养目标相适应,并且将二者有机结合起来,从而保证所制定的微课的可行性与科学性。在设计微课时,必须要遵守学校大学英语的教学特征及实际教学情况,合理规划大学英语课程不同类型的微课程,从而使不同类型的大学英语教学需要都能得到有效满足。具体来说,在大学英语教学中应用微课这一

第四章　互联网背景下大学英语教学中涌现的教与学模式

教学技术,可以采用以下策略。

1. 微课要与网络教学信息平台相结合

一般来说,微课对于不同年级学生,所具体制定的教学方式是不同的。比如,对于高年级的学生来说,通常都已经具备运用网络沟通与处理知识的初步技能,通过学校地方网络信息平台,能够使自身的知识获取渠道得到进一步的拓展,知识结构与能力也会进一步充实。而对于低年级的学生来说,通常是需要在家长的陪同下参加课程学习的,因为低年级学生在处理和操作技能方面往往不能自主完成。另外,不管是低年级还是高年级的学生,要改变当前大学英语教学中内容单一的情况,进一步拓展和扩充大学英语教学内容的广泛性,需要教师首先认真研读大学英语教学大纲,从中摘取有效信息,并且结合相应要求,将与教学目标相关联的网络教学资源创建起来,将优质的大学英语教学资源不断填充到微课课程中,让所有的学生都能通过微课学习来共享这些新的内容信息。网络教学平台可以实现完整的教学过程,微课资源可以在某一平台上集中整合,学生进行系统的自主学习。微课的优势是非常显著的,而要将其显著优势最大程度地发挥出来,必须做好微课平台的选择与确定工作。将微课资源上传到网络教学平台,学生可以对教学设计、教学目标、教学内容、教学活动、教学评价等进行系统地学习,学习服务平台的功能就能得以实现。

2. 在设计微课时,主题的选择要恰当

微课的最终教学效果如何,在很大程度上受到微课设计程度的影响,因此,要求教师一定要对微课主题的选择引起重视。对于大学英语教学来说,要想选择合适的微课主题,首先要确定教学目标,即通过微课教学,使学生获得哪些知识点,要掌握哪些技术技能,再以此为依据,来选择相应的大学英语理论或实践课中学生经常遇到的问题、难题,针对性地解决学生可能会遇到的问题和重点知识点。同时,教师设计时要尽量全面考虑,难度适当,切合要求。通过微课中体现的主题,大学英语教学实践中的具体问题的确定就不是难题了。

3. 对微课进行全面且深入地分析和理解,在此基础上选择合适的教学形式

微课的教学实施在时间上是有所限制的,在教学内容方面,要做好针对性的选择,深度与广度都要恰到好处,不能太难也不能太容易。另外,还要注意微课学习的时间控制上也要合适,从而满足大部分学生利用课

余的碎片时间学习的实际情况,因此这就要求本节课中知识的完整性与连贯性也要有所保证,这些都源自于教师对教学目标、教学内容、学习者的合理分析。教师在微课前需要明确分析大学英语微课的学习者及其基础、教学目标、课程的内容与特点等方面,以此来对学生的认知基础、学习能力、技术程度、需求状态等内容,以及价值观与目标、知识与技能、过程与方法等进行深入分析。通过对上述内容的分析和总结,以得出的结果为依据,通常就能使教师合理地组织和设计出质量较高的微课,从而满足学生的学习需求。

在选择微课教学形式之前,要做好充分的准备工作,比如,要首先了解微课的特点、教学目标,还要准确分析学习内容、学习者的具体情况,在此基础上选择微课教学形式,才有可能保证选择的正确性与准确性,才能有针对性地采取教学,实施教学进程。微课作为一种自主学习模式,其基础条件就是优质的课程学习资源。同时,教师还要重视微课"小而精"的特点,并以此为依据,结合学生的学习需求,来选择相应的课程内容,在有效整合优质学习资源之后,在将其应用于微课教学中,将其传授给学生。大学英语微课侧重于把握英语技能的内在规律,形成大学英语经验积累。需要强调的是,微课的目标能否达成,与很多因素都有着密切的关系,比如,教师教学理念、具体的教学措施和实践等。大学英语教师的职责之一,就是设计出科学性和可行性较强的教学实施计划,其中应该包含合适的教学形式。而要使选用的教学形式与教学发展相适应,就要求教师对多方面的因素加以考量。比如,目标预期、课程类型、教学内容、学习者的特点等。大学英语微课主要的教学形式有许多种,常见的有情景式、探究式、讲解示范式、演示式等。最后,在微课程发布的环节中,发布平台的选择也是至关重要的,一般地,那些在现在受众群体选择最多的、主流的、快捷的网络平台是较为理想的选择,因为其对于学生用户来说,在运用上是较为便利的。

4. 制作完整的微课

将各种学习资源整合起来,微课的制作就算完成了,一个完整的微课,是通过以视频为核心的形式将各种学习资源展示出来的,其制作流程大致为:拍摄视频源文件→课程讲解录音→剪辑视频→合成讲解录音→输出视频文件→压缩与格式转换。开展大学英语课的目的在于让学生掌握大学英语相关技能。微课的教学内容所体现出的特性主要有直观性、活动性、户外性和操作性等。大学英语微课的制作模式主要采用实景拍摄和 PPT 混合模式进行制作,因为这样能够有效促进大学英语教学实践课取得理想的教学效果。在实景现场拍摄制作微课时,为了保证课程的质量,有几个问题要

第四章　互联网背景下大学英语教学中涌现的教与学模式

加以注意:第一,教师在示范动作时,为了保证示范的效果,一定要保证示范的规范性和准确性,同时,仪态、技术动作标准等都要严格要求,动作上也要尽可能保持连贯;第二,在进行视频的拍摄时,一定要保证画面的稳定性和拍摄的画质清晰度,否则,视频的质量会受到影响,最终取得的教学效果也会不甚理想;第三,教师现场讲解时,要做到声音洪亮,节奏感强,尽量采用通俗易懂的口语进行讲解,书面语句尽量不用或者少用。在制作大学英语微课的过程中,为了保证整体的制作水平和质量,必须对下面几个方面加以注意。

其一,微课制作人员要做好明确分工,通力合作来保证微课整体质量,尤其要注意课程中动作的连贯性。

其二,教师在处理微课的视频时,一定要具备较高的能力,让微视频能使人达到身临其境的效果。首先要重视微课的开篇,要做到吸引人;在后期的剪辑中适当加上慢动作回放,让学生在反复观看的同时,可以仔细研究与探讨,从而为能够清晰地看出肢体动作的展示提供一定的便利。

其三,教师在微课中的讲解与表达要清晰,从而能达到动静融合、远近融合的立体表达效果,这对于教学目的的顺利达成也是有所帮助的。

其四,微课传播所选择的传播平台也是非常重要的。微视频制作完成后,就要考虑选择适合的传播平台了,这一点也至关重要,关系到后面能否保证播放的流畅性和整体效果。

除此之外,引进新资源,更新和完善课程的相关内容,弥补漏洞也是教师需要引起重视的方面,促使学生不断地自主学习,使微课程的最佳效果得以保证。

5. 要及时做好微课效果的评价与反思

微课的质量决定了其在教学形式、教学内容等方面的选择和运用是否科学合理,也决定了其能否取得理想的教学效果,因此,保证高质量的微课水平是非常重要且必要的。而要做到这一点,是需要在微课结束之后,通过学生的评价与反馈来实现的。教师要时刻保持与学生之间的联系渠道,做好相互之间的沟通和交流,为教学活动提供必要的依据,这就需要借助于新媒体平台,同时,还要以积极、客观的态度来检验微课在预期的教学效果方面是否实现。学生在学习过程中通过交流与反思,能够使微课得到进一步的改进和完善,这样也能在某种程度上提高微课的实用性与高效性。微课制作的好坏主要应参照评价的主体——学生。通过学生对微课的评价与反思,能够对微课开发者更好地制作大学英语微课起到推动作用,从而使他们能够对现有的微课课程进行针对性地调整和改善,甚至也可以重新构建新的微课程,不管采用什么样的方式,只要能保证微课的质量,能顺利实现教学目标,能解决大学英语课中出现的问题,能使学生在学习过程中掌握正确的学习方法等,就说明这一操作是科学且有效的。

受新型科学技术不断发展与更新的影响,学校的教学模式也发生了一定的改变。微课教学形式的出现对于大学英语教学来说,能够起到丰富和发展大学英语教育资源、创新教师的教学理念和教学方法的显著作用。因此,这就要求教师必须精通网络,熟悉并理解大学英语教学理念,精心准备和制作微课,在制作过程中一定要对其中的各个方面都进行准确把握,从而保证微课的整体质量,才能把最好的授课内容展示在学生面前,让学生对课堂的教学内容达到更快的领悟,同时,学生在大学英语微课的学习过程中,不仅使课标的要求得以完成,身体和心理素质得以提高,同时也更加了解了网络的运用技能,这就进一步加强了学生对于社会发展的适应能力。

总的来说,通过微课,不仅能使教师顺利达成既定的教学目标,同时也能让学生成功达到提高综合素质的目的。

二、慕课混合教学模式

(一)什么是慕课混合教学

技术是一把双刃剑,任何事物的发展都有其两面性,近几年的研究和实践表明:慕课的出现对全球教育界产生了巨大影响,并因其具有的开放性、资源丰富、不受地域限制等优点吸引了大批学习者,其名校名师资源和新型学习模式更是引起了广大学习者的学习热情。但与此同时也出现了一些弊端,如慕课虽然在线注册率高但完成度不高,不利于教学质量控制等。而如何利用慕课资源优势,将其转化为可利用的教学资源,并将其融合到课堂教学中来改善和提高教学质量,是教师需要解决的一个问题。

混合学习是近年来受到教育界广泛关注的一种新型学习方式。

黎加厚教授指出,所谓混合学习,是指对所有的教学要素进行优化选择和组合,以达到教学目标;教师和学生在教学活动中,将各种教学方法、模式、策略、媒体、技术等按照教学的需要娴熟地运用,达到一种艺术境界。

华南师范大学李克东教授认为:"混合教学是一种借助面授与网络两种学习模式的优势来重组和构建教与学过程的教学理念和组织策略。"

图 4-1 为混合教学的结构。

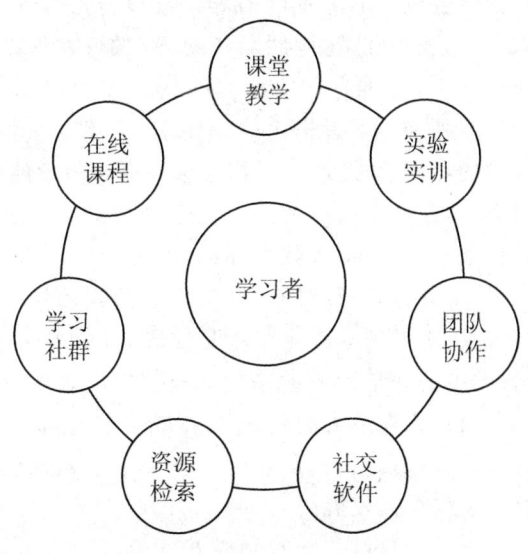

第四章　互联网背景下大学英语教学中涌现的教与学模式

图 4-1　混合教学的结构

　　基于慕课的混合教学能将面对面的课堂教学和网络学习的优势有机结合起来，实现教学效果的最优化。如何将顶尖的慕课积极而灵活地引入校内本科生和研究生的课程教学中，直接促进本校的课程与国际接轨达到国际水平，又间接促进本校教师教学科研水平以及学校信息化教学的发展，是值得研究的课题。慕课将对现有的教学模式提出严峻挑战，深入研究慕课混合教学模式有助于地方制订有针对性的应对方案。

　　混合教学是教学信息化发展的新阶段，它体现出信息技术从教学辅助向与教学深度融合的发展轨迹。信息技术应用于教育教学最早始于计算机辅助教学（Computer Assisted Instruction，CAI），并且衍生出了计算机辅助学习（Computer Assisted Learning，CAL）、计算机辅助训练（Computer Assisted Training，CAT）等概念，直到之后互联网时代的网络教学平台（E-Learning）等，这些教学应用的特点都是从属于已有的教学流程，在教学过程中所起的更多是辅助、补充和支持作用。

　　当前基于慕课的混合学习（Blended Learning），以及从教学角度而言的混合教学，使信息技术在教学中发挥的作用不再仅仅是工具或支撑平台，而是对教学思维、教学元素以及完整教学流程的重构。因此，基于慕课的混合教学对于教学系统设计中的信息技术环境和条件、教学参与者的信息技术素养、教学管理的信息化水平都提出了更高的要求。

　　具体而言，在信息化教学环境中，需要有稳定的有线网络和无线网络接入，慕课平台所在的云计算服务器需要安装在专业的数据中心机房内，教师和学生应该普及智能手机和笔记本电脑等终端设备,并能够随时随地稳定快速地接入慕课平台;教师和学生对"互联网+"教育教学以及信息化时代教学和学习的新理念、新思维有一定程度的认识和理解,能够适应教学流程。重构和翻转对教师和学习者提出的新要求,能够主动调整自己在传统教学和学习模式中的习惯思维和行为,积极融入混合教学的新模式之中;作为教务管理部门而言,在基于慕课的混合教学的教务管理过程中必须继续提高管理的信息化水平,努力消灭数据孤岛,跨越数字鸿沟,重构教务管理规则和流程,避免传统教务管理中的一些规定和流程原样照搬到混合教学的管理之中,以免造成生搬硬套影响慕课混合教学开展的不良后果。

另外,混合教学中的教学绩效考核制度和教学质量评价体系也与传统教学评估的指标和模式存在较大的差异,需要教务管理部门与时俱进,研究制定混合教学的考核和激励机制,从制度上推动基于慕课的混合教学在学校教学中的应用普及与深入发展。

基于慕课的混合教学是对传统教学模式的流程重构,不仅仅是简单的信息技术应用,必将触动教师的传统教学观念和工作模式,甚至是触动教师的个人利益,这些问题与技术问题交织在一起,使慕课教学模式的施行势必会遇到一系列问题和阻力,因此学校教务管理部门和教学单位的首要工作目标应该是区别并梳理各种矛盾和问题,对症下药,多管齐下地予以逐步解决,切忌以点带面,放大次要矛盾而忽视或回避主要矛盾,从而使问题复杂化,导致关键问题更加难以处理。

在基于慕课混合教学模式的应用过程中,很多学校常见的一个认识误区是将慕课教学模式等同于某一个慕课平台,这种认识的实质是本末倒置,完全曲解了慕课教学模式存在的目的和意义。诚然,一个稳定、可靠、资源丰富的慕课平台是开展慕课混合教学的基础,但换一个角度思考可以很容易得出结论,慕课是一种新型的教学模式,并不是一个特定的课程平台或软件,应该从更高层次进行教学模式设计,也就是说,应该先根据教学目标来确立慕课混合教学的思路和模式,再来寻找和组织合适的慕课资源应用于教学,而不是围绕一个特定的慕课平台软件来进行教学设计,将对特定平台或软件的使用等同于慕课教学。

或者进一步说,即使没有现成的慕课平台,慕课混合教学也应该可以通过教师搜索、选取互联网资源或自己录制课程视频来开展,因此对慕课混合教学的正确认识和教师提高教学质量与效率的内驱力才是推动慕课教学的核心因素,在此之上,学校只有积极完善外部环境和条件,多方并举,多管齐下,才有可能形成合力,促使慕课混合教学顺利施行。

(二)慕课混合教学的制约因素

制约基于慕课混合教学的推广应用的因素有很多,其中一个突出的问题是当前的教学现状导致教师对信息化教学改革的积极性和参与度不高,具体的原因包括:当前的职称评定考核以科研学术水平为导向,虽然很多学校也试图通过教师教学能力评比等手段促进教师对教学的重视,但总体而言,当前教师对教学的重视程度普遍不足;与公办基础教育对教师从事非职补课进行严格限制相比,对教师兼职授课普遍采取默许或鼓励的态度,使得很多教师在完成教学本职工作量之外还要到其他学校兼职授课,因此对本校教学的时间精力投入非常有限;部分教师的教学内容和教学形式非常固化,课堂教学基本就是通过PPT和投影照本宣科,将课程教学工作量狭隘地等同于课堂教学课时,内心抵触慕课等教学信息化发展带来的教学流程重构,以维持现状作为教学工作的主要诉求,几乎没有任何的教改积极性。

以上这些问题往往会与慕课平台的技术问题、网络问题、教务管理制度问题、师生信息技术素养问题等交织在一起,使得基于慕课的混合教学在推广过程中面临复杂的问题和挑战,需要教务管理部门、教学研究部门、教学单位、信息技术部门等单位紧密合作,相向而行,形成合力,逐一梳理才有可能逐步解决并不断完善。

(三)慕课混合教学的要求

基于慕课的混合教学与传统的网络教学辅助平台应用最大的区别是,基于网络平台的教学主干流程替代了传统的以课堂教学为主干的教学流程,网络应用已经由课外的辅助应用变成了贯穿混合教学流程始终的主线,因此在基于慕课的教学系统中,对慕课平台和网络环境等技术支撑环境,以及对所有教学参与者的信息技术素养的要求都比以往的传统网络辅助教学提高了一个甚至若干个层次,因为对网络化教与学的应用已经由可选的、弹性的需求变成了必需的、刚性的需求,这对所有教学参与者的信息技术素养都提出了更高的要求,也是所有教学参与者在慕课时代面临的重大挑战。

因此,在实施基于慕课的混合教学之前有必要对所有教学参与者进行相应的信息技术强化培训,并且建立系统的信息化教学运维支撑体系,在教学过程中持续地为师生提供技术支持服务,从而潜移默化地提升师生的信息技术素养。

基于慕课的混合教学所必需的信息技术素养至少包括:熟练使用各种终端访问慕课平台,包括学校教学环境中的教室电脑和公共机房电脑,以及个人的笔记本电脑、平板电脑、手机等移动终端;学习并掌握互联网相关的法律法规，具备网络安全意识，在基于网络的学习过程中注意保护个人账号和数据，同时不要在教学和学习过程中发布违反法律法规的内容和信息；掌握一些基本的网络技术，包括各种环境内的网络接入，比如学校的校园网认证上网和 WiFi 接入、家中的宽带接入、VPN 接入、运营商的移动网络接入等，并能够对网络故障进行一些基础的简单调试，例如，查看操作系统的网络连接属性、查看是否获得了正确的 IP 地址，能够通过 ping 命令和网速测试软件判断网络是否畅通、是否稳定等；在自己的个人电脑和移动终端中确保系统安全，坚持使用正版软件并保持更新，避免使用可能包含木马的盗版软件，随时保持操作系统自动更新并定期手动检查，在系统中安装安全防护软件并定期扫描等；理解当前互联网的主流已经从传统基于 PC 网页浏览器的网页全面过渡到基于跨平台、响应式、多终端兼容的移动网页，因此首选的网页浏览器应该是对 HTMlS 和 JavSeript 支持较好的现代浏览器，这些浏览器包括但不限于 Google Chrome、Safari、Firefox、Edge、大部分 Android 和 ios 智能手机和平板中的 Web 浏览器等等，如果选择其他浏览器时应该了解该浏览器是否兼容 Chrome 或 Webki，避免使用老式的、长期不更新的 IE 浏览器；掌握一些基础的互联网内容和资源开发技术，了解网页的构成元素，清楚适合在互联网中传播的媒体格式，特别是教师除了使用慕课平台中现有的课程视频资源外，建议所有教师都掌握手机录像剪辑和 Catasia 等录屏软件的操作，从而能够录制一些微课发布给学生作为慕课课程的补充内容，真正体现混合教学的意义和价值。

(四)慕课混合教学的目的和意义

时刻保持对混合教学目标的清醒认识，是确保慕课混合教学按照教学规律顺利推进和发展的重要前提。目前一些在引入混合教学的过程中或多或少都有追新、赶潮流的跟风心理，但不管出发点如何，都应该时刻反思慕课混合教学的作用和意义，一切以提高教学质量这个根本目的为核心，积极整合各种资源为教学服务。

具体而言，慕课首先为学生提供了优质的学习资源，这对帮助学生掌握学科课程知识、扩展学生的视野肯定有莫大的帮助。其次，慕课混合教学模式极大地压缩了本校教师的课堂讲授式课时，并通过信息化、网络化的软件平台和工具提高教学管理与教务数据处理统计的效率，总而言之，就是将教师从循环往复的机械性教学流程中解脱出来，给予教师更多的时间与空间来组织更加深入、更加丰富的教学内容。在教学效率提高后，节省出来的时间用来干什么，应该是每一位参与慕课混合教学的教师都应该思考的问题。

自古以来，我国的传统教育理念就强调"因材施教"的重要性，"因材施教"是宋人对孔子教学方法的概括,程颐说:"孔子教人,各因其材。"朱熹写道:"圣贤施教,各因其材。小以小成,大以大成,无弃人也。"简而言之,"因材施教"的核心思想就是承认并正视学生的差异性,在教学过程中根据不同学生的特点有针对性地进行教学,最终的目的是启迪学生,充分发挥学生的潜力。"因材施教"的提出已有上千年的历史,道理也非常简单,但在传统教学中一般很难实施,特别在当今教育规模飞速扩大的时代,教师机械性地完成讲授式课堂教学,再做一些作业和试卷批改,最后完成成绩统计上报等教务工作,基本就占用了100%的教学工作时间,要想"因材施教"几乎没有时间和空间条件。因此,推行慕课混合教学是在信息时代实施"因材施教"的重要途径,教师从机械重复的教学工作中解脱出来所节省的时间和精力,完全可以充分投入到"因材施教"的差异化教学工作之中,这在高等教育,特别是在通识教育课程中就显得更为重要。

学生,特别是需要学习通识教育课程的低年级学生,正处于从基础教育阶段的应试教育思维向高等教育阶段的实践思维、批判性思维、创新性思维过渡的关键阶段,通识教育课程的选课学生往往来自不同的学院和专业,文理科专业背景也不同,知识结构和学习能力差异也很大,这就更需要教师根据学生的专业背景和知识结构对学生分门别类,有针对性地组织教学内容,布置相应的学习任务。在分类教学的基础上,还可以给予学生更多的人文关怀,根据学生的个体特点,进一步一对一地进行在线或面对面的教学辅导。

需要特别注意的是,慕课混合教学模式通过提高教学效率节省出的教学劳动时间,仅仅是为提高教学质量和精细度提供了一种可能性,具体是否能够真正起到实效,还要看学校和教师是否都有充分的认识并付诸行动,只有教师能够潜心教学,追求教学质量的提升,校方能够积极创造保障条件支持教师投入教学,多方相向而行,形成合力才能产生效果,否则很有可能沦为通过慕课来应付教学工作的投机取巧之举,最终只会因偷工减料而造成教学质量下滑。

(五)慕课混合教学的常见认识误区

慕课的出现和发展与以往的一些信息技术对教学的影响有着很大的区别,在过去电视、电脑、多媒体、互联网等信息技术产生并进入教学领域时,教育界对其都有或多或少的顾虑和争议,但从来没有像当前慕课的出现一样引起轩然大波,教师对慕课的看法和观点可以说是出现了两极分化,除一部分教师认为慕课可以提高教学质量和效率,因而主动接受、参与并开展基于慕课的教学外,还有相当数量的教师对慕课抱有负面的看法和抵触的情绪,甚至在一定程度上对慕课产生了恐慌和焦虑。这些恐慌和焦虑一方面源于对慕课的误解和片面的认识,另一方面源于对慕课的抵触心理而进行的逃避。具体来说,对慕课常见的认识误区包括以下几种。

1. 替代论

这是一种非常有代表性的论调,随着当前智能化设备的快速发展,很多传统的手工劳动正在被智能设备所取代,而当前人工智能和大数据技术的发展,又对很多传统的脑力劳动造成了极大的冲击,因此"慕课将取代大部分的教师"这种论调在一部分教师之中很有市场,使得很多并没有认真认识慕课的教师先入为主地接受了这种替代论的观点,从而加深了对慕课的误解和忧虑。

替代论的出现有着深刻的内在原因,那就是的确有相当一部分教师的日常教学工作实质是机械性地照本宣科,这种层次的教师的确会受到慕课相当大的冲击,然而这种恐慌和危机感并不是慕课带来的,而是这些教师自身教学存在问题所导致的,即使没有慕课出现,照本宣科式的课堂教学也是不受学生欢迎、不被社会所认可的,长期来看是不可持续的,慕课的出现只是进一步凸显了这些教学顽疾。

然而教师恰恰是最难以被人工智能取代的职业,因为真正能够指点和启迪学生思维的教师,面向的应该是对学生的创造力和创新思维的培养,这完全不会是机械性地重复劳动。因此,要跳出替代论的认识误区,一方面需要向相关教师普及慕课的概念与机制,宣传慕课的积极作用与价值,另一方面也要通过慕课的应用来倒逼教师正视教学工作,转变教学工作态度,提高自身作为教育工作者的职业素养。

2. 助教论

持这种论调的老师认为,开展基于慕课的教学,将使自己从教师沦为助教,自己的教学主导性将无法得以体现,最终导致自己被边缘化。助教论主要存在于专业课教师之中,因为在基础教育的学校中,教师开展教学往往在教育局和学校教研室的指导之下,按照相对统一的标准开展教学,而在高等教育中,除了公共教学课程的统一度较高外,绝大多数的课程均以任课教师为主进行教学,这种以教师为中心的教学模式使得很多教师片面地认为慕课混合教学的实施会使教师的地位发生动摇,从而产生心理上的落差。

如果冷静地分析之后很容易看出,助教论的实质是替代论的一种变形,归根结底也是认为慕课将替代教师。但如果换一个角度思考,只要教师能够从教学目的和目标的角度看待问题,这种所谓教师被边缘化的情况并不

第四章 互联网背景下大学英语教学中涌现的教与学模式

存在。

首先,慕课中课程资源实质就是类似传统教学中使用的统编教材,绝大多数的教师都是用统编教材进行授课,并不一定都是自编教材。

其次,即使慕课课程资源中的内容不能完全满足本校教学的需求,教师也可以通过混合教学设计和组织补充的教学内容,并且需要在教学过程中持续对学生进行个性化的辅导,因此教师的作用并没有被削弱,从某种意义上来看应该是强化了教师的作用,解决了传统教学中的一些弊端,也就是说慕课混合教学最终的模式应该是"以学生为中心,以教师为主导"。

3. 费事论

部分教师认为推行慕课混合教学改变了教师习以为常的教学方式,增加了教师的工作量,内心对慕课相当抵触。这部分教师的心态主要源于两个方面的因素:一是认为对于教师开展慕课教学增加的工作量校方应该予以经济补偿;二是对慕课混合教学的工作量投入存在误解。从短期来看,教师刚进行慕课混合教学时需要投入的时间和精力与传统教学相比可能会成倍地增加,但在经过一轮或一个学期的教学后,混合教学的模式基本建立,教学模式已经可以稳定运行,这时教师的工作量会大幅下降,直到降到比传统教学工作量还低的水平线。

所以从长远来看,慕课混合教学是能够帮助教师大幅提高教学效率的,至于教师要求的经济待遇问题,则需要校方从多个方面予以解决,只有多管齐下才有可能妥善解决教师的诉求。

4. 省事论

部分教师对慕课持非常乐观的态度,原因是他们认为慕课可以极大地减少教师的教学工作量,可以腾出大量的时间去做一些"自己的事情"。这种想法的实质是认为采用慕课教学后,教师可以不再讲课,甚至可以不再关注教学工作,这其实是非常值得商榷的,或者说是非常危险的。因为教师的天职就是教学,如果不能长期坚持这一主业,最终的结果仍然是难免被边缘化的。所以省事论看似是对慕课持支持的态度。实质还是一种替代论,如果坚持这种观点的话,最终还是要走向慕课的对立面。

5. 无关论

与以上一些态度鲜明的观点相比,更多的教师其实对慕课并没有太多的认识和看法,这部分教师作为"沉默的大多数"几乎没有意识去了解和思考慕课的意义和影响,更多的是抱有一种"以不变应万变"的心态,在教学中继续延续自己习惯的教学方式。作为慕课混合教学改革而言,能够让更多教师理解并融入新的教学模式才是教改工作的重点。因此各个学校应该加强对广大教师的宣传普及,并结合本校实际尽快出台一些鼓励支持政策,吸引这部分对慕课缺乏了解的教师去认识慕课,理解慕课,运用慕课,从而让教学改革全面铺开并健康发展。

(六)慕课混合教学的技术支持要素

基于慕课的混合教学在教育中的实施是一个复杂的系统工程,因此需要教务管理部门、教学单位、信息技术部门等各方密切配合才能顺利开展,在此过程中各方参与者既要分工,更要合作,但无论面临哪些具体工作,有一个原则必须自始至终全程遵循,那就是必须将固定的、机械的、重复的工作流程程序化,并通过计算机执行,而教学过程的所有参与者,也就是人,应该去做复杂的、创新的、迁移变化的工作,简单地说,就是"机械的事交给机器,人应该做人做的事"。

具体来说,在基于慕课的混合教学中,有两项必备的系统功能需要从技术平台构建时就予以解决,否则会严重影响到后期慕课混合教学的正常开展。

第一,统一认证接口。慕课教学平台的基础数据是所有教学参与者的账号和信息,需要保证所有教师、学生、助教能够顺利无障碍地登录慕课平台,而且必须避免在慕课平台中出现新的"数据孤岛",也就是说,慕课平台的用户数据库不应该是独立运行的,必须通过统一认证接口与学校已有的教务管理系统或一卡通系统对接,用户不能在慕课平台中修改自己的账号密码,确保任何教师和学生不因账号问题影响对慕课教学平台的访问。

第二,通用数据接口。在校园信息化系统的构建和整合过程中,每个学校都应该把通用数据接口作为一个核心的刚性功能需求,确保不同的信息系统间能够无障碍、实时、自动同步数据,从而彻底打通校园内的各个数据孤岛,确保教学和教务管理工作顺利进行,不因数据问题影响慕课混合教学的开展,让教师的精力与时间专注到教学内容的组织和设计上,而不是浪费时间去手工处理本应由计算机系统自动完成的数据同步问题。通用数据接口不是简单地开放数据库的远程访问接口,而是应该设计并实现一个通用的数据协议格式标准,实质是对数据库中的数据进行提取和抽象表达,避免不同的系统间由于数据库类型不同造成不兼容问题,以及通过对数据和字段的读/写权限划分确保各信息系统的相对独立,从而显著提高系统的安全性。

简言之,通用数据接口就是不同信息系统间的一个中间件,各系统都用约定的协议对授权的外部系统提供约定格式的数据,各系统在读取外部系统提供的数据之后,解析并写入自身内部数据库。通用数据接口的通信协议可以用 HTPS 实现,既保证了协议的通用性,又通过加密数据传输保证了安全性。通用数据接口的数据格式可以使用通用性较强的 XML 或 JSON。在当前主流的 Web 开发生态中,JSON 已经成为事实上的工业标准,所以建议各学校优先采用 JSON 格式作为数据接口的数据格式。对通用数据接口常见的认识误区是认为各个信息系统只要提供了数据导出/导入功能,能够导出/导入 XIS 或 CSV 格式的表格数据就算是有数据接口功能了。

其实即使具备了手工的导出/导入功能,数据孤岛仍然存在,真正消除数据孤岛的方法应该是实现自动实时同步的数据接口,用地理孤岛来类比,即使孤岛与大陆间有定期往返的渡轮,仍然改变不了孤岛的性质,因为渡轮无法保证实时的、双向的运输(数据同步),只有在大陆和孤岛间修建跨海大桥或海底隧道(数据接口)才是彻底消除了孤岛效应。通用数据接口的作用在于自动同步教务系统中的学生名单、教师名单、课程名单等数据,并将慕课教学过程中产生的形成性评价和终结性评价数据推送回教务管理系统,最终完成学分认定,全程避免无谓的手工操作,有效提高教学和管理效率。

(七)慕课混合教学的门槛要求

推进基于慕课的混合教学的应用与发展,需要建立全方位的保障体系,除了学分政策、技术平台、网络环境、教学设施设备能保障措施外,还需要重点考虑建立鼓励教师参与混合教学的配套激励政策。实践经验表明,所谓的激励政策更确切地表述应该是混合教学工作考评机制,不能片面地强调激励,更应该以教师教学理念的转变为目标,从而避免出现"有钱才干,没钱不干"的窘境。

另外,校方也应该对主动接受慕课教学模式、积极开展慕课混合教学的教师及时给予工作量认定和多层面的鼓励,以免出现"干了白干"的尴尬,以至于教师的积极性受到打击。

当前对于开展基于慕课的混合教学的一个常见的错误认识是,认为慕课混合教学前期必须进行大量的经费投入才能开展。这种错误观念非常容易导致一些起点较低的学校贻误发展时机。诚然,构建完整的慕课混合教学需要先期建立完善的信息化教学环境,包括校园网络、云计算数据中心、慕课平台和课程资源、电脑教室等等,每一项都需要巨额的投入,使得开展慕课教学门槛看似很高,让很多学校望而却步。

然而,慕课教学的门槛也可以极低。甚至可以说人人皆可参与,因为从慕课诞生的那天起,就一直存在两种发展路线:一种是以 Counsera、edx、Udaeity 等大型慕课平台为代表的高等教育学历学分认定体系;另一种就是以可汗学院为代表的教学资源共享体系。可汗学院体现了慕课开放、共享、普惠的核心价值,是典型的"草根"路线代表,其创始人可汗甚至不是专职教师,他的初衷只是把自己的学习经验通过电脑录屏视频的形式上传到视频网站分享给所有网友,直到这种形式在网民中引起了巨大反响,互联网巨头才注资将其包装为一个专门的慕课平台。

所以,当前任何学校无论其信息化教学条件如何,都可以通过可汗学院的模式进行基于慕课的混合教学,教师和学生可以直接访问互联网慕课平台的资源,教师可以用一些简单的设备和工具,比如手机、摄像头、Camtasia 录屏软件等录制自己的授课视频,再将视频上传到优酷等开放的视频网站,并利用 QQ、微信等免费的实时通信工具与学生进行线上的教学交互。简而言之,慕课是一种教学思维与理念,并不等同于昂贵的设备和软件平台,只要学校和教师真正有开展慕课教学的意愿,随时都能够低成本、低门槛地迈出第一步,如果举步不前,一味等待资金投入,那么必将丧失发展良机,与先期已经开展慕课教学的学校的差距只会越拉越大。

三、多模态互动教学模式

(一)什么是多模态互动教学

从语言学习的特点出发,20 世纪 90 年代,西方学者提出了多模态话语理论。这一理论指出,语言属于一种社会符号,音乐、绘画等非语言符号对语言意义的生成起着重要的影响作用。各种语言符号与非语言符号模态之间是相互独立也是相互影响的关系,共同生成语言意义。根据多模态语言理论,语言的输入、输出会受到多种符号模态的影响,因此在英语教学中,可以将多种符号模态融合起来,结合音乐、图像、网络等形式,对英语课堂进行丰富,调动学生学习的积极性与主动性,从而交互式地学习英语语言,达到对英语语言的充分记忆以及恰当应用的目的。

在大数据驱动下,教师采用多模态互动教学,可以充分运用网络多媒体等手段,创设各种语言学习情境,让学生真正体会到语言学习的乐趣,多渠道地激发学生的听觉、视觉等感官,为学生提供全方位浸染式的环境,促进学生不断提升自身的语言技能。

多模态互动教学强调采用多种手段,具体来说是运用网络多媒体技术,开展角色扮演、图片展示等多种互动方式,调动学生学习的积极性,将听、说、读、写、译各项技能结合起来,激发他们学习的兴趣,对旧知识进行巩固,对新知识进行拓展。

(二)大学英语多模态互动教学的意义

在大学英语文化教学中,网络技术与大数据技术的作用日益凸显,可以说这些技术改变了教育的理念与方式。在大数据背景下,大学英语教学应该充分利用网络与多媒体技术,将多种符号模态如图像、语言、网络等融入教学之中,利用多种模态将学生的各种感官激发出来,调动学生的学习积极性。

大学英语是多种学科中的一项重要的公共基础课,但是对于大部分学生来说,原有的英语课堂是非常枯燥的,导致他们的学习效果也不理想。当前,随着网络与大数据的出现,在一定程度上突破了教学的界限,采用音频、视频、微信等资源开展大学英语教学,这为大学英语教学注入了新的活力,也为学生增添了学习的自信心与动力。

在大学英语教学中,对网络资源的合理运用可以刺激各种感官,让学生参与到学习之中,更深层次地理解英语词汇、语法、语言学等知识。学生只有成为大学英语课堂的主人,主动积极地探索知识,才能学会知识。

另外,在传统的大学英语教学中,教师提供的信息是非常有限的,很难与学生的个性需要相符合,多模态化网络的融入,可以解决教师的这些问题,教师可以利用大数据资源,为学生创设真实的平台,让学生调动多方感官,自主、轻松地提升个人的语言能力。

互联网已成为教师教学的重要工具,充分利用互联网及多模态教学模式势必对大学英语教学产生巨大的影响和推动作用。

(三)大学英语多模态互动教学的基本原则

1. 客体适配原则

在大学英语教学中,师生分别处于教授与学习的主体地位,对应的客体则是教授与学习中使用到的工具,如多媒体、教材等。所谓的客体适配,即根据多模态互动教学的需要,提前选择能够对教学工作加以支持的材料。例如,在听力课堂上,教师需要提前下载一些听力材料,然后运用多媒体进行播放;在阅读课堂上,教师可以为学生推荐一些阅读性强的著作。

当然,日常的教材讲解,需要教师在备课时制作多模态PPT。从教材内容出发,将其中涉及的重难点知识,在PPT上配合动画、图片等加以展示,这能够将教材这一客体的适配性发挥出来,并能激发学生的学习积极性,提高教师教学的质量和效率。

2. 主体适配原则

如前所述,教师与学生处于教授与学习的主体地位。

就教学层面而言,教师在对多模态符号进行收集与整理的过程中,应该转换自己的身份与角度,尽量从学生的视角出发对多模态符号内容进行选择。例如,所选择的动画、图片等要与当代大学生的认知规律、兴趣爱好等相符合。这样才能使课堂更具有吸引力,进而便于教师展开教学工作。

就学习层面而言,学生需要在接收到PPT的模态符号之后,将自己的感官调动出来。例如,当教师在PPT上播放听力材料时,学生需要将自己的听觉感官调动起来;当教师在PPT上展示图片等内容时,学生需要将自己的视觉感官调动起来。

一般情况下,坚持主体适配原则,对于构建多模态的互动教学模式、提升师生之间的默契度非常有益。

3. 阶段适配原则

英语学习本身是一个循序渐进的过程,阶段不同,学生的水平与理解能力必然也不同。为了更好地将多模态互动教学的优势体现出来,教师在运用这一策略时,需要坚持阶段适配原则。

也就是说,教师要从实际出发,对模态组合的形式与教学模式进行不断地调整。例如,听力部分是大学英语四六级的重要测试内容,也是学生英语核心素养培养的一项重要内容。运用多模态互动教学模式展开听力教学时,第一阶段需要根据班级学生自身的水平,选择恰当的听力材料,不宜过难,也不宜过于简单。同时,教师需要提前检查一遍,尤其检查里面的信息是否全面,语速快慢是否适中,问题的设置是否合理等。第二阶段是在听力时,教师要时刻观察学生的注意力情况,是否出现眉头紧锁等情况,这样有助于教师对难度加以判断。第三阶段是从听力材料出发来讲解。这一教学模式实现了音频模态、口语模态、文字模态的多方组合。

(四)大学英语多模态互动教学的构建策略

大学英语多模态互动教学作为一种新型模式,充满着活力,在大数据背景下必将日趋完善。那么下面就来具体分析大学英语多模态互动教学的构建策略。

第四章　互联网背景下大学英语教学中涌现的教与学模式

1. 充分利用多媒体资源

多媒体技术被引入大学英语教学中,是大学英语教学的一项重要变革。多模态教学强调将学生的各个感官调动起来,实现英语学习的目标。多媒体课件正是能够将文本、图片、音频、视频等相结合的资源,教师如果制作一个多媒体课件,需要精心准备,需要从不同的教学内容与任务出发,搜集各种资料,进而进行整理与设计,制作出符合学生的真实的多媒体课件。

2. 建设多模态化英语网络空间

随着网络技术与大数据技术的不断发展,当前我们的"信息高速公路""论坛""校园网"等日益丰富,也被人们熟知,显然,网络时代与大数据时代已经到来。当前,各校已开始对自己的网络空间进行构建。网络空间教学就是指师生运用网络平台,展开师生交互活动。他们可以在网络平台上创设实名认证的空间页面,师生在空间平台上进行学习和互动交流。

2015 年河南牧业经济学院创建了网络教学平台系统,这一系统是在 Sakai 教学平台的基础上研发的远程教学系统,该系统采用"引领式再现学习"的理念,通过课程空间、课程大纲与资源、论坛等形式,在师生之间建构多元化的交互渠道,将学生的多个感官激发出来,为学生创设一个真实的虚拟课堂体验环境,从而有效地实施多模态互动教学。

实施英语网络空间教学之后,师生之间可以摆脱时空的限制与障碍,在即时问答、论坛等多个项目下展开有效互动,这样不仅加深了教师对学生的了解,还能够使彼此的关系更为融洽。通过网络空间,教师可以批改学生的作业,学生也能够在规定时间内随时将自己的作业提交上去,实现作业的先交先改、及时反馈。这不仅节省了纸张,还为师生提供一个互动的平台。

当然,网络空间平台发挥作用的关键在于学生能够积极参与,学生需要登录到网络空间中完成作业、书写心得,也可以为其他伙伴分享自己的学习音频、视频等资料,这就让学生真正成为学习的主体。在网络空间平台上,学生将自己的感官调动起来,激发自己学习英语的兴趣,提升自己的学习效果,实现自己的有效学习目的,这也是多模态互动教学有效实施的体现。

第二节　互联网背景下大学英语学习的新模式

一、自主学习模式

(一)什么是英语自主学习

斯洛伐克学者霍莱克(Holec)于20世纪80年代初正式提出英语自主学习的概念。他认为英语自主学习就是学习者在学习英语过程中"能够对自己的学习负责",即让学生能够负责就有关学习各方面的问题进行决策。这一思想对"以教师为中心"的传统教学模式提出了极大挑战,因而受到广泛关注。

受其观点启发,美国纽约城市大学的齐莫曼(B. J. Zimmerman)教授指出,英语自主学习包括六个方面的内容,即动机、学习策略、时间管理、物理环境、社会环境和学习结果。[1]

国内研究者陆忆松认为,结合我国大学英语教学的特点和学生的现状,自主学习应包含下面的内容:具有持久强劲的学习动机和积极的学习态度;能有效地运用元认知策略并能自我管理、自我评估、自我监控语言学习的过程和结果;了解自己的学习风格,采取合适的学习策略完成学习任务;不仅能独立学习,还具有合作学习的精神(陆忆松,2004)。

由此可见,大学英语自主学习是指学习者依赖其个人独立的学习风格、积极的学习态度和良好的学习能力,在与教师交流互动中设定其学习目标,通过个人活动和与他人合作的方式,实施、完成、评估自己的学习效果并达到学习目标的学习过程。具体来说,大学英语自主学习是学生英语学习的一种学习方式,指的是学生能够根据自己的实际情况对英语学习现状进行自我评估,通过信息反馈,确定英语学习目标、制订学习计划、采取学习策略、监控学习进度,并在此基础上进行总结、评价和信息反馈的再次循环。这种学习的循环链或学习方式包含三方面的内容:首先,对自己的英语学习活动进行计划和安排;其次,对实际的学习情况进行监控、评价和反馈;最后,对自己的学习进行调整、修正和控制。

---

[1] 李晓朋."互联网+"时代英语自主学习与课堂教学的整合模式探究[M].成都:电子科技大学出版社,2017:32.

(二)大学英语自主学习的影响因素

1. 学习策略

"学而不思则罔,思而不学则殆"这一观点的提出指出了学习策略是非常重要的。法国学者卢梭也证明了这一点,甚至在卢梭看来,策略的形成比获取知识更为重要。不管是谁,在学习中都会运用到学习策略,但不同的是,有些人运用学习策略具有自觉性,有些人使用学习策略是不自觉的。例如,中国人拿筷子是非常常见的事情,看起来也没什么方法,但是如果西方人使用筷子,他们需要浪费很长的时间。这就说明,筷子的使用也是有方法的,只不过中国人是不自觉就习得的,而西方人需要花费时间来学习。

学习策略对于学习者的学习过程是非常重要的,如果是积极的学习策略,那么必然有助于学习者的学习。众所周知,预习是非常重要的,但是很多学习者由于课本中存在很多的生词,他们无形中就认为预习就等同于查询生词,很少有学习者认识到课文中存在的难点。由于学习者对难点的查找是不自觉形成的,未将这一项目作为预习的重要层面,因此导致未实现预习的效果,这样的预习也就是可有可无的。

如果没有充分的预习,学习者在课堂中就很难学习到知识的深层意义,也不会集中注意力在学习之中。学习者本身没有疑点,那么在学习中也不会向教师提出疑问,课堂就变成了教师教授、学习者记笔记的情况。反之,如果学习者能够对学习策略进行有效地运用,提前做好预习的准备,那么就会在课堂上主动索取,并发现问题,进而对问题进行解决。这样学习者就会不断提升自身发现问题、解决问题的能力。

2. 学习观念

所谓学习观念,即学生对学习产生的一些看法。关于自主学习,大学生存在一些基本的看法,如自主学习与成绩之间的关系,自主学习与学习策略、学习能力的关系,自主学习与自身素质之间的关系等。

一般来说,学习策略、学习成绩、学习能力等因素都会对大学生的自主学习产生影响,而学习策略主要对大学生的学习意愿、学习时间、学习方法等产生一定的影响。学习者的身体素质也会对自主学习产生影响,尤其是学习结果、学习方法等。学习者的自我效能感也会对他们的学习意愿、学习方法等产生影响。

3. 学习态度

所谓学习态度,即学生对学习及学习情境呈现的一种稳定的心理倾向。根据研究,学习态度能够对学生的学习行为进行调控,对学生的学习效果产生影响,并能够影响学生的忍耐度。如果学生的学习态度比较积极,他们的自主学习意愿普遍较高;相比之下,如果学生的学习态度较为消极,那么他们很多都不愿意进行自主学习。

(三)大学英语自主学习的实现途径

1. 树立正确的学习观

无论做什么事情,一个端正的态度是必须的,当然学习也是如此。也就是说,学生需要端正自己的学习态度,对自己的心理状态加以调整。大学生的学习对于全面发展更为注重。大学英语学习主要是为了培养学生的语言技能,是一种语言知识的学习。大学英语学习是采用扩大的词汇量和巩固语法知识等语言知识去提高包括听、说、读、写、译等语言技能的过程,而不是简单词汇与语法规则的堆砌。大学英语学习不能把四、六级全国统考作为学习的唯一目的。课本教学与四级统考从理论上讲不但不矛盾,而且目的还是一致的。因为现行使用的都是以教学大纲为依据而编写的大学英语教材,是有助于提高语言基本功和增强语言实际运用能力并且符合语言教学规律的教科书。全面熟悉教材,全面掌握语言知识,充分培养各种语言技能,举一反三以不变应万变,不要仅限于通过四级考试的学习误区。学生可以通过做模拟试题来检测学习效果,但它不是唯一的证明依据。语言整体能力的提高要经过长期的点滴积累才可能有质的飞跃。

2. 充分利用多媒体和网络资源

拥有一个英语环境势必会进一步地促进英语的学习,但是我们并没有很多机会和以英语作为母语的人直接面对面地交流。互联网可以说从空间上拉近了世界上人与人之间的距离,把世界变成了地球村,给世界上的人们提供了更多、更方便的交流机会。多媒体和网络辅助语言学习有许多优点,如:信息量大,因特网上的信息可以说是一个取之不尽的"信息海洋";交互性强,使用电脑可以让学生在一个比较实际的语言环境中进行相互交流;知识更新快,网络上的语言,同实际的语言发展同步;趣味性强,电脑软件采用的多媒体技术引人入胜。利用网络学习英语可弥补一般方法的不足,必将大大提高英语学习效果。大学英语教学的理想境界应该是让学生无论在课

第四章 互联网背景下大学英语教学中涌现的教与学模式

内、课外,都能主动学习,甚至可以在一定程度上用英语交流、思考。在网上下载、检索或浏览英语阅读、词汇、语法和听力等相关资料,使学生通过视听感知英语语言素材,发展视听能力,同时语言基本技能得到训练,直接用英语思考和表达的能力也得到培养,弥补了英语常规学习的不足,无疑将大大提高英语学习效果。

3. 凸显学生的主体性

(1)学生的主体地位

第一,学生是英语学习的主体。在英语教学过程中,教师和学生都是参与者,两者都是重要的主体,但是两者的主体所处的环境是不同的,教师是英语教学中起主导作用的主体,其主要职责在于"教",而学生则主要为了"学",因此,在英语学习中,学生是主体。

第二,学生是英语教师的合作者。在英语教学中,教师和学生是直接参与的两个主体,同时,英语教学中有些项目动作是需要英语教师和学生共同来完成的,因此只靠教师的教是无法达到教学目的的,需要学生的配合,才能使教学活动顺利进行并保证教学效果。

第三,学生是英语文化的继承者和创造者。学生在英语学习过程中的一个重要学习任务就是不断汲取英语的相关知识,如英语文化知识,这样才能对英语的理解和感悟不断更新升华,形成创新性的英语文化。与此同时,学生在英语文化方面也要具有一定的创造力,通过不断创造,来使所学的英语文化得到良好的传承和发展。

(2)学生主体性在英语教学中的体现

学生在英语教学中的主体地位是毋庸置疑的,苏霍姆林斯基"让每个学生都抬起头来走路"的教育信条,就将学生的主体性地位充分体现了出来。英语教学活动中学生的主体性可以从以下几个方面得以体现。

第一,对教育影响的选择性。教师的教育影响并不能让学生全盘接受,只有那些与学生自身的特点和需求相符的教育影响,才能为学生所接受。学生根据主体意识,有积极地或消极地进行选择的权力。

第二,学习的独立性。学生本身具有个体化特征,这就决定了其在学习起点、学习的目标与追求、制约学习的个性心理特征等方面也有所差别。因此,在英语教学中教师要遵循因材施教原则。

第三,学习的主动性。学生学习活动的主动性、自觉性是学生学习主体性的本质体现,英语教师的教学活动要建立在学生对英语学习的自觉的、主动的、自我追求的基础上。

第四,学习的创造性。学生在英语教学任务的方式、方法、思路以及对问题的认识等方面的完成与实现,与教师所教的内容或方法并不是存在着完全的关系的,其中,也能将学生的一些创新性和创造性体现出来。因此,英语教师要在认同这种创造性的同时进一步给予鼓励。

(3)学生主体性发挥需要具备的条件

学生在英语教学中的主体性地位的重要性已经显而易见,那么要实现这种作用,需要具备的条件有哪些呢?

第一,教师的教授目标与学生的学习目标相协调。在英语教学中,英语教师首先要将"为什么教英语"的问题明确下来,要充分理解社会对英语教育的要求和期待,让学生最终能够获得理解能力、学习能力、领悟能力等。但是这些并不是全部,还要求英语教师将教授的目标转化成学生学习的目标,即我要理解、学习和领悟的内容有哪些。

第二,教师和学生共同拥有英语教材。这主要是指英语教师在明确了教学内容和教学的方法、手段的同时,要让学生明白其所要学习的内容和方法、手段。要使学生在学习过程中始终对所学内容的文化体系和技能体系有个概观,同时对本教材目标与总目标的关系、本教材的科学教程、本教材的重点、本教材的难点以及本教材与自己身心发展之间的关系等有充分的了解,只有这样师生才能共同拥有"把英语教学导向目标的载体和道路"。

第三,教学情境应该自由民主。良好的教学情境对于英语教学的开展是有帮助的。因此,英语教师要做好这方面的创设,以此来激发学生的好奇和探索,诱发学生产生和提出各种各样的问题。民主性能够从尊重学生的人格、理解他们的学习基础和原谅他们在学习中的缺点和错误等方面得以体现。

第四,教师对学生的学习方法要足够重视。要充分发挥学生主体性,就必须让学生在"学习方法"上具有自主性和主动性。当前,英语教师的一个重要任务就是积极转变学生的学习方式,使多样化的学习方式逐渐取代单一的、被动的学习方式。与此同时,英语教学中的"自主性学习"和"研究性学习"也要进一步加强。

二、网络协作研究性学习模式

(一)什么是网络协作研究性学习

研究性学习,国外称项目学习、主题研究、专题研究等,是20世纪80年代以来国际教育界普遍推崇和实施的一种新学习形式。教育部《普通高中"研究性学习"实施指南》(试行)中指出:"研究性学习是在教师指导下,学生

第四章 互联网背景下大学英语教学中涌现的教与学模式

以个人或小组的形式从自然、社会和生活中选择和确定专题进行研究,并在研究过程中主动地获取知识、应用知识、解决问题的学习活动。"

但是,网上协作研究性学习和一般意义上的研究性学习相比,在基本方式上、主要特点上都有一定的差异。

"网上协作研究性学习"是指学习者带着对某一领域的浓厚兴趣,主动地在该领域提出研究课题和基本构想,在网上发布,征求合作伙伴,形成网上协作研究小组,通过在网上的交流和分工合作来共同制订研究方案,查寻、收集资料(包括通过自己的实验和调查所积累的数据资料),对收集的资料进行加工、处理,最终完成一个项目并发布一个研究报告的学习过程。

(二)网络协作研究性学习的实现途径

网络协作研究性学习等同于"研究性学习"。作为一种学习方式,课堂中的探究,即研究性学习与探究教学,具有开放性、探究性、实践性的特点,体现了以下四种关系。

(1)参与、探索。在研究性学习的过程中,所有学生都需要积极参与,将自己视作"科学家",通过各种探索来得出结论,这可以有效培养学生的钻研以及实践能力。在教学过程中,教师不可将结论直接告诉学生,尽量让学生通过探究自己得出结论。

(2)平等、合作。在研究性学习的过程中,学生取得成功的机会是均等的,而且还需要彼此合作,取得最终的学习成果。另外,师生之间的关系同样是平等的,教师可以作为学生的朋友参与其中。换言之,研究性学习其实是一种学生彼此之间通力合作的过程,并不是竞争或者对立的关系。

(3)鼓励创新。在研究性学习的过程中,教师应该尽可能鼓励学生通过想象提出自己的看法、预见、假设等,教师应该充分尊重学生的观点,让学生大胆去创新,从而培养他们的创新精神。

(4)自主和能动的关系。研究性学习的另一重要特点是自主性。在整个学习活动中,学生自选课题、自定工作方案,整个过程教师不能直接干预,虽然最后评鉴是经教师提议进行的,但怎么做还是由学生自己来决定的。

1. 情景引导式

研究性学习的展开离不开课程中的知识点。教师通过一定的情景引入某一个知识点,这个知识点不是由学生来选择和确定的,也不是由社会生活中的某个现实问题而产生的。这个知识点是教师根据教学目标、教学进度来合理选取的。一旦确定了教学知识点,教师就可以针对这个知识点扩展开来,设置一系列问题、任务等,利用合适的教学手段创设相关的学习情景,引导学生进入这个目标中展开学习。

2. 启迪切入式

确定了学习对象之后，教师在布置给学生学习任务之前需要向他们提出一系列富有启发性的问题，让学生进行深入思考，同时结合需要学习的对象，让学生带着这些问题切入到学习对象上，这一个环节十分重要，是确保探究式学习取得成效的关键环节。教师所提出的问题是否具有启发性，是否能够引起学生的深入思考，是研究性学习的关键要点。

3. 自主探究式

教师在教学时一定要注意调动学生对自主学习、研究性学习的积极性，进而安排学生进行小组合作学习。在课堂上，教学目标的实现依赖于学生的自主学习、合作学习、研究性学习来完成，因此这一环节对于教学效果的好坏而言同样至关重要。

在具体的操作过程中，教师需要处理好学生之间、师生之间、技术之间的关系。其中，教师的作用主要是支持与引导，学生则需要充分发挥主动性、积极性，利用网络、多媒体等技术来达到自主探究的目的。

4. 交流协作式

交流协作与上述几个环节是紧密相关的。学生在自主探究、积极思考之后，就可以进入更高质量的协作交流阶段。换言之，协作交流的进行必须要建立在自主探究的基础上，如此学生的交流思路、观点碰撞、成果分享才能顺利进行。在这一过程中，教师需要起到合理地组织、引导和协调的作用。

第五章 互联网背景下大学英语听说教学的创新探索

对于大多数学生来说,英语听说成为他们的负担,他们在课堂上也都感到非常的焦躁与紧张。在课堂上,教师主要扮演的是播放与解说的角色,因此学生的听说技能很难得到提升。当前,大学英语教学的目标主要是培养学生的综合能力,其中最主要的是培养他们的听说能力,因为听说能力是开展交际的前提与基础。当然,在互联网背景下,教师可以应用更多的手段来锻炼学生的听说能力。本章就对二者展开分析和探索。

第一节 互联网背景下的大学英语听力教学

一、什么是听力

随着听力的作用逐渐凸显,很多应用语言学家提出听力是语言学的重要手段,并且开始了对听力的研究。

美国学者罗宾(Rubin,1995)认为,"听是一个包含主观能动性的过程,它涉及听者信号的主动选择,然后对信息进行编码加工,从而确定正在发生的事情以及发话人想要表达的意图。"①

听力理解就是利用大脑中已有知识,对听力材料进行正确地理解,是一个从语音信号识别到语义构建的极复杂过程。美国学者安德森(Anderson,1988)指出,在听力理解过程中,听者起着十分关键的作用,而并非单纯地接收信息,他们会激活和运用大脑中的各类知识来理解说话者

---

① Rubin,J. An Overview to "A Guide for the Teaching of Second Language Listening"[A].A Guide for the Teaching of Second Language Listening[C]. D. Mendelsohn & J. Rubin. San Diego, CA:Dominie Press,1995:7.

想要表达的真正意图。可见,听力理解是听者为了达到理解语言的目的,积极运用各种背景知识对声音信号进行识别、筛选和重构的复杂心理过程。

就英语听力而言,其是英语听力理解的简称。樵秋春、李诗和(2007)认为,英语听力理解是有目的地运用储存在大脑中的英语语言知识对耳朵接收到的新信息进行选择、整理和加工,最终获得新的英语语言认知的过程。黄旭琳、黄清贵(2016)指出,英语听力的本质是人们利用听觉器官对英语语言信号进行接收、分辨、归类、整合、内化、理解的过程。

基于英语听力理解,英语听力教学绝不只是单纯地听清某一个音,听懂某一个单词或句子,而应该培养学生的语言技能,要求准确理解说话者的意图并进行无障碍地交流。李泽锋(2012)认为,英语听力教学是教师引导学生领会知识技能,从而建立认知的过程。这一过程与学生的知觉、思维和记忆等因素密切相关。总体而言,英语听力教学的主要目的是培养学生的英语听力能力和综合能力,并且以此为中心来开展各种教学活动。

二、大学英语听力教学中存在的问题

尽管大学英语教学深受重视,而且随着教学改革的深入有所发展,但是在教学中学生"听不懂、说不出"的问题依然存在。因此,有必要对大学英语听力教学中存在的问题进行分析,以便有针对性地解决这些问题,促进大学英语听力教学的发展。

(一)听力课程设置处于弱势地位

在整个大学英语课程设置中,听力教学处于弱势地位,受关注的程度并不高。在多数院校中,大学英语的周学时为4小节,但教师常常将教学中心放在精读课上,部分院校甚至将听力课与口语课相融合,变成听说课,从而稀释了听力课的学时,这使得听力教学课时难以保障,学生听力能力的培养也难以保障。

(二)听力教学目标有所偏离

当前的大学英语教学设置了英语四级与六级考试,这些考试本来目的是为了激发学生英语学习的兴趣,提升他们的英语能力。但是,有些教师将考试作为指向标,忽视了学生听力技能与交际技能的培养。在这样的目标指引下,加之课堂时间非常有限,教师往往会将听力教学上成题海战术,这样不仅让学生感到非常的枯燥,也很难真正提升学生的听力技能。

第五章 互联网背景下大学英语听说教学的创新探索

(三)教师教学模式僵化

受课程设置不合理、教学目标偏离、重视程度不高等影响,现在的大学英语听力教学存在教学模式僵化的问题。很多教师将主要精力放在教学任务的完成上,忽视对教材的整体把握,缺乏对学生的有效指导,甚至目标不明确,只是机械地、一遍遍地播放录音,学生只能被动、盲目地听,这使得听力教学拘泥于"听听录音、对对答案,教师解释"的单一模式。在这种教学模式下,不仅课堂氛围沉闷,而且学生的学习积极性不高,学生的听力能力更是难以得到锻炼。

(四)学生的基础知识积累不足

现在,尽管听力教学受到了学生的重视,但是很多学生的听力水平不高,这很大程度上源于学生基础知识积累不足。一方面,学生缺乏必要的语音知识,对音节、连读等掌握不牢固,加之词汇量积累有限,欠缺语法知识等,这些都会对学生的听力理解造成影响。另一方面,学生缺乏良好的英语学习环境,对此学生很难对英语音调、韵律等具有敏感性。由于基础知识积累不足,学生的听力能力将很难得到提高。

(五)学生对听力缺乏兴趣

由于教学方式的单一性和听力本身的复杂性,很多学生对听力学习缺乏兴趣,甚至从心理上对听力产生抵触情绪。这种抵触兴趣会进一步降低学生参与听力活动的积极性,甚至是应付听力学习,使得听力学习收效甚微。

(六)学生的学习形式单一

受传统教学模式的影响,学生在学习英语听力时,十分依赖教师的教学,依赖于学校规划和课程安排,进而导致自主学习听力的能力较低,在英语听力上得不到成就感,学习兴趣降低,最终整体学习效果不佳。此外,学生跟随教师的课堂讲解,不利于学生建立个性化的英语知识框架和体系,不利于学生自主学习能力的提升。

(七)学生缺乏英语文化知识

语言与文化密切相关,很多听力材料中都渗透着文化知识。很多学生无法准确理解听力内容,部分原因就在于缺乏必要的文化背景知识。对此,学生在听力学习中不仅要学习听力技能,还要学习文化知识,了解英语国家的历史文化、思维方式等,掌握中西方文化间的差异,这样才能为听力学习扫清障碍,提高听力水平。

(八)学生缺乏英语听力环境

我国学生是在汉语环境下学习英语听力的,而且主要通过教材和课堂来学习英语听力,学生在课本上学到的英语都是规范英语,教师在教学中为了便于学生理解,常会放慢语速,而使得语流失去了正常的节奏。但在英美国家,人们在实际交际过程中使用的语言具有很强的口语化特征,常使用口语化表达。而在课堂教学中,这种口语化的语言很少出现,学生接触不到地道的英语表达,也就很难确实提高英语听力能力。

(九)学生不善于利用课余时间

课堂教学的时间是有限的,因此对课堂教学起着补充作用的课余时间的利用率直接影响着学生的听力水平。但是在实际学习中,学生并没有充分利用课余时间。很多学生没有制订自己的学习计划,只是依靠课堂教学,但课堂教师是面向全体学生的,是针对学生的平均水平制订的,并不能满足学生的个性化需求。如果制订适合自己的学习计划,并充分利用课余的零散时间,将英语听力学习与日常生活相结合,对提高英语听力水平将起到事半功倍的作用。

三、互联网背景下大学英语听力教学的原则

(一)激发兴趣原则

听力能力的提高需要一个过程,不能一蹴而就,而且需要不断地练习和努力,很多学生由于自己听力能力不佳,加上进步缓慢,因此对听力学习缺乏兴趣。可见,兴趣对于英语听力学习至关重要,对此教师在开展大学英语听力教学时要有意识地激发学生的兴趣,也就是遵循激发兴趣原则。具体而言,教师在进行听力教学之前,首先要充分了解学生的兴趣所在,即了解学生对哪些听力活动和听力内容感兴趣,然后以此为依据来调整教学内容和教学方法激发学生的听力兴趣,调动学生的积极性,进而提高学生的听力水平。

(二)情境性原则

听力是交际的重要方式,学生只有在自然、真实的环境中,才能与环境

产生相应的互动,获得真实的语言体验。很多教师往往都有这样的感受,即教师竭尽全力鼓励学生参与课堂活动,但学生依然对听力学习缺乏积极性,课堂教学沉闷。实际上,良好的课堂氛围需要师生共同营造,教师应该与学生积极沟通,充分发挥自己的主导作用和学生的主体作用,应在活跃、自然、民主的课堂环境中创建英语语言情境,进而培养学生的听力能力。

(三)综合原则

英语包含四项基本技能,即听、说、读、写,这几项技能之间并不是相互独立的,而是密切联系、相互促进。所以,教师要想切实提高听力水平,就要重视听力与其他技能之间的关系,将输入技能训练和输出技能训练相结合,培养学生的综合英语能力。

(四)注重情感原则

在教学中,教师除了要注重学生学习本身外,还要重视学生的情感体验。具体而言,教师要为学生创造一个轻松、愉快的课堂环境。例如,教师在听的过程中可以穿插一些幽默小故事、笑话、英文小诗、英文卡通或英文歌曲等,也可以根据实际情况改变听的形式或更换听的内容等,努力消除学生因焦虑、害怕等产生的心理障碍,创造和谐的学习氛围,使学生获得良好的学习体验,进而提升学生的听力水平。

(五)强化文化背景知识原则

语言与文化密切相关,很多英语词汇、短语、句子等都蕴含着丰富的文化信息,如果不了解语言背后的文化信息,将很难理解其内在含义,更无法有效进行交流。可以说,很多听力材料背后都蕴含一定的文化知识,学生如果没有掌握必要的文化背景知识,即使听懂了个别甚至全部语句,也不一定能完全理解材料所隐含的深层文化含义,进而影响对材料的准确理解。因此,在大学英语听力教学中,教师必须重视强化学生的英美文化背景知识,提高学生对文化知识的敏感度。

四、互联网背景下大学英语听力教学的创新策略

(一)听力技能教学

听力的有效进行是需要一定的技巧的,因此在大学英语听力教学中,教师应运用信息技术向学生介绍几种常用的听力技巧。

1. 听前预测

在进行听力之前,进行一定的预测是很有必要的。在教学中,教师可以指导学生在正式听听力材料之前,先浏览一下听力问题,据此预测听力测试的范围,如地点、时间、人名等,这样可使听力更具针对性。

2. 抓听要点

在听的过程中,要学会抓听要点。也就是抓听交际双方言语活动中的主要内容、主要问题、主题句和关键字等,对于一些无关紧要的内容则可以不用重点去听。

3. 猜测词义

听力过程中不可能听明白每一个词,而且有时难免会遇到陌生的单词,此时如果停下来思考这个词的意思,就会影响整个听力材料的理解。这时可以继续听,通过上下文来猜测词义,这样既不会中断思路,也能流畅地理解听力材料内容。

4. 边听边记

听力具有速度快和不可逆转性的特点,听者在有限的时间内不可能听懂和记住所有的内容,此时就需要借助笔记来辅助听力活动,也就是边听边记录。听力笔记不需要十分工整,主要听者自己能看明白就行。

(二)听力文化导入

1. 通过词汇导入

在信息技术的辅助下,大学英语听力教学中教师应该通过词汇向学生导入文化知识,不仅可以提高学生的文化意识和素养,还能丰富学生的词汇量,为听力能力的提高奠定基础。例如,"狗"这一动物在中国文化中多具有贬义色彩,从"狗腿子""狗拿耗子"等表达中就能看出,而在西方文化中,dog 深受人们的喜爱,被人们当作好朋友。在听力教学中,有意识地扩大学生的词汇量,丰富学生的词汇文化知识,将对学生听力能力的提升大有裨益。

2. 通过网络多媒体导入

现代信息技术的发展促使网络开始普及,而且在各个领域发挥巨大作用。在信息化时代,教师可以充分利用多网络技术向学生输入文化知识。

(三)影片辅助教学

英语电影能够营造真实、生动的听力环境,而且能够帮助学生更好地了解西方文化,从中体会中西方文化差异,进而提高跨文化交际能力。因此,将英语电影运用于大学英语听力教学,可有效激发学生的学习兴趣,提高教学的效率和学生的听力水平。具体而言,可采用以下步骤开展教学。

1. 观赏影片前

在观赏影片之前,教师和学生需要做一些准备工作。这些准备工作是指,在选定影片之后,教师要为学生布置好与电影主题相关的作业,鼓励学生在课下通过网络搜集一些与电影背景相关的信息,通过此方式加深学生对影片的了解。在临近观看前,教师要对影片的相关内容进行介绍,并提出相关的拓展学生思维的问题,如影片中有哪些俚语以及主角爱好等,这样能够引导学生带着问题和好奇心去观看影片。在准备工作完成之后,学生在了解影片的基础上,边观看影片边解决问题,以期达到更好的学习效果。

2. 观赏影片中

在观看影片的过程中,教师可选择和运用影片中某个经典片段的放映来指导学生进行精听。精听要求学生听清每一个词、短语和句子,清楚每一个情节。通过精听,教师可以更好地引导学生学习影片中的语言。在精听的同时,教师还可以采取泛听的方法,让学生了解影片的故事梗概。此外,在播放影片的过程中,教师可以根据学生的英语水平和影片中的相关内容适时暂停影片,提醒学生影片中的一些关键对话,辅助讲解一些俗语、委婉语、禁忌语等,同时分析其中所涉及的中西方文化差异,帮助学生掌握语言精华,培养跨文化意识。

3. 观赏影片后

在影片结束之后,教师可以有针对性地进行扩展活动,即选择影片中的经典情节,组织学生进行角色扮演,从而巩固学生的听力水平,锻炼学生的表达能力,提高学生发音的准确性,培养学生的语感,同时树立学生的信心,促使学生合作学习。另外,教师可以鼓励学生谈论影片的主题及意义,引导学生撰写影评,这样可以巩固学生通过影片所学的词汇、语法等知识的运用,进而提高学生的听力水平。

总体来说,英语电影语言丰富,情节生动,深受学生的喜爱,将其运用于大学英语听力教学,将能够为学生营造一个真实的语言环境,锻炼学生的听力能力。但是需要注意的是,采用电影辅助法开展大学英语听力教学,在选材上要多加留意,要选择那些语音纯正、用词规范、内容健康的经典影片,这样才能让学生学到地道的英语表达,提高学生的听力水平。

(四)游戏教学法

高校学生"说不出,听不懂"的问题依然是大学英语听力教学中的重要问题,而基于信息技术的发展,游戏教学法成了听力教学的突破口。游戏教学法寓教于乐,能有效激发学生参与听力教学的积极性,促使学生实现知识能力的自我构建。

1. 设计学习目标

具体而言,学习目标的设计涉及以下三个问题。
(1)交互式游戏教学环境的构建问题。
(2)学生参与交互式游戏教学的积极性和主动性问题。
(3)交互式游戏教学的效果问题。

2. 分析教学对象

在开展游戏教学时,还要对教学对象,即学生进行分析,了解学生的学习需求、学生感兴趣的内容等,进而实施因材施教,确保教学效果。

3. 游戏教学的设计和应用

网络游戏深受大学生的喜爱,对此教师可以依据游戏来开展大学英语听力教学。具体而言,教师可根据游戏中玩家协作和竞争的模式,设计角色扮演的游戏教学程序。

(五)混合式听力教学法

1. 充分利用 TED 资源

TED(technology,entertainment,design)是美国的一家机构,宗旨在于用思想对世界加以改变。TED 演讲的领域从最开始的娱乐领域、技术领域等逐渐向各行各业拓展。每年的 3 月份,TED 大会在美国召开,其中参加的人物涉及商业、科学、文学、教育等多个层面,将它们对这些领域的意见和建议进行分享和探讨。TED 官网的思想性、可及性等为混合教学提供了具体的借鉴。

第五章　互联网背景下大学英语听说教学的创新探索

第一，为英语听力技能混合式教学提供了大量真实的语料，这与传统的音频存在较大差异。传统教学中学生上课接触的语料大多为本族语为母语的优秀英语人才录制而成的，虽然也是保证了语音的纯正性，但是改变了交际的真实性。

第二，如前所述，演讲的主题涉及各个领域，这与语言学习是一部百科全书的观点有着相似性，因此就有助于用于英语听力教学。

第三，演讲者都是各个领域的一些杰出人物，传达的思想具有前沿性，这有助于提升英语学生的思辨能力。

第四，TED官网上发布的视频多控制在15分钟之内，是较短的视频，最长的也不超过20分钟，这与当前的慕课、微课教学模式相符，也符合英语听力技能的混合式教学。

第五，演讲者是从各地来的，各种真实的情境可以让学生感受到手势、眼神、语速、重音等的运用。

第六，TED官网的视频虽然没有字幕提示，但是在下面会设置独立的互动文稿，并将演讲者的话语显示出来。这便于学生对听的方式进行选择，可以是纯视频的形式，也可以是视频＋字幕的形式，或者是先观看视频，之后再看字幕。

第七，TED官网的可及性可以让学生选择听的时间、听的内容等，学生制订符合自己学习的目标，对内容加以选择、对进度加以控制，实行自控式学习。

TED视频最大的特点在于提供给学生真实的情境，通过这种真实地听，保证了语言形式、思维以及科技的融合。

2. 加入多样化教学工具

(1)英语歌曲欣赏

在学习的闲暇时间，学生可以欣赏一些英语歌曲，这样可以使自己身心放松，营造自身英语学习的氛围，另外，英语歌曲还可以帮助学生学习其中的一些表达方式，尤其是一些发音的技巧等，有效激发他们学习的积极性。

平时，教师可以引导学生多听一些具有当地文化特色的英语歌曲，也可以选择一些有意义的歌曲，然后教师让学生了解歌词的内容，再通过听写、填空等方式为学生出题，让学生真正地能够听懂。

(2)英语竞赛视频

在平台上，还会有一些竞赛演讲的视频，学生可以通过这些视频感受其中的语音语调，感受优秀演讲者他们是如何进行演讲和应变的，这样学生不仅可以提高自身的听力，还会掌握一些演讲的技巧。多听一些竞赛的视频，从不同的角度来看待问题，这样可以不断提升学生的听力理解能力。

(3) 访谈视频

一些名人的视频对于学生的听力学习也是非常有利的,学生本身会被一些名人、一些明星吸引,然后通过观看他们的视频,会带着好奇心去听、去看,这样对于提升他们的听力水平是非常有利的。

当然,一般访谈的内容包含多个层面,或者是为了沟通情感,或者是为了讲授生活中的一些有意义的事情,或者是介绍自己的一些经历等,这些都容易引起学生的共鸣,同时还能够从他们的表情、语速中,学到一些听力技巧以及如何处理一些紧急的事情等。

3. 建立多元化考核机制

在评价体系上,英语听力教学要求以学生的专业能力、综合素养等作为教学目标,提倡学生展开自主学习与协作学习,这就要求在评价中必须打破传统的评价方式,即仅采用终结性评价,以教师考核为主。英语听力教学要求采用多元评价考核机制,即教师考评、学生自评、同学互评等相结合,实行终结性评价与形成评价相融合,使学生从被评对象变成主人,而教师从单一的评价者变成评价的组织者。

4. 合理设计听力翻转课堂

在课程开始之前,教师需要布置好音频与视频材料,学生自行听这些材料。在课堂开始后,教师主要负责引导,他们不再是对材料进行详细的讲解,然后给学生对答案,而是将更多的时间为学生讲解听力技能上,然后为学生介绍相关的背景知识。课堂形式的展开方式也可以有很多种,可以是表演形式,也可以是讨论形式等。

教师除了应用教材外,还可以自己录制或者应用他人录制好的音频或者视频,在录制时,设置相应的生词、短语以及矩形,并添加一些背景知识,这些对于教师来说不仅可以节省时间,还可以提升学生的学习质量和效率。

教学总是围绕书本内容展开的,学生接触的英语材料是非常有限的,如果他们的语言输入不足,那么必然会对他们的语言输出产生影响,这样长期下去,学生对英语学习就失去了兴趣和积极性。另外,随着网络的发展,网络上有着丰富的教学资源,这些资源对于学生的英语学习也是非常有利的。听力与英语其他科目不同,其学习需要学生进行大量的练习,因此教师可以通过网络平台,为学生搜集相关的音频或者视频资料,让他们展开练习。

教师可以对这些网络资源进行整合,为他们的翻转课堂所用。例如,课堂教师可以从 TED 网站上选择一些音频或者视频,将视频与任务给学生布置下去,让学生有充足的时间进行观看。还可以从学生的不同程度出发,将学习任务分开,如果学生的水平是初级的水平,那么要求他们听懂大意即可,如果学生的水平是较高水平,可以让学生自己去查找一些相关背景材料,让他们弄懂正片文章,这样在课堂上他们可以相互讨论,使学生成为学习的主体。

(六)网络辅助法

1. 网络自主学习

互联网教育背景下的大学英语听力教学不仅有助于提升教师的教学效果,也有助于提升他们的听力水平,为学生提供广阔的空间。那么,如何将互联网技术合理地运用到大学英语听力教学中呢?当前,我国英语教学提倡自主学习,是以学生的主体地位作为前提,学生主动参与到学习之中,而不是教师指导的完全被动的学习。

当然,互联网教育背景下的大学英语听力教学不能忽视教师的作用,一般来说,教师可以从如下几点着手。

(1)建构听力学习环境

听的本质是一种交际活动,学生能否成功的关键在于教师。基于这两个层面,在听力上,教师需要充分将现代信息技术发挥出来,为学生创设良好的学习环境。具体而言,教师可以从如下几点入手进行教学。

①为学生创设真实的交际语境,这样有助于学生的听力理解,使学生在真实的语境中,感受到听是非常实用的,从而增加学生学习的积极性。

②利用多媒体资源对大学英语听力教学进行丰富,将学生的学习兴趣进行激发。

③选用的听力材料要真实,这样不仅能够增强学生对学习内容的认同,也能够让学生接触地道的语言,有助于学生在日后的交往中听得更为准确。

④设计出与真实语篇有紧密关系的课堂活动,采用小组合作的形式,从而减少学生对教师的依赖程度,减少学生存在的焦虑感,使学生在合作中碰撞出火花。

⑤为学生提供互动的机会,让学生之间进行沟通,使学生在参与的过程中对学习方法进行掌握,找到学生学习的兴趣,增强学生学习的动力。

⑥教授学生一些对所听内容进行评论、提问的反馈语,如"Really?""I don't think I understand you.Could you say that again?""I beg your pardon."等,使对话继续下去。

(2)培养听力自主决策能力

在互联网教育背景下,学生听力自主决策能力需要注意如下两个层面。

①让学生学习并掌握获取信息的硬件知识。只有对这些硬件知识进行把握,尤其是掌握具体的操作技巧,学生才能通过互联网与其他学生或者教师进行交流。

②要培养学生收集、整理、利用信息的能力。学生要从教师布置的学习任务出发,借助互联网技术进行搜索与采集,并进行整理与分析,从而让学生真正地学会利用这些信息。另外,要通过互联网技术,让学生对自主学习的效果展开评价。

总体而言,借助互联网技术提供的网络化虚拟课堂,学生的角色发生了转变,他们从知识的被动接受者转为听力理解过程中意义的自主建构者。他们以自己的整个身心去感受听力语篇中呈现的各类信息,同时借助网络多媒体将自己的观点与思想生动地传达出来,主动参与学习交互活动,培养了自主学习的能力。

2. 网络多媒体导入法

现代信息技术的发展促使网络开始普及,而且在各个领域发挥巨大作用。在信息化时代,教师可以充分利用网络技术向学生输入文化知识。具体而言,教师可以通过多媒体设备向学生展示文化知识,引导学生进行广泛的听力活动。此外,教师可以鼓励学生通过网络寻找听力资料进行练习,这样可以培养学生的自主学习能力,锻炼学生的听力能力。

(七)认知教学法

根据认知理论,听力理解是一个需要听者积极构建意义的过程,也是一个复杂的认知过程。在学习中运用认知策略对学生建构意义、提高获取信息的能力大有裨益。将基于认知策略的听力教学模式(图5-1)运用于大学英语听力教学实践,对提高学生的听力水平和教学效率十分有利。

基于认知策略理论的大学英语听力教学模式的实施步骤具体如下。

1. 听前阶段

在听前阶段,教师的主要任务是让学生对听力材料的背景有所了解,教会学生使用目标语资源和推测策略,通过各种途径,如查阅词典、百科全书等扫除词汇障碍,同时激活学生已有的知识储备,为即将进行的听力活动做好准备。

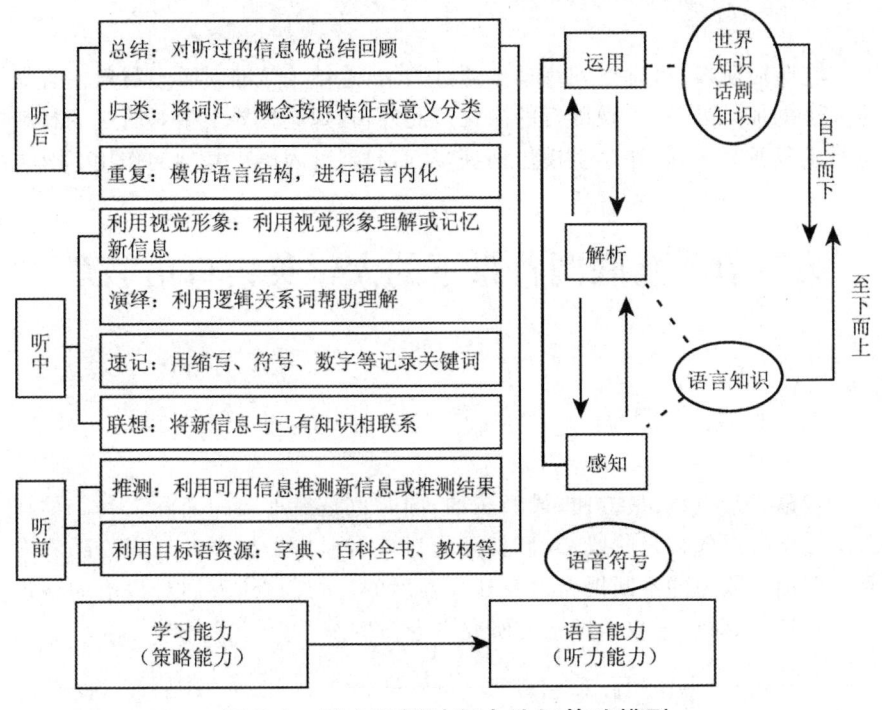

第五章 互联网背景下大学英语听说教学的创新探索

图 5-1 听力理解过程中认知策略模型

（资料来源：杨照，2019）

2. 听中阶段

在听中阶段，教师要培养学生的联想、推测、演绎、速记等策略来帮助学生完成听力活动。以《新视野大学英语视听说教程》第三版 Book 1, Unit 7 *Weird, wild and wonderful* 为例，本单元涉及的话题是自然与环境问题。在听力教学中，教师首先要充分激活学生头脑中储存的有关环境问题的图式，如水源污染、大气污染、森林破坏等，让学生合理推断文章内容。在第一遍听录音过程中，教师要求学生概括文章大意，这要求学生在听录音时，结合自己的储备知识，运用联想策略，归纳篇章大意。在第一遍听录音过程中，学生需要把握细节信息，完成表格中的空缺信息，教师要训练学生集中注意力，抓住重要信息，进行速记的能力。在听力活动结束后，如果信息有遗漏，教师可以引导学生运用推测、联想等策略，进行合理的推测，以增强学生对听力材料的理解和掌握。

3. 听后阶段

在听后阶段，教师要训练学生通过归纳、总结等策略对听力材料内容做进一步的加工处理，实现语言的内化。此外，教师应指导学生对听过的材料进行重复听力练习，让学生模仿训练，从而起到巩固语言基础的作用。

第二节 互联网背景下的大学英语口语教学

一、什么是口语

口语是最直接、最方便、最经济的，同时也是最重要的交际工具。早在人类社会发展的初级阶段，人们就已经对口语形成了初步的认识。随着人类驾驭语言能力的不断提高以及社会发展的迫切需要，人们对口语的认识更加系统化，对口语教学理论的研究也进一步深入。

（一）对言语的早期看法

早在古埃及时期，口语艺术就已经和劝说他人的能力以及借助修辞手段影响他人的能力紧密地联系在了一起。在古希腊，口语方式的系统的辩论方法可以追溯到公元前5世纪，并且在公元前460年左右达到它发展的顶峰："诡辩"。相比单纯地以学习口语技巧为目的而言，人们更大的言语学习动机是向往更高的受教育程度和满足法庭辩论的需要。

除了在法律和辩论方面所起的作用，口语艺术在古希腊的政治生活中也占据着举足轻重的地位。古希腊演说家及政治家狄摩西尼斯将强有力的言语形式带入到公众的政治生活中，以至于整个文艺复兴也受到他的影响。这一时期流传下来的关于口语艺术最著名的作品要数亚里士多德的《修辞学》(Rhetoric)。在此书中，口语技巧的传授被分解为三个层面的问题，即说话者、听者和言语。此书的成功之处在于综合处理了理论和实际运用的关系，在一定程度上将内容与形式合二为一。早期希腊讲授口语技巧的教师将一些至今仍影响西方辩论模式的关键性理念引入其中，如利用概率的概念作为说服他人的工具，使言语的体系性更强，并利用情感因素说服听众。

随着古罗马文明的兴起和诸如西塞罗、昆提利安等著名学者的出现，希腊的修辞理论长期地在法律和政治领域得到了广泛地运用。而该时期人们

第五章　互联网背景下大学英语听说教学的创新探索

对于口语教学的一些早期认识,时至今日仍被认为是正确的。虽然人们对于言语的认识自古有之,然而,口语教学真正形成理论是在18世纪之后。

(二)口语理论的演进

在18世纪,言语研究主要是如何正确使用标准语法。即便如此,"优雅的言语"也成为人们使用准确的语言和优美的文体所追求的目标。在这一时期,语法翻译法(grammar-translation method,又被称为翻译法,盛行于18世纪末期,是用母语来教授外语的一种教学法)在外语教学中有着巨大的影响力,并在相当长的一段历史时期里一直占据着外语教学的统治地位,因此,尽管人们对于口语语言产生了极大兴趣,但这并未对当时的学校教育产生太大的影响。

在语言教学过程中,19世纪口语理论发生了巨大改变。这一改变尤其体现在19世纪早期欧洲使用的语法翻译理论逐渐为80年代兴起的改革运动(the reform movement)所取代。改革运动的主要精包括如下几点。

(1)口语占据第一位,口语教学法在课堂上绝对优先。

(2)把围绕主题的相联系的语篇作为教学的核心。

因此,出现了自然法(natural method)、谈话法(conversation method)、直接法(direct method)、交际法(communicative method)等听说领先的教学方法。

20世纪50年代在法国兴起了情境教学法(situationalmethod),并先后在英国、南斯拉夫等国广为流传。随着彩色出版物的普及和录音技术的改进,以言语为媒介推进语言学习与教学的观点成为大多数教学方法论的核心。尽管口语被应用到自然的教学过程中,但实际应用的形式并不是自然的口语交流,因为要练习语法结构就必然会限制口语交流。因此,在20世纪上半期的语言教学中,口语理论出现了自相矛盾的状况。

在20世纪70年代,外语教学越来越多地受到了认知理论和社会语言学理论的影响。语言学家们逐渐意识到,听说法忽视了语言交际的两个重要方面:它过分重视语言的结构形式,而忽视了语言的内容和意义;听说法是枯燥的机械性操作,这使得句型操练脱离语境,不利于培养学生创造性地运用语言的交际能力。随后,出现了以语言的意念、功能项目为纲,注重培养学生交际能力的意念功能教学法(functional-notional approach,又称作意念法,功能法或交际法)。这种教学法的出发点是以实用交际为主,主张外语教学不要像语法翻译法那样,以语法为纲,也不像视听法那样以结构为纲,而以语言的表意功能为纲。该教学法的优点是以学习者为中心,从学生实际出发,根据学生今后使用外语的需要选择教学内容,确定教学目标,使教学过程交际化,培养学生掌握交际能力。受到20世纪60年代美国语言学家乔姆斯基著作的影响并伴随着70、80年代"交际法"的不断壮大,语言教学领域朝着两个方向分化,并且这两方面都对当今人们对口语形式的认识产生了一定的影响。

近年来,外语教学界提出了"任务型口语教学"的新理念。这种新的教学模式的产生得益于二语习得的研究成果,同时也吸取了交际教学法的思想。任务型口语教学模式强调以交际意义为中心,注重培养学生的交际能力,得到了广泛的推崇。然而,过分强调交际的做法会使得学习者更多地依赖交际策略及省略语言,注意力集中于交际本身,因而忽略了对语言交际整体性的把握。针对这一不足,斯克汉(Skehan,1996)提出了如何平衡流利性和准确性地发展以及中介语重建(inter-language reconstructing)的理论模式;斯克汉(1998)的语言学习认知法的提出,更使得任务型口语教学模式获得了新的发展空间。[①] 他主张在交际的环境中,通过对任务的合理设计和控制,使得在任务的完成过程中,注意力能够得到合理的分配,从而使得语言可以兼顾流利性、准确性和复杂性,达到形式和意义的有机结合,从而实现语言持续而平衡地发展。

二、大学英语口语教学中存在的问题

口语作为一项重要的英语技能,具有显著的实践性特征。对于现代的大学生来说,口语是他们交际能力培养的重要途径。但是目前来看,我国大学英语口语教学的现状并不佳,口语障碍和口语教学中的问题普遍存在。对这些问题进行分析,能有针对性地解决这些问题,进而改善大学英语口语教学的现状,消除学生的口语障碍,提高学生的口语表达能力。具体而言,大学英语口语教学中的问题体现在以下几个方面。

(一)教学模式缺乏创新

与其他英语技能教学相比,口语教学具有更强的实践性价值,需要通过交流来达到口语教学的目标。因此,教师在口语教学中需要从教学目标出发,对教学模式进行革新,培养学生的口语实践能力。

但是,就目前的大学英语口语教学而言,教师依然选择传统的教学模式,即先讲解口语知识,之后进行练习,最后进行运用。这种教学模式虽然与教学规律相符合,但是对学生的口语学习积极性进行了限制。基于这样

[①] 邢新影. 大学英语口语教学理论与实践[M]. 长春:吉林出版集团有限责任公司,2009:4.

的模式,学生多是被动地接受口语知识,机械地展开口语训练,并没有独立的能力进行口语学习,也不能解决口语学习中的问题。

(二)口语课堂缺乏互动

在大学英语口语教学中,师生之间的交流、学生与学生之间的交流是教学的重要层面,也是口语教学的核心内容,其对于学生口语能力的培养、实现口语教学的计划有着非常重要的意义。但是,就当前的大学英语口语教学来说,教师在口语教学中仍旧占据主体地位,教师占领着绝对的主导,因此在口语课堂上缺乏互动的内容,学生也没有多余的开口说的机会,也很难激发自身学习口语的积极性和主动性,这样的口语教学是没有意义的。

(三)教师忽视口语实践训练

尽管当前英语口语教学受到了教师的重视,教师也尝试探索相应的口语训练措施来提升学生的口语能力,但是教师对学生的口语训练仅局限于课堂教学,而忽视了学生课后口语强化训练,也很少向学生推荐相关的口语训练平台,最终导致学生的口语训练效果不佳。

(四)学生的思路不明确

在学生的口语学习中,很多学生存在着思路不明确的问题。他们通过口语练习,往往会积累一定的信息,并组织信息展开表达。但是,在表达的过程中,学生的思维往往受到限制,尤其是遇到一些生词的情况,他们很难判断出生词的意义,也无法进行继续表达。因此,思路不明确对于学生口语的学习非常不利。

(五)个别学生存在心理障碍

具有心理障碍,是当前学生在大学英语口语教学中存在的重要问题。这种心理障碍具体表现为自信心不足,存在焦虑情绪。这种焦虑现象的存在必然会对学生的口语学习造成影响。

(六)学生的口语练习手段单一

现在学生练习口语的手段依然十分单一,学生通常是在课堂上按部就班地学习英语口语,或者是找外教练习口语,这对学生口语水平的提高并不利。实际上,随着社会的发展和知识的更新,大量的口语 APP 诞生并广泛运用,各大高校也建立了自己的英语自主学习平台,这为学生的口语锻炼创造了条件。学生可以充分利用这些资源来练习口语能力,而不必拘泥于传统的学习方式。

三、互联网背景下大学英语口语教学的原则

(一)先听后说原则

在英语各项技能中,听说是相辅相成的关系,听力是口语的前提与基础,只有通过听,才能展开说,并且还需要听者反复地听,坚持不懈地听。因此,口语学习应该坚持先听后说这一原则,即教师应该先提升学生的听力能力,进而提升他们的口语能力。只有这样,才能帮助学生正确发音,为学生的口语能力提升奠定基础。

(二)内外兼顾原则

口语能力的提升需要大量地练习,但口语课堂教学时间是有限的,学生的口语表达能力不可能在有限的课堂时间内得到锻炼和提升,还需要充分利用课外时间。对此,学生在开展口语学习时,应遵循内外兼顾原则,即将课堂教学与课外活动相结合,全面提高自身的口语能力。在课堂教学练习的基础上,学生开展相应的课外活动,可以将课堂上所学习的知识在课外活动中进行充分实践,从而达到复习、巩固知识的目的。

(三)循序渐进原则

教师要想提升学生的口语能力,并不能急于求成,而应该坚持循序渐进的原则。因此,在大学英语口语教学中,教师应该从简单到复杂地展开,并引导学生将学到的理论运用到口语实践中,这样才能提升学生的口语水平。

当前,我国的大学生来自于全国各地,学生的水平也各不相同,很多学生的发音也受到了方言的影响,因此教师在口语教学中应该帮助学生解决这些问题,纠正他们的发音问题,从语音语调这些基础层面进行训练。

另外,教师在安排口语教学时,也应该把握好从简单到复杂的顺序,如果教师把教学目标定得过高,学生会感到口语学习的压力,很难坚持下去;如果教师把教学目标定得太低,当学生达到了某一水平,就会沾沾自喜,也很难体会到挑战的乐趣。这就要求教师在制订教学目标时,应该把握适度原则。

第五章　互联网背景下大学英语听说教学的创新探索

(四)目的性原则

所谓目的性原则,是指明确口语教学的最终目的。在口语学习过程中,学生对于自己语言中是否存在语法错误非常在意,也刻意追求发音是否标准。事实上,很多时候英语口语教学与沟通并不拘泥在形式层面,因为在口语交流中语法错误是不可避免的情况,即便是本国人进行交流,也会存在语法错误的。因此,学生在学习中不能仅仅为了纠错而纠错,而应该更加追求的是流利性,只要能够流利地将自己的意思表达出来,就说明是一个成功的交流。因此,大学英语口语教学应明确目的性原则,在教学中应认真聆听学生的交谈,而不要因为某个错误而打断学生讲话,中断学生思路。教师可以在学生交流结束后,针对交流中存在的一些细节问题加以指导,并且基于鼓励,这样能激发学生大胆说英语的积极性,也能引导学生在日常生活中学会自我纠正。

(五)互动原则

口语练习本身非常的枯燥,经过枯燥的练习,学生很容易丧失学习的积极性,甚至将口语学习抛之脑后。因此,在大学英语口语教学中,教师应该把握互动原则,不能仅仅在课堂上传输知识,而应该与学生进行互动,明确学生练习的进度与效果。

另外,为了保证口语练习的互动性,教师为学生设计的话题应该能够使他们进行互动,并且能够使他们展开有效的互动。

(六)实用性原则

在大学英语口语教学中,实用性原则非常重要,即在教学中要对教学目的予以明确。口语教学的目的在于帮助学生展开交际,在于让学生将自己想要表达的信息传达出去,因此口语教学的最终目的是让学生展开交流,而并不仅仅是书面传递。无论语言多么漂亮,如果学生不能在合适的场合发挥出来,就会很难实现交际目的。

语言与文化有着紧密的联系,在日常交际过程中,学生应该对自己的语言习惯加以培养,而不是简单将内容加以练习。语法上的某些错误并不会影响交流,但是语言使用规则上的问题应该多加注意。这就是说,大学英语口语教学应该展开文化教学,帮助学生渗透一些文化知识,这样学生在表达时就会明白什么场合说什么话。

(七)科学纠错原则

学生口语能力的锻炼需要学生不断地说,而学生在说的过程中难免会出现各种问题,有些教师不注意纠错的方式,一旦发现学生表达有误,就打断学生进行纠错,这样不仅会打断学生的思路,还会挫伤学生的自信心,更会使学生失去说的勇气。对此,教师应遵循科学纠错原则,即对学生表达过程中出现的问题加以区别对待,根据学生的性格和所处的场合分别处理。这样能避免影响学生的积极性,也能使学生认识到自己的错误并自行加以改正。

四、互联网背景下大学英语口语教学的创新策略

(一)文化对比法

英汉文化差异对口语交际有着很大的影响,因此在信息技术辅助下的大学英语口语教学中,教师应加入中国文化元素与西方文化元素的对比,呈现中西方文化之间的差异。以饮食文化为例,西方人宴请客人时多考虑客人的口味、爱好,菜肴通常经济实惠。中国人为了表示热情好客,在请客时通常准备多道菜肴,而且讲究菜色搭配。引导学生进行文化对比,不仅能提高学生的文化适应性,也能减少汉语思维的负面影响,进而提高学生的跨文化交际能力。

(二)影片辅助教学法

大学校园中,美剧十分流行,深受学生的喜爱。实际上,美剧并不仅是一种消遣方式,还是帮助学生认识西方文化、提高口语表达能力和交际能力的重要途径。对此,教师可以运用信息技术介绍一些经典的美剧,来帮助学生学习口语,以改善口语教学环境,激发学生的学习兴趣,锻炼学生的口语表达能力。

1. 选择合适的美剧

美剧通常语言地道、故事情节生动富有吸引力,是一种有利于激发学生兴趣的学习资料。美剧类型丰富,题材各异,不同类型的美剧对学生的口语能力所发挥的作用也不相同,因此在运用美剧开展口语教学时,教师要对美剧进行筛选,选择有利于发展学生口语水平的美剧。此外,教师还要提醒学生不要只沉浸在对美剧的欣赏中而忽视对美剧中语言知识和文化背景的学

第五章 互联网背景下大学英语听说教学的创新探索

习,鼓励学生带着学习动机来观赏美剧。

2. 开展层次性的反复训练

在运用美剧进行口语教学时,教师应遵循循序渐进原则,开展反复性的练习,逐步提升学生的口语能力。例如,在首次观看的时候,教师要引导学生将精力放在剧情上;在第二次观看时,教师可以引导学生对剧中的表达和语法等进行推敲;第三次观看时,教师可引导学生重点对人物说话的语气以及台词所隐含的内容进行挖掘和分析。分层逐步开展,可以有效加深的理解和记忆,对提高学生的口语能力十分有利。

3. 关闭字幕自主理解

在看美剧时,很多学生习惯看字幕,脱离字幕将无法正常观看影片,实际上这样观看美剧对提高口语表达能力并不利。在观看美剧时,学生应对台词形成自己的理解,在不偏离剧情中心思想的情况下抛开字幕自主理解,可以有效锻炼英语交际思维。

4. 勇于开口模仿

学生要想通过美剧切实提高口语交际能力,就要在听懂台词、了解剧情的基础上开口说,即对剧中人物的台词进行模仿。只有不断地开口练习,才能培养英语语感,增加知识储备,进而提高口语交际能力。

总体而言,采用美剧来辅助英语口语教学能够有效提升学生的听说能力,还能提升学生的写作能力,进而培养学生的跨文化交际能力。

(三)创境教学法

口语学习的目的是进行实际交际,所以学生只有在真实的情境中开口说英语,才能使自己的口语能力得到锻炼。对此,教师可以采用情境教学法开展口语教学,即创设真实的情境,让学生在真实的环境下学习口语。具体而言,教师可以通过角色表演和配音两种活动来创设情境,锻炼学生的口语能力。

1. 角色表演

教师可以根据教学内容让学生进行角色扮演,将主动权交给学生,让学生自主分工、自行排练,然后进行表演。这种方式深受学生喜爱,不仅能缓解机械、沉闷的教学环境,还能激发学生说的兴趣,让学生在真实的社会场景中进行社交活动,锻炼口语能力。当学生表演结束后,教师不要急于评价学生,应先给学生一些建议,然后再进行点评和总结。

2. 配音

配音是一种有效锻炼学生口语能力的方式,教师可以充分利用配音活动来提高学生的口语水平。具体而言,教师可以选取一部英文电影的片段,先让学生听一遍原声对白,同时向学生讲解其中的一些难点,然后让学生再听两遍并记住台词,最后将电影调至无声,让学生进行配音。这种方式可有效激发学生开口说的积极性,而且能让学生欣赏影片的同时锻炼口语能力。

(四)实施网络测试与人机对话训练

基于信息技术,大学英语口语教学可以让学生充分发挥自主学习能力,教师可以让学生利用信息技术进行自我口语水平的测试与评估、人机交互口语练习。另外,教师还可以利用信息技术批改学生的英语口语作业。教师还可以为学生布置英语口语方面的练习作业,让学生利用网络下载相关资料,展开自主练习。

(五)将过程评价与教师科研相结合

众所周知,科研的进行主要是为了给教学提供更好的服务与指导,充分促进教学成果的提升。简单而言,教学与科研之间的关系是紧密的。在教学的具体过程中,教师可以根据评价结果以及教学过程中自己所发现的问题记录工作日志,在反思过程中改进教学方法,这不仅可以改善教学的效果,而且还可以大大提升教师自身的科研能力。

第六章 互联网背景下大学英语读写教学的创新探索

对于英语这门语言而言,读写是其中两项重要的技能。但是,中国的学生由于缺乏英语语言学习的环境,导致无法展开真实的交际,因此他们的英语学习效果不甚理想。互联网技术的融入,使得学生有了真实接触英语交际环境的机会,教师可以运用先进的技术来帮助学生学习英语,提升学生的英语读写能力。基于此,本章就对互联网背景下的大学英语读写教学进行探索。

第一节 互联网背景下的大学英语阅读教学

一、什么是阅读

在学生学习英语时,阅读是必须要掌握的一项技能,也是对学生英语水平进行衡量的一项重要指标。通过阅读,学生可以获得丰富的信息,拥有丰富的体验,感受语言带给自己的文化魅力。但是,阅读并不是简单地接收信息的过程,还是一种复杂的交际与思维活动,其不仅受到语言能力的影响,还会受到文化因素的影响。因此,在阅读教学中,只有重视对文化内容的教授,并将跨文化内容融入英语阅读实践中,才能真正地提升学生的阅读理解与应用能力。

在英语这门语言的学习过程中,阅读能力一直都发挥着重要的作用,因此很多国家都十分重视阅读。例如,美国做过"美国阅读动员报告",英国启动了"阅读是基础"运动,两国还投入了大量人力和财力来推动国民阅读能力的培养。在中国教育教学中,阅读能力也深受重视。关于阅读的定义,不同的学者发表了不同的看法。

英国著名语言学家纳托尔(Christine Nuttall,2002)对阅读的理解总结为以下三组词。

(1)解码,破译,识别。

(2)发声,说话,读。

(3)理解,反应,意义。①

"解码,破译,识别"这组词重点关注阅读理解的第一步,也是十分关键的一步,读者能否迅速识别词汇,对于阅读读者而言有着重要的影响。"发声,说话,读"是对"朗读"这种基本阅读技能的诠释,这属于阅读的初级阶段。朗读是将书面语言有声化,在各种感官的共同作用下加快对阅读内容的理解,这有助于语感的培养。通常,随着阶段性的提升,读的要求会从有声变为无声。"理解,反应,意义"强调阅读过程中意义的理解与交流。在这一过程中,读者不再是被动接受阅读材料中的信息,而是带着一定的目的,积极地运用阅读技巧去理解阅读材料的主要信息。

王笃勤(2003)指出,阅读是一项复杂的认知活动,是读者提取文本中的信息并与大脑中已有的知识结合,从而建构意义的过程。读者理解阅读文本的过程中主要涉及三种信息加工活动,分别是对句子层面、段落或命题层面、整体语篇结构的分析活动。

由上述定义可以看出,很多学者都认为阅读涉及读者和阅读文本,并且认为阅读是这二者之间的交流互动。简单而言,阅读就是读者积极运用已经掌握的语言知识和背景知识等对语言材料进行处理,同时获取信息的过程。

二、大学英语阅读教学中存在的问题

(一)教学方式单一

随着教学改革不断深入,很多专家学者开始倡导先进的教学理念,但是这些理念并未真正地被应用到教学之中。因此,在大学英语阅读教学中,还存在一些传统的教学模式。

甚至,在一些大学英语阅读课堂中,一些熟悉的场景总会出现,教师在课堂上讲得津津有味,学生也在认真地听教师讲课,甚至还时不时地做笔记,教师将文章中的一些新的单词、句型等进行讲解,然后对文章的问题进行分析,这样的英语阅读课还是阅读课吗?俨然已经上成了语法课。基于这样的教学模式,学生的学习处于被动状态,缺乏主动性与积极性,

---

① 孟银连.高中英语阅读教学中文化知识教学调查研究[D].重庆:重庆师范大学,2018:10.

第六章 互联网背景下大学英语读写教学的创新探索

也丧失了思考能力。在这样缺乏互动的教学中,学生很难提升自身的阅读能力。

(二)教师自身文化意识薄弱

语言与文化密切相关,因此在高校英语阅读教学中,教师也应重视对学生文化素养的培养,进而促进学生阅读能力的培养。但实际上,高校英语阅读教学中的文化教学很难开展,因为教师本身文化意识比较薄弱,对文化渗透的概念理解不够深刻,而且对文化渗透的方法缺乏一定的认识,这就导致大学英语教学中文化渗透的缺失。同时,教师对教材中的文化素材挖掘不深,缺乏文化素养方面的培训,这也导致教师文化意识不强、文化素养不高,从而影响阅读教学中文化知识的导入。

(三)学生的阅读课外学习缺乏监督

大学的课时是非常有限的,因此学生不得不将很多阅读课搬到课外,教师在课堂上也会为学生布置一些阅读的任务,但是很多学生并未真正地参与到阅读中,因为教师也未对学生进行监督,导致学生的课外阅读可有可无。学生课堂的阅读量非常小,加上学生的课外阅读并不认真,这样就很难提升自身的阅读能力。

(四)学生自身的阅读动力不足

学生进入大学之中,他们摆脱了教师与家长的束缚,如果没有自主性,那么他们的英语学习很快就会荒废。一些学生在进入大学之后,缺乏自主性,很容易松懈下来,错误地将考试理解为学习的唯一目的,导致他们对英语阅读明显动力不足,如果阅读的难度过大,他们就更没有动力来进行阅读。

(五)学生掌握的词汇量和阅读量小

要想顺利对语篇进行阅读,首先需要具备充足的词汇量,如果词汇量不足,那么就很难展开阅读。可见,要想提升学生的阅读能力,词汇量的掌握是基础与前提。如果词汇量较为薄弱,即便具有扎实的阅读技巧,也是很难展开的。

英语阅读所要求的词汇量是非常大的,并且具有很多的近义词、同义词,词与词之间也很难辨认出来,这为学生的英语学习添加了难度。学生要想提升自身的阅读综合能力,就必须掌握充足的词汇,然后运用这些词汇展开阅读。当然,词汇量与阅读也是相辅相成的关系,词汇量往往通过阅读进行积累,而词汇量又对阅读起着推动作用。当前,很多大学生缺乏词汇的储备,并且阅读量比较少,这对于提升他们的阅读能力是非常不利的。

(六)学生不爱阅读,不会阅读

很多大学生不想阅读,也不爱阅读,这主要是因为其对英语阅读缺乏兴趣,即使阅读英语文章并不难,但他们仍然对阅读提不起兴趣。此外,很多大学生也不会阅读,如单词不会读,句子不会拆分不会翻译等,即使学生想要阅读,但不会阅读,也将难以有效提升阅读水平。因此,学生应培养阅读的兴趣,同时学习阅读的方法,这样才能有效提升阅读的水平。

(七)学生缺乏文化背景知识

现在的英语文章都隐含着一定的西方文化背景,如果学生不具备一定的西方文化知识,那么在阅读过程中遇到一些具有特定文化内涵的词汇时就难以理解其真实含义,阅读也就无法顺利进行。

三、互联网背景下高校英语阅读教学的原则

(一)词汇积累原则

对于英语阅读而言,词汇是必不可少的组成部分,也是顺利进行阅读的基础。作为一名英语教师,应该理解词汇在阅读理解中所扮演的角色。学生理解基础词汇,有助于他们在阅读上下文时猜测出一些低频词汇的含义。根据研究显示,那些经常阅读学术性文章的学生对术语应付的能力要明显强于应付一般词汇的能力。因此,学生如何积累一般的词汇是教师需要关注的问题。

在词汇积累教学中,单词网络图是比较好的学习方式。在英语阅读课堂上,教师可以给出一个核心概念词,然后让学生根据该词进行扩展,从而建构其他与之相关的词汇。需要指出的是,高频词教学在词汇积累中是非常重要的,其有必要渗透在英语听、说、读、写、译教学之中,并在细节层面给予高频词过多的关注,这样才能便于学生顺利完成阅读,并根据这些高频词顺利猜测陌生词语的意义。

(二)速度与流畅度结合原则

英语阅读教学存在一个严重的困难就是,虽然学生具备了阅读的能力,但是很难进行流畅的阅读。也就是说,教师将更多的关注点放在学生阅读

第六章 互联网背景下大学英语读写教学的创新探索

的准确性上,而忽视了学生阅读的流畅性。这就要求教师在阅读教学中应该找寻一个平衡点,不仅帮助学生提高阅读的速度,还要保证学生阅读的流畅性,这是阅读教学培养速度的最终目的。一般来说,学生阅读的过程不应该被词汇识别干扰,而是应该花费更多的时间研读内容及语言背后的文化。要想提升阅读的速度,一个好的办法就是反复进行阅读。学生通过反复的阅读,直到实现速度与理解的结合。

(三)注重文化语境原则

文化语境知识即所谓的背景知识,是读者在对某一语篇理解的过程中所具备的态度、价值观、对行为方式的期待、达到共同目标的方式等外部世界知识。在英语阅读教学中,背景知识是重要的组成部分,尤其是对母语为汉语的人来说,阅读那些源自汉语文化背景的著作要容易一些,但是阅读那些不同文化背景下的相关著作必然会遇到困境。要想对以英语文化为背景的语篇有着深刻的理解,必然需要具备相关的文化语境图式,这样才能实现语篇与学生文化背景图式的吻合。读者的背景知识会对学生的阅读理解产生影响。其中,背景知识包含学生在阅读语篇过程中所应该具备的全部经历,包括教育经历、生活经历、母语知识、语法知识等。如果教师通过设定目标、预测、讲解一些背景知识,读者的阅读能力就能够大幅度地提高。如果学生对所阅读的话题并不清楚,教师就需要建构语境来辅助学生的学习,从而启动整个阅读过程。

具体来说,教师在进行备课时要精心准备教材,弄清弄透英语阅读教学中存在的文化语境空白,对材料进行精心的选择,或者为学生提供某些线索,让学生通过一定的手段和方式处理语篇中涉及的文化背景知识。当然,由于课堂时间是非常有限的,学生不可能解决所有不熟悉文化背景知识的内容,这时候就需要教师充当建构新文化语境的工具。教师需要了解学生在自主学习中遇到的问题,帮助学生顺利理解所学的知识与材料。

(四)把握阅读关键原则

受中国应试教育的影响,阅读教学与其他教学一样,教师将更多的关注点放在教学检测结果之上,而阅读理解中的理解却被忽视。实际上,成功完成阅读的关键就在于完善与监控阅读理解。为了能够让学生学会理解,可以从学生的自我检测入手,并鼓励他们同教师探讨具体的理解策略,这是元认知与认知过程的紧密结合。

例如,教师不应该在学生阅读完一篇文章之后,提问学生关于理解的问题,而是应该为学生示范如何进行理解。全体学生一起阅读,并一起探讨,这样便于每一位学生理解文章的内容。

四、互联网背景下高校英语阅读教学的创新策略

(一)教授语言处理技能

1. 英语阅读教学中语言处理问题

文本是语言的载体,任何阅读文本的内容、思想都是通过语言表现出来的(梁美珍等,2013:57)。但是只有把语言与内容、思维进行有机的结合,才能充分领略它独有的魅力。因为从某种意义上分析,在一个文本中,其内容即意义是灯,语言是灯罩,而思维是影子(葛炳芳,2013:9)。阅读教学中的语言处理,应该是综合视野下的语言处理,是学生在理解文本内容和提升思维能力的过程中进行的有目的的、体验式的、语境化的语言学习。

目前,一线教师已经开始有了在阅读教学中进行语言处理的意识,已经开始认同英语阅读教学的课堂不是只有文本信息的提取,还应有思维的培养和语言的处理。但问题是:什么样的语言需要在阅读教学过程中进行处理?什么时候处理?怎么处理?很多教师对此还不是很清楚,所以在实际操作中出现了这样或那样的问题。

(1)缺乏"赏析"意识

根据认知发展的规律,学生首先是感知语言,了解其应用范本,然后才是模仿应用(王笃勤,2012:201)。感知语言、理解其应用范本是输入,模仿与应用是输出。只有充分有效地输入才能保证最后高质量地输出。在阅读教学的语言处理过程中,学生需要在信息的提取中感知语言,在文本的评价中赏析语言,在思维的提升中运用语言。其中,教师有意识地引导学生欣赏分析文本的核心语言,体验发现语言在"表情达意"中的"精、准、美",有利于学生内化目标语言,是后续有效输出的必要准备。

但是很多英语阅读课堂难觅语言赏析的踪迹,课堂的基本模式常常是"信息提取和整合加一个'装模作样'的语言运用和输出"。很多阅读课堂中,尽管教师没有为学生提供足够的有针对性的语言上的输入,但课堂的最后一个环节往往总有一个"高大上"的口头甚至笔头的语言输出活动。试想,没有输入,何来输出?比如,一位教师的主要教学步骤如下:

第六章　互联网背景下大学英语读写教学的创新探索

①According to the picture and the title, predict what will be talked about in the passage.

②Go through the passage and find out what the story mainly tells us.

③Read the passage again and answer the following question: What do the two restaurants have in common?

④Predict the end of the story.

⑤Further thinking: What would happen if they didn't change their menus? Can you offer them advice?

⑥On the basis of your discussion, write a letter to Yong Hui or Wang Peng to share your opinion with them.

显然，本堂课中，在最后的输出活动之前，教师只为学生做了话题或信息上的铺垫，几乎没有什么语言上的输入，所以最后的输出只是为了输出而输出。实际上，有输入才有输出，输出是建立在对语言充分的感知和赏析的基础上的，所以没有了对语言的感知、赏析和内化，语言的输出活动只是"假输出"。这样的输出只是为了让一节阅读课看起来似乎"完整而又得体"，而并非是学生模仿应用目标语言的平台，效果可想而知。

"也许是我们走了太久，却忘记了为什么要出发。"英语是一门语言课程，英语阅读教学承载着语言目标。但语言学习只是阅读教学中的一个重要组成部分，除此之外，还有内容目标，思维目标。

（2）缺乏"语境"意识

虽然目前很多教师开始认同在英语阅读教学中需要进行必要的语言处理，但在实际的课堂教学中，一些教师还是很难摆脱长期习惯了的"两张皮"的做法，即一堂专门的信息处理课，一堂专门的语言处理课。更有甚者，一些教师奉行"三张皮"的做法。这样的教师往往把单元第一课时设计成单元词汇学习课。课上教师根据教材词汇表（包括阅读文本中的部分词汇）进行单纯的词汇教学。在语境完全缺失的情况下，教师带领学生熟悉单词的读音、用法，并提供一些词组和例句。他们的第二课时就是信息处理的阅读课，之后就是专门处理阅读文本中语言点的第三课时。这样的语言学习，课堂容量大，学生课后的记忆负担重，但效果却不尽如人意，因为这样的教学安排人为地使语言学习脱离了语境，语言处理的过程只有教师枯燥地讲解，没有环环相扣的文本理解作支撑，没有令人愉悦的语言赏析，没有"小试牛刀"的输出和运用语言所带来的那份成就感。

（3）缺乏"目标"意识

在现实的课堂中，教师对阅读教学中目标语言往往缺少全面正确的理解，导致在阅读教学中语言处理的片面化、狭隘化。一些教师经常把阅读教学中语言处理等同于"语言点"的处理,把词汇等同于单词,而忽略词块(词组和习惯用语)的教学。其实,除了词汇,文本的语体、篇章结构、语篇的衔接与连贯手段以及修辞方式等都是阅读教学中语言处理的重要内容。课堂教学中的目标就像为夜航中的船只指明方向的灯塔,决定课堂的最终走向。课堂教学需要有教学目标的指引,同样阅读教学中的语言处理,也需要有具体的语言目标。只有这样,阅读教学中的语言处理才能做到"精""准",才能取得良好的效果。

2. 英语阅读教学中语言处理的艺术

学生学习内化语言的过程就像人们消化吸收食物的过程。囫囵吞枣式的进食,虽然也能给人维持生命的养料,但会造成消化不良,甚或厌食。阅读教学也存在着这样的问题,填鸭式流于表面的教学,让学生缺失学习的体验与享受。阅读的过程应该让学生充分理解文本的内容,品味语言的"色香味",让阅读成为一种享受,学生才能更好地吸收文本中的"营养"。

阅读是思维的过程。Anderson 等(2001)对 Bloom 的认知分类进行调整,确立了认知加工的六个维度"记忆、理解、应用、分析、评价和创造",在此过程中的思维层次和要求由低级走向高级。

(1)在提取信息中感知语言

语言作为工具,承载着思想,传递着信息。语言从用途上来理解,是用来交际的工具。教授一种语言,学习者必须以某种有意义的方式来经历语言(张德禄等,2005)。所谓"有意义",即指语境,指语言所指向的信息。语言的学习应遵循在语境中、在信息的获取中感知语言。脱离语境、孤立地学习词汇句式等,仅仅是一种单调的记忆练习。很难使学生真正理解和掌握。俗语有云:"字不离词,词不离句,句不离篇。"作为教师应借助文本提供的语境或自行设计与话题相关的语境,教师应帮助学生提取大脑中已有的背景知识,提取文本中的信息。在阅读教学中,这是学生理解文本内容的过程,也是学生体验感知目标语言的过程。

①在提取背景知识中感知语言。在阅读课前的热身导入阶段,教师可根据本单元的主题和课文内容,用英语释义讲解、推进话题讨论等,让学生在真实的语境中感知目标词汇的含义。例如,描写了 Nelson Mandela,课文的引入可以采取 guessing game 的形式,以逐句竞猜伟人的方式,引出文本主题人物曼德拉。

人物竞猜游戏能有效激发学生的兴趣,并能快速引出主题人物。而在人物竞猜游戏的设计中,通过创设一个个小情境,对人物(孙中山、白求恩、甘地、曼德拉)进行描述,教师有意识地输入文本的目标语言:attack, fee,violence,equal,lawyer,guidance,legal,president,使学生能结合自己的知识储备,在对人物信息的提取中感知理解部分目标词汇的大意,并为后续文本阅读扫清部分语言上的障碍。有针对性的问题有助于学生提取关于描述伟大人物品质的词,也为学习和提炼人物描写这一语言目标打下基础。

②在挖掘文本信息中感知语言。在文本阅读环节,教师可以引导学生借助对上下文信息的挖掘,推敲前后句子的逻辑关系,加深对部分目标词汇的意义及用法的理解。如在 A Master of Nonverbal Humor 一文中对于 not that 一词的理解,借助上下文信息,可以更生动透彻地理解该词的意思与作用。

Read paragraph 1：

Q1：What does the first paragraph talk about? What role did Charlie Chaplin play?

Q2：Usually what kind of people can make others happy and content with their lives? According to the first paragraph,what's your impression of Charlie's life?

Q1 的设计主要是让学生抓住文本中的两个动词 brightened 和 made people laugh,提取信息,了解卓别林在艰难岁月中给人们以欢乐和慰藉。Q2 引导学生关注到本段内容往往会让人产生这样的印象:似乎卓别林是一个幽默快乐、生活上一帆风顺的人。

Read paragraph 2：

Q3：What's the second paragraph about?

学生通过阅读,能够比较容易地提取出本段的大意:卓别林的苦难童年。

Q4：How does the author connect the information of the first two paragraphs?

该问题旨在让学生关注此段首句"Not that Charlie's own life was easy！"。

Q5：What's the function of the sentence? Is this sentence the same as "Charlie's own life was not easy"?

这样学生就会发现此句是用来承上启下的过渡句。那么他们在信息的提取中就可以自然而然地得出 not that 此处意为"I am not suggesting…；don't mistake me",它的作用就是为了提防读者产生错误印象而进行修正和说明。

(2)在评价文本中赏析语言

在感知语言的基础上,把赏析引入高中英语阅读教学,可以纠正学生原有的英语课文"枯燥无味"的错误认识,有助于学生体验语言的美感,培养阅读兴趣,促进学生语言知识的习得和语言技能的发展,提升学生的语言素养和人文素养。

赏析,顾名思义,即欣赏分析,这是一种相对高级的思维活动,需要结合已有认知,对事物做出判断评价,去感受美的事物。鲁子问教授认为,作为课文的文章首先是一个独立语篇,具有自身的语义功能、语用目的和语境。因此,每一篇课文都有自己独特的语篇优势,即自身较为突出的地方,如语言优势、结构优势等(林秀华,2012)。教师应抓住这些精彩之处,带领学生去领略语篇文字的美好。

同样,在英语阅读教学中赏析语言,应建立在文本浅层信息的理解上,蕴含在对文本的评价中,提炼文本的内容观点、评价语篇的结构逻辑、分析文本的语言特色、挖掘语言的文化内涵等。刘润、付山亮(2010)提出英语教学不仅要指导学生清楚作者表达了什么内容,而且更应该指导学生明白作者是通过哪些语言手段增强表达效果的(胡莹芳,2014),以及为什么这样表达。

现今的阅读教学大多只停留在内容层面的表层信息的获取,而不关注语言形式和对文本内在的深层含义的挖掘。教师要从只问"是什么"转向多问"怎么样"和"为什么"。评价文本,挖掘内在的深意,正是从理解走向赏析,从"知其然"跨越到"知其所以然",体会作者的意图,走入文本的深层。教师要侧重通过问题的设置,引导学生关注作者在语言使用上的技巧,学习遣词造句、布局谋篇、表情达意的方式方法,赏析用词之精妙,句式之丰富,衔接之巧妙,谋篇之用心,修辞之雅韵,立意之高深。赏析语言可以通过比较、分析、归纳语言形式,以朗读、推理、联想等方式推进。评价文本,走入深处,才能发现赏析的精髓所在。

(3)在提升思维中运用语言

葛炳芳(2013:74)提出:"阅读起点不仅仅是语言感知,同样重要的是话题知识;阅读过程不仅仅是信息处理,同样重要的是体验感受;阅读终点不仅仅是语言运用,同样重要的是思维能力。"因此读后的环节,教师不仅要关注语言的操练,还要兼顾思维的发展,设计相应的输出活动,提升"语言创新思维,包括逻辑性思维、创造性思维、批判性思维"(黄远振等,2014)。英语阅读教学实践中,多数教师把词句英汉互译、复述课文等当成是运用语言的常规手段,然而,研究发现,这些练习对于学习促进的功效是比较低的(王初明,2013),更谈不上思维能力的提升。例如,让学生写一篇题为 The Story of an Eyewitness 的短文。要求学生自主选择描述的内容,但必须尝试使用文本的语言,如修辞手法(重复、排比、夸张、对比等)。

这样的输出活动,从生活实际中来,让学生能有情感可发,有内容可选,

第六章 互联网背景下大学英语读写教学的创新探索

有语言可仿,真正激发学生运用语言的欲望,达到刘勰所说的"情以物迁,辞以情发"。同时内容与角度的自主选取也极大地锻炼了学生的思维,因为文章构思的过程包含着一个复杂的思维过程:确定什么样的主题,选择什么样的内容,模仿什么样的语言,按照什么样的顺序来组织语篇等。英语哲学家怀特海曾说:"通往智慧的唯一道路是在知识面前享有自由。"(程红兵,2015)因为这份自主,学生能在思维的提升中更好地内化输出语言。下面是学生习作:

The Story of an Eyewitness

Never before in history had Yuyao been faced with such a challenging disaster. After typhoon Fitow swept across the region, nearly all the downtown areas were flooded. All the roads and drains were flooded, so people had to feel the way cautiously like the blind. All cars, except those deliberately parked on the bridge, were flooded, floating in the floodwater as if deserted. Supermarkets and shops were flooded. with goods submerged in the waist-deep water. Small houses and apartments on the first floor were flooded too, leaving people homeless and helpless. All these made the worst several days of Yuyao.

Cold and merciless as the flood was, flames of friendship between ordinary people burned. In Yuyao High School, for instance, scenes moved me to tears. A lot of short boys and girls were carried on the tall boys' backs to dormitories in the rain and floodwater. A lot of "boats" made of mineral water barrels were paddled all around the campus to offer help. A lot of foods and pure water were transported from different places to boys' and girls' dormitories to meet their daily needs. Actually, more places than this witnessed such moving scenes. Never in all Yuyao's history were her people so kind and united as on those terrible days.

学生的习作较好地模仿了文本的框架结构,首段写灾,末段赞人,前后对比。习作的语言也借鉴了首句和末句,借鉴了文本中的 never 的倒装句,语气强烈,首尾对比呼应。首段中五个含 flooded 的句子采用重复的修辞,选取了道路、车辆、商店、住宅这些内容,凸显水灾下一切都被淹没的惨烈景象。次段首句,仍旧模仿了文本中 as 引导的让步状语从句,承上启下。但该段中对于友谊的描绘不是通过全景描写,而是以校园内的场景为例,这与文本有些微差异。三个"A lot of…"的句子运用了排比句式,结构工整,极富整齐美和韵律美,表现了灾难之下,人们勇敢面对、自救互助的场景。总的来说,全文较好地模仿了文本的结构、语言,但在内容的选取上则发挥了学生的自主性和创造性,根据自己的亲身经历,抒发真实情感,达到了预设的语言学习目标。

(二)采用"阅读圈"教学

"阅读圈"是指一种由学生自主阅读、自主讨论与分享的阅读活动。[①] 在英语阅读教学中,"阅读圈"教学法主要包含以下几个实施步骤。

1. 设计任务

教师以某个文化专题为教学内容,明确教学目标,选定学生在课堂以及课外需要阅读的材料,设计好相应的需要学生进行讨论和分析的问题,并规划好学生完成这些任务的学习模式。

2. 布置任务

在这一环节,教师安排学生组成"阅读圈",每个小圈子为6—7人。之后,教师向学生讲解阅读圈教学模式的理念、要求和规则,告知学生的学习重点和内容。此外,教师可以鼓励学生在自己的阅读圈内承担一定的角色,具体角色示例如表6-1所示。

表6-1　阅读圈各成员的角色分配示例

角色	具体任务
讨论组织者	主持整个讨论过程,并准备相关问题供圈内成员讨论
词汇总结者	摘出阅读材料中的与文化专题相关的重点词汇和好词好句,引导圈内成员一起学习
总结概括者	对所有阅读材料的文化元素和内容进行总结并与组员分享,并总结、评价小组活动的内容和成果
语篇分析者	提炼阅读材料的重要的语篇信息并与圈内成员分享
联想者	将所读阅读材料与文化专题相对应的中国文化的内容建立联系,结合最新的社会文化发展动态进行批判性评价
文化研究者	从阅读材料中找到与自己相同、相近或者不同的文化元素和内容,并引导圈内成员进行比较

(资料来源:刘卉,2018)

[①] 刘卉.英语文化教学中阅读圈教学模式的构建与探索[J].教育现代化,2018,(45):237.

3. 准备任务

在完成布置任务之后,教师引导学生进行独立思考,并让学生对需要讨论的问题及自身的思考结果形成文字。此外,由于阅读圈内各成员承担着不同角色,教师应鼓励学生完成各自任务,自由表达自己对文化的不同看法。

4. 完成任务

当学生通过自己的努力和教师的引导完成相应的任务时,各个小组就可以按照各自负责的内容进行汇报,对所读内容进行信息加工、思维拓展,确定小组汇报的内容,最终形成PPT,在课堂上展示核心成果。

5. 评价任务

当学生各自汇报完自己的学习成果时,就可以进入评价阶段了。评价可以是学生自评,也可以是同学互评,还可以是学生和教师共同评价。

(三)构建阅读文化图式

图式理论充分彰显了阅读的本质,即强调阅读的本质是读者及其大脑中所理解的相关主题知识与阅读材料输入的文字信息之间相互作用与交互的过程。图式理论是一种关于阅读研究的科学理论,其不仅强调文化背景知识与文化主题知识的重要性,还并未忽视词汇、语法在阅读中的重要作用。下面通过读前、读中、读后三个阶段进行详细的分析。

读前阶段是信息导入阶段。在这一阶段,要发挥出图式在阅读之前的预测功能。教师可以组织学生参加一些讨论、或者预测"头脑风暴"等活动,从而将学生头脑中的图式激发出来。在这一阶段,通过自上而下的阅读,学生头脑中的先验知识与文本相结合,从而将学生的图式激活与构建,为学生进一步的阅读埋下伏笔。

读中阶段是文化渗透阶段。在这一阶段,要发挥出图式的信息处理功能。学生们根据自上而下的模式来探究文章的整体思路。一些新的文化知识可以通过自上而下的阅读模式获得,从而构建内容图式与阅读技巧。在读中阶段,略读、细读等都是比较好的策略。

读后阶段是文化拓展阶段。在这一阶段,要发挥出图式的记忆组织功能。教师可以通过各种活动对学生的新图式加以巩固,如辩论、角色扮演、讨论等。图式理论指出学生存储在大脑中的图式越丰富,学生的预测能力就越强。因此,课外阅读是非常重要的。

具体可以通过图 6-1 体现出来。

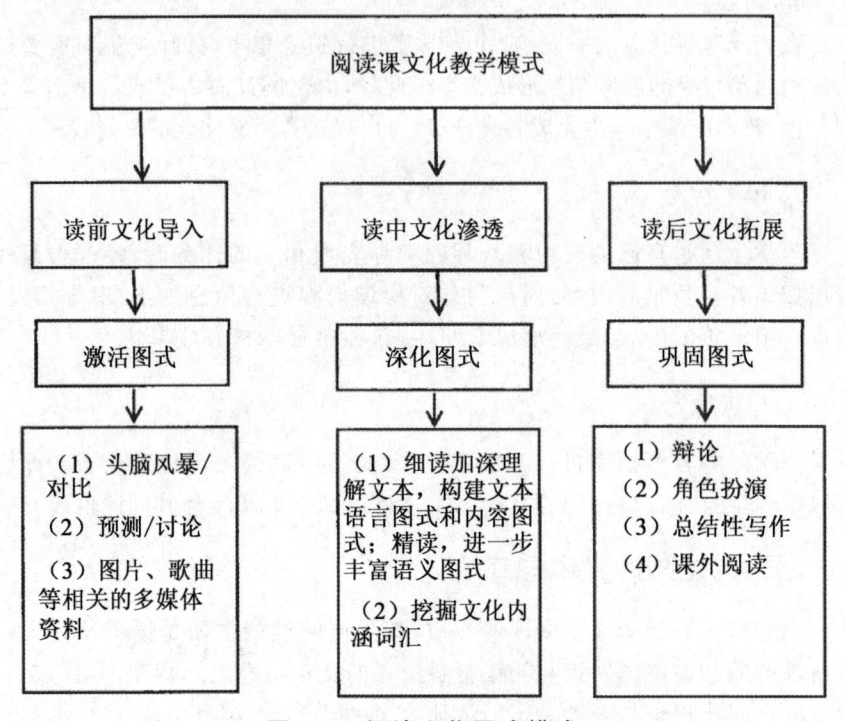

```
                    ┌─────────────────┐
                    │ 阅读课文化教学模式 │
                    └─────────────────┘
                             │
         ┌───────────────────┼───────────────────┐
         ↓                   ↓                   ↓
   ┌──────────┐        ┌──────────┐        ┌──────────┐
   │读前文化导入│        │读中文化渗透│        │读后文化拓展│
   └──────────┘        └──────────┘        └──────────┘
         ↓                   ↓                   ↓
   ┌──────────┐        ┌──────────┐        ┌──────────┐
   │ 激活图式 │        │ 深化图式 │        │ 巩固图式 │
   └──────────┘        └──────────┘        └──────────┘
         ↓                   ↓                   ↓
   ┌──────────┐        ┌──────────┐        ┌──────────┐
   │(1)头脑风暴/│        │(1)细读加深理│        │(1)辩论   │
   │   对比   │        │解文本,构建文本│       │(2)角色扮演│
   │(2)预测/讨论│       │语言图式和内容│        │(3)总结性写作│
   │(3)图片、歌曲│      │图式;精读,进一步│      │(4)课外阅读│
   │等相关的多媒体│     │丰富语义图式  │        │          │
   │   资料   │        │(2)挖掘文化内 │        │          │
   │          │        │  涵词汇      │        │          │
   └──────────┘        └──────────┘        └──────────┘
```

图 6-1　阅读文化图式模式

(资料来源:马苹惠,2016)

1. 阅读前进行文化导入

(1)"头脑风暴"法。在英语阅读中,"头脑风暴"法常被用于导入环节之中。学生通过这一方法可以展开丰富的联想,从而刺激头脑中形成新的图式。因此,教师在文化导入过程中要考虑话题的需要,为学生创设合理的"头脑风暴",让学生更好地融入课堂之中。

例如,在讲解与音乐相关的内容时,教师可以对音乐类型进行"头脑风暴",从而让学生们想象到 Rap,folk music 等类型。在这些音乐中,也可以让学生对比中西方音乐的不同,从而吸引学生学习的兴趣和积极性。

(2)预测与讨论。在阅读之前运用图式理论时,教师应该发挥学生推理的能力。学生通过对文本材料进行解读与推理,从而刺激自身的图式。例如,还是以音乐为例,教师在讲授门基乐队成立的情况时,可以提出问题,从而帮助学生更好地预测文本信息,之后鼓励学生通过讨论预测具体的文本内容。

(3)运用多媒体资料。在文化导入阶段,教师应该善于运用多媒体资料,从而让学生更好地体验文化教学的特色。通过多媒体,学生可以更直观地感受语言知识,了解中西方语言文化的差异,刺激学生的图式,让学生在激活自身图式的基础上进行下一步内容图式的拓展。

2. 阅读中进行文化渗透

在读中阶段,教师可以在这一阶段进行文化知识的渗透,进一步对学生的内容图式加以丰富,从而让学生更好地展开阅读。在阅读教学中,教师采用扫描、略读等策略帮助学生构建灵活的图式,促进学生激发头脑中与之相关的图式,从而便于学生更好地理解文章。在细读阶段,教师要帮助学生挖掘与语篇相关的文化内涵,扫除他们在正式阅读中的障碍。

首先,可以通过略读和扫描法,让学生大致了解文章的大意,从而获得对文章的总体信息与思路,这是帮助学生建构相关内容图式的有效路径。扫描法是学生根据教师的指令,能够在文章中找到特定的信息。

其次,可以通过细读,根据上下文,让学生明确每一个单词的含义,尤其是那些具有文化内涵的词汇,从而丰富学生的内容图式。

3. 阅读后进行文化拓展

在读后阶段,主要是充分发挥学生头脑中的记忆功能。一般来说,读后的文化拓展的方法主要有如下几种。

第一种是辩论。教师可以针对文本材料中的相关内容,选取一些视角展开辩论,学生在辩论中对与文本相关的内容图式加以巩固。同时,通过辩论,学生也可以更好地理解文本的文化内涵与文化背景知识。

第二种是角色扮演。学生通过学习与文本相关的文化知识,从而丰富自身的文化内容。然后,学生带着角色有目的地重新阅读文本,教师引导学生对文本进行改变或者情景模拟,从而激发学生学习的兴趣和积极性,提高他们在真实语境下对文本综合运用的能力。

第三种是总结性写作。这一方式有助于学生加深对文本的理解,让学生将文化知识从短时记忆转向长时记忆。

第四种是课外阅读。除了课后巩固之外,教师还应该鼓励学生展开课外阅读。通过大量的课外阅读,学生可以提高学习的自主性,而且还能在阅读中不断丰富自身的内容图式。

(四)网络辅助教学

将信息技术与高校英语阅读教学相融合,大学生可以利用信息技术搜索与学习自己喜欢的英语知识。但是,这并不意味着学生的网络搜索是漫无目的的,其中离不开教师的指导与引导。如果教师对学生的阅读学习不管不问,那么即便信息技术再发达,学生自身的阅读兴趣以及阅读能力也是很难有效提升的。因此,高校英语阅读教学中融入信息技术离不开教师的充分参与。具体而言,教师可以采用如下几种方式。

1. 发挥网络互动优势,激发学生的学习兴趣

教师可以利用信息技术为学生的英语阅读创建一个平台,让学生充分参与其中,利用这一平台来扩展自己的阅读能力。利用信息技术,教师可以为学生准备阅读的丰富资料,实现阅读资源共享。在教学过程中,教师可以依据教材中的内容为学生建立一个网络阅读资料库,将教材中阅读的重点、难点都上传到网络上,同时为学生补充适当的课外知识,以拓展学生的阅读视野。此外,为了避免学生在阅读学习中出现乏味情绪,教师还可以在学生阅读的资料中添加一些图片、视频、漫画、音乐等,在材料的格式、设计上也可以体现自己的特点,让学生爱上英语阅读。

2. 科学合理地选择阅读材料

显然,学生阅读能力的提高离不开大量的练习,换言之,英语阅读术语一门技巧训练的课程,需要花费大量的时间进行阅读训练。因此,这就要求教师为学生准备科学的阅读材料。在信息技术的帮助下,教师可以为学生找到一些贴近课堂教学内容的阅读材料。在开始上课之前,教师可以为学生布置一些阅读要点,让学生自己上网搜索浏览,这可以在一定程度上培养大学生的查询以及获取信息的能力。随后,教师将自己所准备的阅读材料发给学生,让学生通过小组的形式阅读与交流,并分享心得。等到课堂结束的时候,教师可以安排学生对这次阅读活动进行总结,每一位学生都要写出总结报告,然后教师对学生的报告给予口头评价。

3. 科学地进行评估与分类指导

教师除了利用信息技术在课堂上授课之外,还可以利用信息技术对学生的学习成果进行评估。在设计一套合理教学评估方案之前,教师可以利用网络技术搜索与阅读相关的评价理论或内容,进而结合自身所教授的阅读材料中的生词、语法、词汇量、句法等知识来设计评估内容,如此获取的评估结果将可以充分了解学生的阅读水平。同时,教师还可以对学生的评估结果进行线上统计,对学生阅读的时间、阅读的效率也有充分的了解。

第二节 互联网背景下的大学英语写作教学

一、什么是写作

(一)写作的概念

写作是人们传达思想与情感的一种书面形式,其与口语是同等的地位,不是口语的附属品,都属于对语言的重要输出。

写作的过程是非常复杂的,其需要复杂的思维,并受到知识、技能、风格、内容、结构等多个层面的影响和制约。如果要想写出一部完美的作品,首先需要保证风格的统一与结构的完整。

需要指出的是,写作并不简单从视觉教学编写,而是一个对各类问题与信息展开加工的过程。一般来说,写作的目的也是非常明确的。根据写作目的的不同,写作体裁有论文、报告等多种形式。

通过写作,可以实现如下两大功能。

首先是为了学习语言而展开写作。通过写作,学生可以对自己所学的词汇、语法、语篇知识加以巩固。

其次是为了写作而展开写作。因为通过写作,学生可以将自身的观点表达出来,从而锻炼自身的手和脑,强化自身的写作学习,提升自身的写作能力。

简单来说,英语写作是运用书面形式传达思想与情感的。但是,语言与文化关系密切,是否能够准确地理解文化对写作有着直接的影响。汉语往往呈现整体性与象征性,而英语呈现的是逻辑性与明确性,因此在写作时,学生切不可用汉语的思维展开英语写作,这样写出的文章很难让人理解。

(二)写作前的准备

1. 找到写作动机

(1)动机的含义

动机是推动人从事某种活动,并朝一个方向前进的内部动力。它是一种内部心理过程,不能直接观察,但是可以通过任务选择、努力程度、活动的坚持性和言语表示等行为进行推断。而写作动机是指驱使写作者投入创作活动的内在动力,具有自发性与自觉性。它可以是为了表达自己的情感,或者是想要与别人分享自己的一些资源,亦或是希望自己的观点获得别人的支持。

(2)写作动机的作用

动机对人类的行为有着非常重要的作用,要想进行写作,先决条件是要产生动机,写作动机一旦发生,就会促进和推动写作行为的进行。具体来说,动机在写作中有以下的作用。

①动机引发写作。一般而言,写作总是有一定目的,是由一定的动机所引起的,没有动机也就没有写作。动机是写作的原动力,它对写作这一活动起着始动作用。动机是需要的动态体现,所以说任何写作总是带有动机的。正是在某种或几种动机的推动下,才促使人们拿起笔,进行写作。

②动机激励写作。动机对写作具有维持和加强作用,强化写作行为以达到目的。不同性质和强度的动机,对写作的激励作用是不同的,动机强比动机弱具有更大的激励作用。动机强度对写作活动的唤起、维持、强化和调节作用影响很大。在写作过程中,动机总是非常顽强地控制着我们按既定目标前进,激励我们完成写作。

(3)培养正确的写作动机

写作是一种个人行为,同时也是一种社会行为。因此,我们应从社会和个人两个方面去考察写作动机应具备的品格,从而培养正确的写作动机。

其一,社会方面。写作总是在一定的范围内,对社会产生影响。一个有道义感和社会责任感的作者,总是努力使自己的作品对社会的发展和进步起到推动作用。他总是紧随时代,贴近民众,不懈地追求着真善美。只有这样的作者才会被社会接纳,受大众信赖。所以,要想成为一个有作为的作者,就必须时刻关注社会的发展,了解社会的需要,自觉地把社会的需要转化成自己的需要,把社会动机转化为个人动机。

其二,个人方面。写作又是一种个别劳动,每一个作者都必须对写作有一个正确的认识。写作是生活中不可缺少的一部分,我们必须像对待生活一样真诚地对待写作。不要把它看作闲来无事的无谓消遣和吟弄风月的把戏。将写作看成一种切己的需要,把这种切己的需要变成写作的动机。写作使人成为有存在价值的人,使人拥有了精神家园。一个人,要实现自我价值,是不可能离开写作的。这个人,无论他从事什么职业,担任什么职务,经济情况社会地位如何,他所创造的业绩、思想上的成果,最终都体现在写作上。只有体现在写作上,他才能使自己的一切融入到人类的文明史中,使其智慧不灭,精神永垂。

第六章　互联网背景下大学英语读写教学的创新探索

2. 使用计划策略

写作过程就好比是足球教练在比赛前针对对方球队的特点与出场情况提出对策。不论是完成创作，还是为了应付任务，写作者都应该有一个一般的"对策"。成功的写作者并不只是听课、做笔记和等待他人布置测查的材料。他们会预测完成写作需要多长时间，在写作前获取相关信息，以及使用其他各种方法。换句话说，成功的写作者是一个积极的而不是被动的写作者。所以在写作时，作者要学会使用一些策略去评估自己的理解、预计写作时间、选择有效的计划来学习解决问题，以及如何去改正自己。此外，写作者还要能预测可能会发生什么，或者能说出什么是明智的，什么不是明智的。因此，要确保写出合格的文章，就应该事先做好充分的准备、周详的计划、合理的研究以及适当的提问。①

3. 构建探索性问题

开始写作过程最有效的方法之一是构建问题。探索性问题具有探询性，可以表达作者的异议(dissonance)，这种异议性说明作者会在写作过程中有新的认识。因此，对于思考问题和写作的关系也应有一个深入的认识。只有在思考问题中，随着感受的加深、领悟的增多，写作能力才能渐渐提高。思而不写，可有收获，写而不思，所获无多。写的主要价值在于促进思考。有了某种感受、某种认识，要想把它写出来，必须使之清晰化、程序化，才能用语言加以表达，在这一过程中，要进行大量的思考，并在思考过程中，提出探索性问题，使写作内容更细致、更缜密、更深入、更完整，使组织更合理、更艺术，使表达更准确、更有效。②

好的探索性问题有以下特点。

是以前不知道如何回答的问题。例如：

What has happened to punk music?

是开放式的问题(open ended)，不应只是"是"或"否"回答。例如：

Why is hip-hop so popular?

要表达作者知识、价值观和理解方面的异议。例如：

Why is voter turnout so low in my hometown?

Why am I uncomfortable with genetic theories of intelligence?

---

① 姜涛.大学英语写作教学理论与实践[M].长春:吉林出版集团有限责任公司,2009:103.
② 同上.

4. 理解修辞环境

修辞是需要修辞环境的,而这个环境也就是语境。如何结合上下文使修辞环境更适合所用修辞是一门学问。因为修辞分为抽象和具体两种,也就是所谓的消极和积极修辞。消极修辞需要准确、没有异议的修辞语境。积极修辞则需要能够感悟、体会的修辞语境,使人身临其境。修辞环境是交际的框架,在课堂中说的话与参加朋友聚会时说的话通常不同,因为所面对的人、所处的地点和所发生的事都不尽相同,写私人信件和试验报告也一定不同,因为目标读者不同。

为了理解写作的修辞环境,必须明确理解写作目的(purpose)写作形式(forms of writing)、作者和读者的角色(writer and reader role),以及语气(tone)。

(1)写作目的

写作目的是一个人对社会与人生的一种认识的升华,如同内心的一面镜子,照映着自己,能感觉到自己还是个有心的人。当你准备写作时,要明确文章的写作目的,大多数文章都试图达到说明和劝说。

说明(exposition)指当作者关注某一主题,想要描述或阐释它时,他的目的就是说明。在大学写作的很多文章中都包含这个目的,说明也仅仅限于学术写作,它在不同修辞环境中起重要的作用,主要是为读者分析某种社会问题或现象的成因、现况和建议解决方案。比如:

There are basic differences between large and small enterprises. In a small enterprise, you operated mainly through personal contacts. In a large enterprise, you have established "policies", "channels" of organization, and fairly strict procedure. In the small enterprise you have immediate effectiveness in a very small area. You can see the effect of your work and of your decisions ground. In the large organization you are normally taught one thing thoroughly. In the small one the danger is of becoming a Jack-of-all-trades-but-master-of-none. In the large it is of becoming the man who knows more and more about less and less.

劝说(persuasion)指当作者通过写作而促使读者在某些方面改变的话,他的目的就是劝说。劝说可以被看成是一个连续的过程,两端分别是唤起意识(creating awareness)和促使行动(provoking an action)。

以劝说为目的的文章是要唤起人们对某一问题的意识。假设作者想让他的工会为帮助附近小学募捐。首先,要让每个工会成员了解学校确实需要资助,而且大家也有义务去这么做。一旦唤起了人们的这种意识,就需要

第六章　互联网背景下大学英语读写教学的创新探索

改变他们的态度,比如,有的人会认为学校本身有足够的资金这类想法等。当大多数人被说服并已经确信,还要让他们采取行动。下面是一封写给当地报刊编辑的一封信,作者的目的是要改变人们认为参观国家公园必须付费的观念。①

Charging entrance fees to national parks undermines the very principle on which these parks were developed. The lands secured for these parks were deemed to be national treasures that should be shared by all. The national parks system was designed to allow equal access. People understood that their tax dollars paid for and preserved these parks, and, in turn, they felt a sense of responsibility for protecting these national treasures. Charging people for entering the park undermines not only the concept of equal access but also this sense of pubic responsibility. Those who pay to enter may decide that they want more for their money, which will lead only to more commercial development. Only a generation age, many national parks were surrounded by relatively undeveloped properties. Today, these parks are surrounded by water rides, outlet malls, and motels with huge signs flashing their lowest rates. The parks themselves have admitted more concessionaires with kiddie's rides and cheap souvenirs. Charging entrance fees further blurs the boundary between national parks and amusement parks.

很多文章都不只会有一个目的,所以要使各个目的相互平衡。比如,要改变认为学校有足够资金的那些人的想法,就要同时使用劝说和说明。因为可能需要通过说明对当地税收体系进行阐释以便使人们确信学校确实需要帮助。平衡各种目的的关键是要把握好各个目的所占的比例。如果写一个两千字左右的关于上述为学校募捐的事的文章,而仅仅去解释说明当地税收体系对学校的影响,那就很难成功。这个事例中,阐释税收体制只能作为劝说工会募捐的一种手段。

(2)写作形式

我们通常用类型这个词来描述一个具体的写作形式,一些常见的类型有:学术文章、科研论文、正式信函、私人信件、电子邮件和正式报告等等。在不同的情况下,我们需要选择不同文章类型,生日礼物需要使用个人祝福或感谢的话语形式。科学试验则应采用正式的试验报告。理解文章的类型所适用的修辞环境会提高写作的有效性,不断从多个维度、多个层面上,凭借写作渠源的多向发掘、写作内容的多维获取、写作思维的多元发散、写作

---

① 姜涛.大学英语写作教学理论与实践[M].长春:吉林出版集团有限责任公司,2009:104.

形式的自主选择、写作评价的动态立体、写作文品的多级交流,形成一个完整、流畅、开放、大气的"运行链",以确保写作能力与素养的全面提升,进而为写作创新能力夯实基础。

(3)作者和读者的角色

写作是运用语言文字表达思想、交流情感的重要方式。从某种意义上说,写作的实质就是对话:原我与超我的对话、生命与世界的对话、作者与读者的对话。在我们看不见的地方,作者通过文字与读者进行超越时空的心灵的对话与交融。在修辞环境中要了解读者,一个好的作者通常都时刻考虑读者,一旦确定了写作目的和主题,作者会以读者的角度给出材料,并对内容结构作出选择。读者可能是个体或群体,也可能是专业人士或一般大众。

在传统的写作观点中,读者被赋予了从属者的角色,他的任务就是从作品中去发现文本的意义。随着以读者为中心的观点出现,读者的角色转换为类似作者的角色,对文本可以进行创造性地阐释,读者可以进行推理以获得作者的意图。在修辞环境中作者和读者都有各自的角色,了解自己作为作者的角色和读者的角色有助于更好地完成写作。具体有如下几种角色关系:

作者与读者是平等关系(writer and reader as peers)。两者都有相似的知识和经历,没有谁比谁更权威。作者了解读者的阅读需求,尊重读者的阅读选择,能和读者平等相待。这种角色关系很有利于作者表达个人感情,典型的形式是个人信件和电子邮件,在语言上通常是非正式的。①

作者作为初学者,读者作为专家(writer as novice and reader as expert)。很多大学的写作都属于此类。学生作为初学者要获取知识,对读者心存敬意,遵照写作任务的要求,并仔细修改校读,最后上交自己的文章。

其他角色关系(other writer and reader relationships)。有时作者和读者的角色属于不同范畴,尤其当他们处在不同地位或拥有不同权威或权利时,要尊重读者,善于说清楚自己要表达的信息,不要过于冒失自负。

(4)语气

人类的语言都承载着一定的语气。比如,在拒绝客人时,使用否定句的影响是强烈的,会给客人留下不愉快的印象。切记不要直接向客人说"不",要使用委婉的语句。试比较以下两个句子:

"请不要在这儿吸烟!"

"对不起,这儿是不能抽烟的!"

---

① 姜涛.大学英语写作教学理论与实践[M].长春:吉林出版集团有限责任公司,2009:109.

第六章　互联网背景下大学英语读写教学的创新探索

这两句话,表达的内容虽然相同,但后者的语气显得更柔和,更礼貌一些。尽管文字是静态无声的,但作者关于话题和读者的态度决定他所用的语气。语气可以是严肃认真的,也可以是活泼幽默的;可以是平心静气的,也可以是激情澎湃的;可以是权威的,也可以是尝试性的;当然,也可以是直接明了的,或是讽刺反语的。

如果在不熟悉的修辞环境中进行写作,可以找一篇与所要写作种类相同的范文或样品,分析样品文章中的写作目的、作者和读者的角色以及语气。如果可能的话,请熟知这种修辞环境对人所提供的帮助。例如,商业英语写作的语气就与文学的写作不相同,商业英语的写作比较注重使用尊重的语气、中正的词语、正规的文体和简短的篇章,它有别于丰富多彩、自由烂漫、讽刺辛辣、戏谑狡辩、夸张缩小的文学家的笔调,讲究的是得体贴切、简洁有力、明了清晰的表达方式。因此,要合理运用并控制文章的语气。①

5. 提出话题

所谓话题,就是谈话的中心。在进行写作活动之前,要先提出一个话题,用以指定写作的范围,然后根据话题的指向性来自拟题目进行写作。自拟题目可以从以下几个方面考虑去选择话题:将自己的专业知识或自身所擅长的技能讲述给他人听;在自己所处的文化背景中寻找话题;选择最让自己感动的事,比如,第一次演讲、参观文明古迹等;选择那些自己想要了解和学习的话题,比如,电脑程序编辑,以现在所学的专业今后会从事哪些事业等;可以上网搜寻话题,利用网上的搜索目录寻找自己感兴趣的事。

确定了话题以后,就要开始寻找与话题相关的素材,对话题进行各个方面的探索,这是一种开拓性的创作活动,并以新的视角和思路重新审视它们会有新的收获。下面是一些有效的关于展开话题的策略。

(1)头脑风暴

"头脑风暴"是由美国奥斯提出的,是一种激发集体智慧产生和提出创新设想的思维方法。它广泛用于创造性思维活动之中,其目的是诱发一些新奇问题中许多可能的思想或解决问题方法。头脑风暴法的核心是人的创造性想象力。头脑风暴法是为了克服阻碍产生创造性方案的一种相对简单的方法。它利用一种思想产生过程,鼓励提出任何种类的方案设计思想,同时禁止对各种方案的任何批评。用头脑风暴寻找新的素材是一个激发想法和产生信息的好方法。简单地说,就是列出所有与话题有关的内容,可以由一个想法自由联想到另一个想法。因此,所列的顺序并不重要,要让思维围

---

① 姜涛. 大学英语写作教学理论与实践[M]. 长春:吉林出版集团有限责任公司,2009:110.

绕话题扩展。要把所想到的全部都记录下来,因为我们不可能知道哪一个信息过后会变得很有价值。要快速记录,如果停顿了,可以重读已写的信息,这样会有新的思路,运用头脑风暴策略进行写作的时间至少要多于5分钟。"头脑风暴法"在写作教学中的应用有助于激励学生有创意地写作。使学生思维高度活跃,打破常规的思维方式而产生大量创造性设想的状况,学生们在讨论过程中不断产生新观点。当学生们认为已经把有关这个话题的观点都想到了时,就可以编辑简单的内容,形成一个初始提纲,将其融入写作当中。①

(2)分枝法

分枝法就是将话题进行分解,是组织思维和探索发现的过程,就像一个树干会有很多分出的枝杈一样。分枝法主张用一个词或短语作为树干,通过对一系列相关信息的联想,发展其分支信息,以话题为关键词向外辐射。它是一个由一般到具体的过程。分枝法会让作者的思维畅游于话题的每个细节,当到达某个小枝节的尽头时,可以重新回来再发展一条新的分枝。分枝法所进行的话题分解包括宏观分解和微观分解两种类型。

①宏观分解。

从话题的意义、作用、价值的角度拓展思路。

从话题的对象、领域的角度拓展思路。

从方法、手段的角度去拓展思路。

从话题本身的内涵、定义的角度去拓展思路。

值得指出的是,由于目前写作教学的程式化、套路化,不少学生已习惯将分论点组织成统一的句式,并且一概放在段首,结果使许多作文面孔千篇一律。在实际写作过程中,只要做到心中有数即可,具体的语言形式和表达方法不必强求一致。这样,文章才能显得既思路清晰,又活泼多变。

②微观分解。它凭借分解出来的若干子话题,上可以支撑基本话题,下可以统率各类材料,犹如文章的骨骼。而微观分解是从宏观分解派生出来的,它往往用来支撑子话题或中心句,或者充实段落的内容,犹如文章的血肉,似乎称为"子句"更为恰切。

(3)环环相扣法

环环相扣法即作者的想法像圆环一样,一环扣一环发展下去。比如,在探索话题相关素材中,作者对哪一点感兴趣,就可以针对这一点展开探索和创作,这就是一环。如果作者在这一环探索中又发现了新的感兴趣的信息,可以再对这个新的信息进行开拓和创作,这就是新的一环。这样一环扣一

---

① 姜涛.大学英语写作教学理论与实践[M].长春:吉林出版集团有限责任公司,2009:110.

第六章 互联网背景下大学英语读写教学的创新探索

环,环环相扣地发展下去会极大地丰富写作的素材和想法。环环相扣最大特点就是:不用明显的语言标志来连缀全文,而通过文章内在的逻辑关系构思全文结构。① 但组成文章结构链上的每一个环节,关系必须十分紧密,不能有任何的不协调。这种形式特别适用于哲理思辨类文章。

(4)三视角法

在进行写作时,如果从以下三个角度来审视主题,就会取得新的收获。

①从语境角度考虑主题。

怎样对不熟悉的人描述主题？它的区别性特征是什么？

与主题有关的最重要的人是谁？他又起了什么作用？

与主题相关的地点在哪里？它们有什么意义？

②从时间角度考虑主题。

作者对自己所写的主题的历史了解多少？它们怎样随时间演变的？在哪儿能了解它们的历史？

作者和主题相关的个人经历是什么？

是否有与主题相关的因果联系？

作者期望话题在未来会有什么变化？

③从与其它主题的关系角度考虑。

可以将主题置于哪些不同的类别？

怎样与同类主题进行比较和对比？

能否对主题进行类比？

(5)戏剧提问法

对话题进行提问并写出答案可以帮助你客观地看待这个话题,或发现新的可能性,也可以为观点的展开提供结构。戏剧提问法通常由6个基本问题组成:发生了什么事？(What happened?)——指行动(the action);都有谁？(Who was involved?)——指行动者、参与者(agents, spectators, and anyone else affected by it);什么时间和地点发生的？(When and where did it happen?)——指背景环境(the setting);怎样发生的？(How did it happen?)——指方式方法(the method);为什么会发生？(Why did it happen?)——指原因或动机(the cause or motive);有什么影响？(what effect did it have?)指结果(the consequence)。

下面这个例子的话题是 the effect of acid rain on trees,是戏剧提问法在实际中的运用。

What does acid rain do to trees? What happens to their leaves? What

---

① 姜涛.大学英语写作教学理论与实践[M].长春:吉林出版集团有限责任公司,2009:111.

do their roots do? What happens to the bark and branches?

Who is responsible for acid rain? If it comes from the burning of high-sulfur industrial fuels, which industries are burning them? Who runs those industries? And who is affected by the damage that acid rain does to trees?

When and where does acid rain affect trees? What parts of the world or the country are most affected? How does a forest appear after an acid rainfall? How often does acid rain fall?

How does acid rain develop? How does the acid get to the clouds? How do the clouds canny the acid to the forests?

Why does acid rain occur? Is it because we are burning too much fuel? Is it because we are using the wrong kind of fuel? Is it because we care more about promoting industry than protecting the environment?

What effect does the damage to trees have? How does if affect the timber supply?

What does it do to birds and other wildlife? How does it affect people living near forests or elsewhere? Does acid rain reduce the capacity of trees to absorb carbon dioxide? If so, how much more global warming will result?

通过提出这些问题,可以很有效地开拓思路,探寻更多的素材。

(6)随笔

随笔是一种散文体裁,篇幅短小,表现形式灵活自由,可以抒情,可以叙事,也可以评论。随笔也就是作者对人生、自然、社会、世情、艺术等具有独特的心灵感悟所作的美妙而艺术的文字倾述,篇幅小而思想艺术高,行文笔法妙。

随笔这类文章,一般是讲述文化知识,发表学术观点,或者评析世态人情,启人心智,引人深思。在写法上,它们往往旁征博引,而不作理论性太强的阐释,行文缜密而不失活泼,结构自由而不失谨严,因此,富有"理趣"是它们的突出特色。很多作家都有写随笔的习惯,在其中记录他们的所见所闻,这些都是日后写作的宝贵资源。[①] 在随笔中也可以写一些所关心的问题或话题,并把它们列成表以便日后使用。

写随笔可以与自由写作(free writing)很好地联系起来,关于一个话题可以不间断地自由写作 5 到 10 分钟,这样可以发现新的想法、材料、策略和

[①] 姜涛. 大学英语写作教学理论与实践[M]. 长春:吉林出版集团有限责任公司,2009:112.

话题等等。

上述的这些展开话题的策略都是注重作者头脑中已知的信息而进行创作的,还有其他的一些方法和策略。比如,与他人分享观点(sharing ideas with others),这样会有很多新的想法产生。另外,大量的调查研究以及大量阅读等都是有益的创作方法。

6. 确定主题

一般来说,在写作目的中已经明确了所写的方向,而后在主题句中要清楚地表明要对读者说的是什么。主题句要表述明确,如果有能力的话尽量控制在一句中。清楚明了的主题句会使读者准确理解文章所要表达的意义,而模糊不清的主题句则使人疑惑不解。所以,主题句必须有明确的观点。例如:

As an opinion

E. g. College is not for everyone.

As an observation

E. g. My high school education was a waste of time.

As a suggestion

E. g. Computer literacy should be a requirement for all under-graduates.

As an attitude

E. g. I want my life to be better than that of my parents.

As a question

E. g. What is friendship?

(1)主题与文章框架结构

读者通常会有意识或无意识地在文章的前两段中寻找主题。除非他们已经了解文章的主题,否则有可能不会明白文章所要表达的意思。请试着读下面这段话,只读一次。

His job is not to punish, but to heal. Most students are bad writers, but the more serious the injuries, the more confusing the symptoms, the greater the need for effective diagnostic work. When an accident victim is carried into the hospital emergency ward, the doctor does not start treating the patient at the top and slowly work down without a sense of priority, spending a great deal of time on the black eye before he gets to the punctured lung. Yet that is exactly what the English teacher too often does. The doctor looks for the most vital problem, he wants to keep the patient alive, and he goes to work on the critical injury.

这段话的主题是什么？能在读过一次后讲清楚么？能用自己的话复述一下么？没有主题，就没有框架结构去把握和理解文章的意义。因为不知道在读文章时要寻找什么，也不可能分出哪些细节更重要，是将重点置于医生、医院、学生，还是英语老师上？没有主题句提供的文章结构框架的主线，就无法讲清楚。如果在刚才的那段文字上加上一个主题句"The writing teacher must be not a judge, but a physician."段落的意义就变得清楚了。

在大多数文章的结构框架中（图6-2），主题句控制着文章的各个部分，而各个部分段落又从不同的角度支持着文章主题。

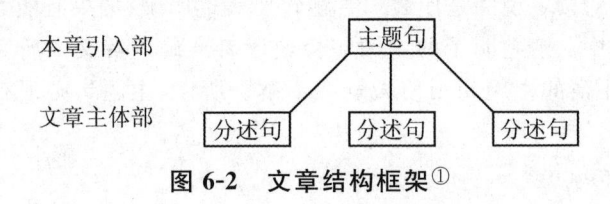

图 6-2　文章结构框架[①]

主题句是文章的统领，是最重要的部分，它掌控着每个分述部分。分述句都是对主题的支撑和佐证。有的作者会在主题句中加入背景介绍。比如，"Beef Cost and the Cattle Rancher"的主题句：

Because of rising costs, unpredictable weather, and long hours, many cattle ranchers have trouble staying in business.

也可以省略背景介绍：

Cattle ranchers' biggest challenge is survival for their business.

初学者通常会发现使用背景介绍有助于发展自己的文章。只要能用主题句准确清楚地表明自己的立场，使用何种方式是因人而异的。

（2）从写作目的到主题句

从写作目的中提取文章的主题，这样你才能清楚地让读者明白你要表达的意义。要记住写作目的是写作过程中预写、准备和探索的阶段。要想概括段落的中心思想，反映作者的写作意图，我们必须借助一个概括性的句子，即主题句，它是段落的核心所在。所以，写好一个段落的前提便是写好主题句。

主题句是英文写作的一个特点，它是英文段落中的核心思想。主题句的位置比较灵活，但也有其各自的特点和功用。针对不同的文体，主题句的位置也不同。主题句能更好地为全文思想发展服务。

---

① 姜涛. 大学英语写作教学理论与实践[M]. 长春：吉林出版集团有限责任公司，2009：114.

(3)评价主题

不论写什么样体裁的作文,都要有一个主题。所谓主题,就是创作主体通过所写的内容来表达意念、感受、情感和情趣等,也就是作者经过对生活的观察、体验、分析、研究,并通过对材料的提炼而得出的思想结晶。主题立意是否正确、新颖、高远、深刻,直接关系到作文成败。那么如何使主题更加明确深刻呢?

首先,在选材上要摒弃老套的思路,开拓新的视野,并且要善于从日常的生活小事中发现具有丰富内涵的材料,只有材料选得好,才能为开掘主题提供了最大的可能性。

其次,主题要表达一种感觉、观察、建议、意见或是疑问,它应具有新意,这样对读者来说则具有某种价值或重要性。

最后,主题观点要有意义,一个没有新意的主题是没有意义的。没有意义的主题句通常是一篇毫无价值的文章的序曲,而有新意的主题句则会驱使整篇文章不断发展,像火花一样,会点亮读者的视野。所以,主题要具有科学文化深度和广度的认识,这就要求作者的思想认识和修养的提高,这样的主题可以说达到了充满文化色彩的层次。①

做好了前面的准备后,可以着手起草文章了,但在写初稿之前要先回答下面的几个问题:

How do I begin the essay?

What does my reader need to know first?

What comes after that?

How much is enough?

Am I forgetting anything?

How do I end the essay?

二、大学英语写作教学中存在的问题

(一)教学方法陈旧

受学时以及应试教育的影响,在英语写作教学中,教师仍旧采用传统的教学方式展开教学,即在课堂上为学生提供各种类型的范本,为学生讲解范本,要求学生进行模仿并完成课后写作任务,教师进行评改。这种教学方法的重点在于写作结果,忽视了师生之间的交流,也忽视了学生兴趣的培养。

---

① 姜涛. 大学英语写作教学理论与实践[M]. 长春:吉林出版集团有限责任公司,2009:115.

这样下去的结果就是学生丧失了学习兴趣和学习动机。

另外,模仿是学生的一个必经阶段,却不是最终的阶段,只有完成创造性的写作才是最终的目的。事实上,创造不仅是一个过程,也是一个结果,如果没有创造性,那么这样的写作也毫无意义。因此,在英语写作教学中,教师需要与学生进行沟通,培养学生的学习兴趣和积极性,并灵活采用多种方法展开写作。

(二)教学中重形式,轻过程

很多人指出,英语写作中应该注重形式,并认为这是必然的,因此导致英语写作教学中对于句子规范性和文章结构的教学非常侧重。甚至有时候,教师为了让学生快速写出一篇文章,往往会让学生对类似的文章进行模仿。这样下去导致教师和学生都将形式视作写作教与学的重点,忽视了写作的过程与内容。这样的写作仅仅是一种模仿,而不是创造,是流于形式的写作,很少能够触及写作的核心。

(三)教与学相互颠倒

写作教与学相互颠倒主要有如下两点表现。

第一,写作是一个极富实践性的课程,因此写作应该以学生的操练为主,以教师的教授为辅。在实际的写作教学中,教师往往花费大量的时间对词句进行讲解,只给学生留下少数的时间进行写作,这样实际是对教学内容主次的颠倒,对学生写作能力的提升是非常不利的。

第二,写作是一种学生个体的活动,尤其是从构思到写作到修改。在英语写作教学中,教师过多地讲解浪费了学生的写作实践,也会丧失学生写作的积极性。

(四)教学中忽视文化差异问题

文化因素对于英语写作教学有着重要影响,并且导致学生在写作中会遇到一些问题。首先,由于英汉思维方式的不同,英语重视形式,而汉语重视意义,这就导致学生在谋篇布局上出现困难。其次,由于英汉语属于不同的语系,有些词语含义是不对等的,这就导致学生容易出现用词的困境。

(五)学生的语言质量不过关

很多学习者在使用英语写作文的时候往往不会使用地道的英语表达方式,所写出的英语句子存在大量语法错误,甚至还有很多单词也都拼写错了。英语与汉语存在很大差异，英语词汇在词性、用法、词义、搭配等方面都有自己的鲜明特点，如果学习者按照汉语的逻辑思维来组织英语作文，那么显然就会出现各种语言知识点层面的错误。

(六)学生的中式英语现象严重

中国学习者长期生活在汉语的环境下，受中国传统文化的影响比较深刻，也形成了相对固定的汉语思维习惯。然而，英语思维与汉语思维存在较大差异，汉语思维自然会影响到大学学习者的英语学习进程，并且往往会带来各种消极影响，"中式英语"就是其中的一个突出表现。很多学习者使用汉语的表达方式来写英语句子，所写出的句子往往词不达意，呈现出中式思维习惯，这一现象所带来的后果是比较严重的。

三、互联网背景下高校英语写作教学的原则

(一)恰当性原则

英语写作教学的恰当性是指写作任务的设计应该恰当。具体来说，写作任务需要具备如下两点特征。

第一，能够激发学生思想交流的需求，使学生有内容进行写作。

第二，对于学生语言能力提升有帮助，如增加词汇量、学习新句型等。

这两点虽然是作者对写作方法的要求，但也是对写作任务的设计要求。具体来说，如果教师要想设计出一个好的写作任务，那么就需要与学生的实际相符，让学生有充足的内容与经验展开写作。同时，还需要符合学生实际的语言能力，这样才能完成写作，将理论知识运用到具体的实践之中。

(二)多样性原则

英语写作教学中需要坚持多样性原则，主要体现在训练方式与表达方式上。

从训练方式上说，教师应该采用多样化的方式，如可以通过扩写、仿写等办法训练学生的写作能力，同时教师应该把握好每一种方法的优缺点，让学生在多种方法下掌握适合自己的方法。

从表达方式上说，教师应该引导学生在写作中运用多种表达方式，这样的写作才是灵活的写作。这不仅可以对学生写作中的问题加以弥补，还可以提升学生灵活的运用技巧。这样写出来的文章才能更引起读者的注意。

（三）综合性原则

写作这一活动并不仅仅孤立存在，而是与其他技能有着密切的关系。因此，写作并不是单纯地进行写作，而是要与其他的技能结合起来。也就是说，应该将写作与听力、阅读、口语等技能相结合，只有这样才能保证写作教学的有效性，才能将促进学生写作水平的提升与进步。这四项技能彼此之间是相互关联的。通过阅读，学生可以获取相关信息，并能够发现写作中存在的问题，通过课堂上的相互讨论，学生可以进行相互交流，提出相关修改意见，从而完善自身的写作。

（四）主体性原则

在大学英语写作教学中，首先需要凸显学生的主体性，对学生的主体性予以尊重，从学生出发来展开教学。只有将学生的兴趣和积极性激发出来，提升学生的主动性，才能让学生占据主体的地位。当然，让学生占据主体性的方式有很多，其中最有效的一种手段就是小组讨论。

另外，教师是否组织小组讨论、小组之间如何展开小组讨论属于过程教学法的内容，也是过程教学法的关键层面。教师在小组讨论中，不仅可以采用提问的形式，还可以采用加入的形式，让学生集体进行作答，还可以采用互相帮助的形式。

总体来说，主要是让学生参与其中，将学生的自主性发挥出来，进而让学生在活动中完成自己的写作。

（五）范例引路原则

从学生层面来说，他们在进行英语写作时，往往会出现如下两种困难现象。

第一，有很多话想说，但是不知道如何下笔。

第二，没有话可说，或者只能说出一些皮毛，很难将自己的想法深入地表达出来。

在写作教学过程中，教师要帮助学生克服这两大层面的困惑，其中让学生模仿写作是最好的办法。

在英语学习中，模仿是比较有效的方法之一，同样可以运用到写作过程中。教师可以在给学生一些作文命题的时候，为学生提供一些精美的写作范文，学生根据范文来进行仿写，这样就会写出更为地道、合理的文章。这是学生提升写作的一项重要方式。

另外，教师也可以在学生写完之后给学生提供一些范文，让学生将自己写的内容与范文展开对比。这样有助于学生发现自己写作中的不足,找出自己写作中的问题,从而快速地提升自身的写作水平。需要指出的是,教师提供的范文应该在格式、内容、修辞等层面都能够对学生有所帮助,从而让他们掌握一些写作的知识。

四、互联网背景下高校英语写作教学的创新策略

(一)重视文化知识积累

在互联网背景下,英语写作教学应该重视让学生积累丰富的文化知识,摆脱汉语负迁移作用对学生英语写作的影响。在日常的写作中,如果学生遇到困难的句子,他们往往会选择用汉语思维对句子进行组织,导致出现了明显的语言错位,这就是受汉语负迁移作用的影响而导致的。

因此,在英语写作教学中,教师除了对学生的词汇、语法等语言知识进行训练,还需要训练他们的文化知识,避免学生出现负迁移的现象。同时,教师应该鼓励学生多进行阅读,让他们在阅读中挖掘文化知识,从而对自己的语言进行充实,写出一篇得体的文章。

(二)多技能综合教学

所谓综合教学法,是指将写与听、说、读几项基本英语技能相结合,使之相互作用从而提升学生的写作能力和培养学生的英语综合能力。

(1)听、写结合

听是语言输入性技能,可以为写作积累丰富的素材,加快写作的输出。具体教师可以采用边听边写和听后笔述或复述的方式开展教学。

边听边写可以是教师朗读,学生记录,也可以是播放录音,学生记录。听写的内容可以是课文内容,也可以是其他故事或内容。

听后笔述或复述是指教师以较慢的语速朗读或者录音播放听写材料,一般朗读或播放两至三遍,在这一过程中学生只听不写,在朗读或播放录音完毕后,教师要求学生凭借记忆进行笔述或复述。在笔述或复述时,学生不必拘泥于原文的词句,也不用全部写出或背诵出,只要总结出大意即可。这种方式能有效锻炼学生的语言组织和概括能力。

(2)说、写结合

说与写密切相关,说是写的基础,写与说相互贯通。以说带写,可以有效激发学生的写作兴趣,提高学生的写作能力,还能锻炼学生的口语表达能力。具体而言,教师可以采用改写对话和课堂讨论的方式开展教学。

(3)读、写结合

读与写的关系十分密切,通过阅读可以获取大量写作所需的素材,通过写作可以进一步巩固阅读能力。写作作为一种输出活动,是离不开语言知识的输入的,如果没有语言知识的积累,将不可能写出内容充实的文章。而阅读作为积累语言知识的重要途径,将能为写作奠定良好的基础。

总体而言,在大学英语教学中,要重视英语基础知识和技能的教学,并不断进行创新,从而提高教学的质量,培养学生的英语综合能力。

(三)运用语块教学

如前所述,受负迁移作用的影响,学生习惯用汉语思维来对文章进行组织,这样很容易出现各种错误,如句式单一、语言不通顺等。因此,在跨文化转型背景下,教师可以采用语块教学法展开写作教学。

根据语块教学法,本族语者之所以能够表达顺畅,是因为他们在脑海中会存储一些各种情境下的语块,而不是某一个词。在发话或者写作中,他们可以调用这些语块,无须进行排列加工。这样的语言输出才更有速度与质量。同样,将这一理论运用到写作教学中就是要求教师应该对学生加强语块训练,让学生脑海中形成整体的语言知识,以语块来组织写作练习,这样写出来的文章才具有整体性与格局性。

第七章 互联网背景下大学英语词汇与语法教学的创新探索

语言是思维的媒介,是内容的载体,教师应该培养学生的词汇、语法能力,让他们能够在恰当的场合运用语言。在互联网背景下,教师应该从学生的学习需求出发,明确学生在词汇、语法层面所缺乏的内容,将知识的传授性内容放在互联网上来学习,让学生进行自主学习,在课堂上教师应该充分将知识盘活,引导学生进行思考,这样才能真正地实现线上线下的融合。

第一节 互联网背景下的大学英语词汇教学

一、什么是词汇

(一)词汇的概念

在英语学习中,无论是要提高听、说、读、写的基本能力,还是想研究语音、语法、语义、语篇等专业内容,我们都会遇到词(word,lexis)。现代语言学的创始人之一瑞士著名语言学家费迪南·德·索绪尔(Ferdinand de Saussure,1857—1913)曾说过,语言是"词的语言",词是"语言机构中某种中心的东西"。那么词究竟是什么?我们应该如何给词下一个明确的定义呢?

查看语言学经典著作和中外权威词典后,可以发现许多古今中外的语言学家对词的定义说法不一,许多词典里词的定义也不尽相同,这似乎说明人们到现在为止还没有找到一种普遍适用的定义能全面、精确、完美地反映词的全部本质特点。但是可以肯定的是,人们对于词的一般的、本质的特征还是有普遍认知的,这就使我们有可能了解词的概念。

说到词汇,就会联系到词汇量。词汇量是判断学习者语言水平的可比性参数之一,我们先来比较一下英语本族语学习者和中国英语学习者掌握英语词汇量的情况。据统计,当代英语词汇约在一百万个左右,英语本族语大学本科生掌握约20000个词左右。他们自上学开始,每年约增加10000—20000个词,或者说每天增加3—7个单词。艾奇逊(J. Aitchison)在《头脑中的词汇》(Words in the Mind:An Introduction to the Mental Lexicon. 1987)里曾写道:"受过教育的成年人所知道的词不可能低于5万,也许有25万之多。"

据《英汉大词典》(1991)"英语词汇能力自测"(Test Your Own Vocabulary Competence in English)的说明,一般认为如词汇量不足6000,可视作只有英语本族语小学生的词汇能力;如词汇量在12000—18000,可视作英语国家受过普通教育成年人的一般词汇程度;如词汇量在24000—30000,则说明已具有英语国家受过良好教育而且能进行较高层次阅读的人的词汇能力。所以,相比之下中国大、中、小学生的英语词汇量是远远不够的。

词汇是语言的基本要素。人类思维离不开概念,而概念的语言形式主要表现为词汇。此外,在语言传递信息的时候,词汇所承担的信息量大大超过语音和语法,所以词汇是人类应用语言的重要前提。一个人词汇量的大小直接影响其对语言掌握的熟练程度。当今知识换代加速,新生事物层出不穷,这一现实必然会在语言上反映出来,不断产生新词,旧词不断产生新义。正如语言学家威尔金斯(D. A. Wilkins)所描述的:没有语法,人们可以表达的事物寥寥无几。而没有词汇,人们则无法表达任何事物。词汇是英语学习的重要对象,在培养英语实践能力所花的时间上,掌握词汇所付出的时间最多。由此可见,词汇学习在整个英语学习中应当占有相当重要的地位。

(二)词汇学研究

词汇学(lexicology)是一门有关词的科学(the science of words)。

词汇作为语言系统的重要构件——音、形、义的结合体,是反映现实世界最直接、最完美的符号系统。对词汇系统的深入研究有助于我们探索语言本质,分析语言的变化和发展规律。但人们对词汇学研究的重视程度是在不断发展的,自20世纪90年代以来,随着相关专著的不断问世和《词汇学》(Lexicology)杂志的创刊,词汇学开始在现代语言学领域里取得一席之地。

我们从这本书的基本内容里就可以大致了解现代词汇学的内容和意义。此书分成11个部分。第一部分总体介绍词汇学这门学科和它的基本理论;第二部分具体讨论词的形式和内容(意义)以及它们之间的关系;第三部分从纵聚合关系(paradigmatic relation)的视角,详细论述了词汇学研究

第七章　互联网背景下大学英语词汇与语法教学的创新探索

的核心内容——语义关系;第四部分阐述词汇学的研究范围,包括词汇的内部结构(词义)、词汇的外部结构(词形)、词汇的历史变化和词汇的应用等四个方面;第五部分主要研究词汇学的方法论;第六部分研究词汇的社会差异和地区差异;第七部分重点是词汇的共时研究和历时研究;第八部分讨论词汇的对比研究,如亲属关系、颜色、情感等;第九部分主要讨论词汇和语法的关系;第十部分研究的内容是心理词库;最后一部分讨论词汇学与语言学内部分支学科和外部其他相邻学科的关系等。这本书以语言学为背景,词汇学为线索,涵盖了语音、词法、语义、语法、语用、文体等独立分支学科,还从跨文化的视野和跨学科的视角阐述新颖的描述性理论,使读者对词汇学和词汇学研究有更全面、更深入的理解。现在我们可以说,随着语言学和其他相关学科的交叉、重叠、渗透和融合,对词汇的研究已经开始步入一个跨学科、多视角和全方位的新阶段。

　　语言记录着人类的发展进程,是人类交流思想,传递信息的工具。当代英语国家和地区的社会、政治、文化、经济等方面变化纷繁复杂,科学技术和信息现代化发展迅猛异常。对于国际社会的变化和发展影响很大。历史进入21世纪的时候,全世界使用英语的绝对人数已超过11亿,仅次于汉语,但英语的运用范围则远远大于汉语。据中国日报社主办的《21世纪英语教育周刊》2008年7月7日报道:总部位于美国加州圣地亚哥的全球语言监察机构(Global Language Monitor,GLM)总裁兼首席词汇分析师Paul Payack表示,截至2008年6月17日,英语单词的数量已达到995440个,预计到2009年4月29日左右,英语的拥护者们就可迎来历史以来这门语言非常具有纪念意义的时刻——第一百万个词的诞生。

　　21世纪是信息的时代,语言是信息的载体,从这一意义上说,21世纪也是语言学的时代。现在世界上计算机储存的信息80%以上以英语为媒体,50%的报纸用英语出版,75%的信件用英语书写,60%的电台用英语广播,互联网上90%以上是英语信息,其中80%以上的信息和95%以上的服务是世界上最主要的英语国家之一美国提供的。2006年3月英国文化协会在一份名为《英语走向何方》的关于英语全球地位的最新研究报告中指出,英语在全世界的广泛传播确立了它在全球的统治地位,英语仍然是走遍天下的一个重要交际工具。报告用数字表明,自1945年以来,英语教学急剧扩张,10年后全球将有20亿人在说英语或学英语。尽管我们会不时听到一些不同的声音,例如,2006年2月14日英国《金融时报》报道说:"说英语的人经济价值下降"(Economic value of English speakers dwindles);同年11月在联合国互联网管理论坛上,许多与会代表指出,英语占据互联网语言的统治地位是对其他语言的不尊重,也不利于全球文化的多样性发展以及信息共享。

其实早在2005年英国就掀起过用多种语言取城名（website-addresses）的运动，以体现文化和民族的多元化。但国际间使用英语交际的程度仍在不断提升，依托英语进行的信息沟通、文化交流、经贸往来还在不断加强，从而促使了英语本身的不断进化，其中最为明显的就是英语词汇的迅速发展。从莎士比亚时代的不足20万个单词到现在的百万个左右单词，在这门语言1 500年左右的发展历史中，绝大多数单词都是在近300年内创造出来的。特别是20世纪以来，新事物、新经验、新思想、新科学、新技术大量涌现，都在词汇中得到了充分的体现。据美联社报道，英国牛津大学出版社2006年5月宣布，"牛津英语语料库"收集的英文词条已突破10亿。互联网和移动通信在全球范围内的普及更加快了英语造词的速度，包括网络英语在内的现代英语词汇能够直接反映当代英语发展的新趋势和新特点。

英语词汇是英语语言系统组成部分中最敏感、最活跃、最具生命力的部分。与其他组成部分相比，它发展最快、变化最大，而语音、语法则相对稳定，渐变性较强。当代英语创造新词的手段变得越来越丰富，形成了英语中不断出现新词、新义和新用法的时代特点。

首先，历史的进步和社会的发展使得英语这门语言的词汇日新月异，英语词汇中的新单词和新词组，或是说明一项重要的科技演进和创新，或是说明一项重要的财经观点和政策，或是说明一个重要的政治事件和活动，或是说明一种重要的文化时尚和思潮。

例如：Google（n. 谷歌，全球知名网络搜索引擎）和 blog（n. 博客，即网络日志，记录个人活动、意见等的网页），这两个单词还可转化成动词，分别表示上网搜索查询（Google）和通过不断更新等途径来维护网络日志；Reaganomics（n. 里根经济学），指由美国第40任总统（1981—1988）罗纳德·里根（Ronald Reagan,1911—2004）实行的以减税刺激供给的里根经济政策；euro（n. 欧元），指欧盟的12个成员国在2002年全部使用的一种新的统一货币；win-win（双赢的），指双方都能同时受益的；stakeholder（利益攸关方），原义为"赌金保管人、股东"等，2006年5月10日美国时任副国务卿佐利克对美国众议院国际关系委员会发表谈话时说，中国有必要成为"负责任的利益攸关方"，美国官方把这个词用在处理中美外交事务的政策上，就赋予了它新的含义，说明中美两国利益与共的关系将可能不断加深；mouse potato（计算机迷），指整天坐在电脑前面的电脑迷，类似的还有couch potato（沉迷于看电视的人），尤指20世纪90年代出现的整天蜷缩在沙发里的电视迷；PK（对决），即 player killing，网络游戏中的玩家与对手的决斗，也指对手间决定胜负的淘汰赛。

第七章　互联网背景下大学英语词汇与语法教学的创新探索

其次,英语词汇正在向更简洁、精练、明了的方向变化和发展,造词也愈显自由和方便。由于当前网络社会基本上以英语为通用语言,所以英语词汇的这一特点在日常使用的网络语言中尤为突出。在一个基于互联网技术发展的网络空间中,人们的互动关系主要是依靠英语来维持,电脑操作和网络操作的命令语言是英语,计算机语言用英语编写,网址用英语注册,乃至网络中使用的检索工具也是英语的。英语化信息几乎已经在互联网上形成了语言垄断,成为网络群体在网络社会生存的关键因素。互联网又称信息高速公路,既然要"高速",就需要信息的主要载体——英语简洁、精练、明了,造词也要更自由、更方便。"网络"一诞生,就有许多与此有关的新词语应运而生。例如,network(计算机网络),online(联机的/地,在线的/地),cyber(计算机网络的), Internet(因特网),www(World Wide Web)即 the Web(万维网),hypertext(超文本),hypermedia(超媒体),home page(主页),Telnet(远程登录),browser(浏览器),Archie(互联网网络文件查询工具),Directory service(目录服务),firewall(防火墙,用防火墙保护网络或系统),domain name/DN(域名),courseware(课件,教学软件),spyware(间谍软件,可以暗中跟踪用户上网活动),electronie shopping(网上购物),Internet Addiction Disorder(上网成瘾),digital divide(数字鸿沟,能上网的人与没条件上网的人之间的差距),Web Intelligence(网络智能),brain informatics(脑信息学)。

现在媒体上经常出现的 CCTV(中国中央电视台)、CEO(首席执行官)、NBA(美国国家篮球协会)、VIP(重要人物)、WTO(世界贸易组织)等词,人们已经耳熟能详了。这种广泛使用英语缩略词语的现象,正好也说明了英语词汇发展变化的特点。对于我们中国的英语学习者来说,它们简洁明了,容易记住,便于使用。例如,CD、VCD、DVD、Win98、MP3 等表达的事物与人们日常生活紧密相关;APEC、GDP、GPS、DNA、MBA、SARS 等词词形比其中文译词简约,因而比其相应的中文译词更为通行;EQ(情商)、FAX(传真)、B2B(商家对商家)、B2C(商家对客户)、C2C(客户对客户)、VS(对阵)等英语缩略形式不一定比其中文译词简约,但它们夹在中文中比较醒目,常被媒体采用。

最后,英语作为一种世界性的语言,本身就包含来自全球各地多种民族语言的词汇元素。随着国际交往日趋频繁以及宣传媒介的普及,越来越多的外来词将继续进入英语。英语词汇中有不少西(班牙)式英语、德式英语、俄式英语、日式英语、印度英语等,多达 60 多种。据英国媒体 2006 年 4 月 16 日报道,根据美国全球语言监察机构公布的统计数字,2005 年全球英语词汇数量中新收录的词语约有两万,其中中式英语多达两成,有

4 000余条。该机构总裁帕亚克说,目前,随着中式英语以及其他多种将英语与各民族语言相结合的语言得到越来越广泛的应用,世界性英语将有可能不再仅由英式英语或美式英语来主导。这些进入英语的外来词,不仅使英语词汇更趋丰富,具有国际性特色,而且也证明了世界上不同文化的融合速度正在加快。现在随着全球化进程的加快,英语的这种特性越来越明显了。例如:tsunami(海啸)来源于日语,elie(精华、精英)来源于法语,clone(克隆)源自希腊语,EINio(厄尔尼诺现象)源自西班牙语,taikonaut源自汉语(中国的太空人、航天员,这个词的前半部分 taiko-接近于汉语"太空(taikong)"的发音,而它的后缀部分-nau与西方语言中代表宇航员的单词astronaut 的后缀完全一样,从而构成了一个绝妙的中西合璧词语)。

  2008年北京奥运会吉祥物"福娃"的正式英语译名为Fuwa。就像已经进入英语词汇的中式英语 kung fu(功夫),qi gong(气功),tai chi(太极)一样,Fuwa也将会获得国际社会的广泛认可。

  作为一种强势语言,英语充满活力,造词能力强大,几乎每天都有新闻产生。专家分析,这种快速增加的趋势还会保持下去。但是,这种发展是螺旋式上升的。和其他语种一样,英语中有些词语在使用过程中会慢慢消失。还有一些词甚至是常用的情态动词,诸如 shall,should,must,may 等近年来在主要英语国家的使用频率也在明显下降,而代之以 have to,have got to,be supposed to 等半情态动词。自然科学的飞速发展,使英语科技新词与日俱增,但英语中人文词汇同时在闪耀着动人的光芒。我们知道,英国人说过:"在上帝之后,莎士比亚决定了我们的一切。"那就是说,他们的价值观是被《圣经》和莎士比亚决定了的。莎士比亚在他的作品中用了3万多个词汇,很多目前常用的词语都是他创造的。

  现在主要英语国家的中小学课本中有不少莎士比亚的作品或选段。2004年11月24日,"最优美的70个英文单词"评选结果在英国首都伦敦产生。此项调查评选是为庆祝英国文化协会成立70周年而举办的。根据英国文化协会对4万名海外投票者和世界各地英语中心学习者的调查,mother(母亲)列英语中"最优美的单词"榜首。前10个单词中的其他9个分别是:passion(激情),smile(微笑),love(热爱),eternity(永恒),fantastic(奇妙),destiny(命运),freedom(自由),liberty(自由),tranquility(平静)。"最优美的英语单词"从一个侧面充分显示了它们对人文精神内涵传承和发展的重要作用。

  中式英语作为一种变种英语被认为是促进英语全球化的重要力量,在全世界的影响力越来越显著。但有专家认为,汉语是表意文字,外来的意译词比音译词更能被汉语使用者领会和接受。而英语是表音文字,英语对外

第七章　互联网背景下大学英语词汇与语法教学的创新探索

来语音不那么排斥,因此外来词语比较容易进入英语。中国特色的词语要渗透到英语中去,选择意译或是音译,还要看西方英语社会对它们是否熟悉、习惯和接受。其他变种英语的词语在进入主流英语前都需经过一个较长的"检验"过程,然后根据普及的程度决定是否被接受,不可能一蹴而就。

尽管现代科技、经济、政治和文化的发展为英语词语的变化提供了物质和精神的条件,但年轻一代在这方面发挥的作用是不能忽视的。最新研究表明,主要英语国家的青少年经常使用的"时髦词语",反映了他们对现代社会的认知、他们交友圈的扩大以及对时尚的敏感度。在英国,年轻人使用的时髦词语层出不穷、目不暇接,许多旧词或旧短语也被赋予了新的涵义。在美国,随着时尚潮流的演变,由青少年创造的新词语不断丰富英语词汇,对英语的发展正起着十分重要的作用。例如

chicken head=an unattractive women
exogal=an extremely thin contemporary
muffin top=a bulge of flesh over low-cut jeans.
prositot=a child dressed as a pop star.
whale tail=the appearance of thong underwear above the

与新潮词语同时出现的还有用在电子邮件、网络博客和手机短信中的所谓"即时消息式语言"。当这种新兴词语被美国学生运用到英文写作中的时候,教育界人士就发出了反对的声音。英美青少年推动英语词语更新和进化功不可没。但是那些夹杂着俚语的时髦词语毕竟受到时空的限制或制约,有的只是在一定的时段里流行,时兴过后就会销声匿迹,有的只是在特定的校园或地区并在某些固定的人群中使用,不能广泛普及。

真正具有生命力的词语必定经受过时间的考验,并能让人们长期使用,这就让我们想起美国比尔·盖茨(Bill Gates)年轻时创造的 Microsoft 这个词。他创办了微软公司,用 microcomputer(微型电脑)和 software(软件)两个单词的词头为公司取名 Micro-soft,后来中间的"一"被去掉了,成为现在具有世界品牌涵义的英语单词 Microsoft(微软公司,世界上最大的软件制造商)。这种具有经典意义的英语品牌词语还有不少。例如,Adidas(阿迪达斯,创始人 Adi Dassler 的姓名词头合并而成);Carrefour(家乐福,这家著名超市的前身是法国阿讷西市内一个位于十字路口的小店,carrefour 意为"十字路口");Coca-Cola(可口可乐,得名于主要原料中的古柯叶 coca leaves 和可乐果 kola);Google(谷歌,已成为世界最强品牌之一,源自 googol,即 10 的 100 次方或巨大的数目);Nike(耐克,驰名品牌,源自古希腊胜利女神奈基 Nike);Pepsi-Cola(百事可乐,因配方中含有可乐果成分,以及宣称能治疗消化不良 dyspepsia 而得名);Walmart 或 Wal-Mart(沃

尔玛,世界零售业连锁集团之王,美国 2007 年财富 500 强企业首位,由创始人萨姆·沃尔顿 Sam Walton 姓氏中的 wal 与"市场"的英文 mart 组合而成)等。这些代表著名品牌或驰名商标的英语词语都已载入词典长期供人们使用。

二、大学英语词汇教学中存在的问题

(一)教学方法单一,脱离英语语境

词汇的掌握对英语语言学习的重要性是不言而喻的,但词汇的记忆和掌握的过程又是枯燥和困难的,这就需要教师来缓解这种枯燥,需要教师创新教学方法来创设教学情境,营造教学氛围,激发学生学习的积极性和动力。但是就目前大学英语词汇教学的现状来看,教师并没有将心思花在教学方法的创新上,而是依然采用陈旧的教学方式,即教师领读单词,讲解词汇用法,学生记忆单词。基于这种课堂教学模式,学生的主体地位被忽视,学生只能被动地学习和记忆,积极性根本无法调动起来,甚至还会产生抵触情绪。此外,教师在教学中对词汇的整体性认识不足,没能将词汇放到具体的句子或情境中,最终导致学生对一词多义理解不深,限制了学生综合能力的提升。

实际上,任何一种语言都产生于实际应用,要想掌握地道的语言,必须沉浸在相应的语境中。我国的英语教育倾向仍十分明显,很多学生学习英语是为了通过考试,教师也将通过考试作为教学的目标,这样一来,就将英语语境的创设与英语教学割裂开来,只追求语言的外在表达方式,而不深入探究其内在的文化与逻辑,从而使得学生用汉语思维去理解应用。例如,"玫瑰"(rose)这一词语在英汉文化中都象征着爱情和美好,除此之外,在中国常用"带刺的玫瑰"形容那些性格刚烈的女子,而英语中常用 under the rose 表示要保守秘密。英语中 rose 的这一文化含义源自英国旧俗,如果在教学中不对此进行说明,学生很难理解和掌握其含义。但实际上,很多教师只从词汇处着手,而未创设语境,这样很难让学生充分体会英语这门语言的魅力,也难以让学生更好地投入学习。对此,教师在教学中应创设符合英语文化背景的语境,从而为学生营造一个英语交流环境,培养学生的英语思维,锻炼学生的词汇运用能力。

(二)教师的教学效果不佳

词汇的学习和掌握要借助记忆来完成,但记忆是一个漫长的过程,如果

第七章　互联网背景下大学英语词汇与语法教学的创新探索

学生不能在课后及时进行复习和巩固,记住的单词往往会在短时间内忘记。在海量的词汇面前,学生常常会表现出畏惧感,由于缺乏高效的学习方式,加之教学方法不当,使得学生的学习热情不高。而且教师也未能为学生提供应用的机会,这样学生通过死记硬背方式记住的词汇很快就忘记,进而导致教学效果低下,学生的交际能力也受到限制。

(三)忽视跨文化意识培养

很多英语词语意义深刻,蕴含着丰富的文化信息,这些词语称为"文化负载词"。经调查显示,很多学生对这些文化负载词完全不了解。而这种情况在很大程度上体现了教师在词汇教学中忽视了文化负载词部分,未有意识地运用跨文化意识来培养学生的词汇能力。具体而言,教师存在的问题体现在以下几个方面。

首先,对文化教学不够重视。这具体体现为以下几点:教师在备课环节的教学目标没有文化意识;教师消极地跟随应试教育的脚步;学校很少组织与英语相关的活动。

其次,教师自身的文化素养不够。大学英语教师虽然具备了扎实的英语专业知识,但英语文化素养有所欠缺。作为学生的榜样,如果教师的文化素养不高,自然也就无法提高学生的文化素养。

最后,文化教学方法不当。教师文化教学的方法比较单一,基本上是讲授法、多媒体展示法等,大部分教师只是在课堂教学中偶尔提到一些特殊词的文化背景,而很少有意识地渗透文化知识。这种教学方式就造成学生只了解词汇的表面意义,而不理解词汇的深层文化内涵。

事实上,跨文化意识和词汇教学是相辅相成的,教师在词汇教学中融入文化知识,能够提升学生的词汇能力和跨文化意识,而词汇量的增加又能进一步帮助学生更好地理解西方文化,培养自身的跨文化意识。

(四)学生学习重知识记忆,轻思维锻炼

在词汇学习过程中,很多学生仅仅依靠死记硬背来记忆单词,这种方法并未将思维的锻炼融入进去,学生也会很快忘记。实际上,每一个单词都有应用的语境,只有在具体的语境中,才能保证准确性,因此学生在对词汇加以理解时需要从具体的语境出发,这样才能实现学生词汇学习的效果。

忽视英语思维的培养是在长久的汉语语境熏陶下产生的惯性思维,很多学生都习惯运用汉语的语言逻辑去理解、解释和使用英语,由于英语和汉语二者背后的文化与逻辑存在差异和冲突,因此必然会影响学生对英语的有效运用。实际上,无论是英语还是其他语言,只有深入了解语言的内在逻

辑,才能做到自如运用。英语思维的培养不仅仅是靠记忆单词或背诵句子技能,还需要学生充分理解英汉语言背后的文化历史,这样才能做到掌握英语这门语言。

(五)学生对于语义内涵的理解程度差

我国学生是在汉语环境下学习英语的,所以在理解英语词汇的语义内涵时,会不同程度地受到汉语文化的影响,而英汉词汇之间的语义不对等现象会给学生的词汇理解带来困难。具体而言,一方面,学生在本民族文化传统的影响下会形成思维定式,在理解英语词汇时会出现文化语义的偏差;另一方面,中西文化观念冲突会让学生思维混乱,对英语感到束手无策。如果教师忽视词汇文化背景知识的输入,学生在理解英语词汇时就会出现偏差,甚至会在使用中产生误用问题。

(六)学生的词汇学习缺乏探究意识

一般来说,在大学阶段,学生应该主动地去学习词汇,但是在实际的英语词汇学习中,很多学生仍旧从教师那里获取,不寻找其他的获取渠道,这样的学习就是被动的学习,长此以往,词汇掌握的量也是不充分的。同时,学生不会去主动探究词汇,也无法得知词汇文化的背景知识,这样的词汇学习会使学生逐渐缺乏兴趣和积极性。

三、互联网背景下大学英语词汇教学的原则

(一)文化性原则

语言与文化有着紧密的联系,很多词汇都与文化有关,而且词汇学习也是为学生以后的跨文化交际服务的。因此,在大学英语词汇教学中,教师应该在讲授词汇的过程中与文化紧密联系,词义的讲解、结构的分析也都需要将文化引入其中,让学生对语言文化有充分的理解,这样才便于学生更深刻地理解词汇,对词汇的变化规律有清晰的把握。

(二)词汇运用原则

词汇学习的目的并不仅仅是为了对词汇加以记忆,而是让他们在实际的交际中能够运用学习到的词汇,这就要求在大学英语词汇教学中,教师应该遵循词汇运用原则,即要求教师在讲述词汇的过程中,引导学生对讲述的词汇加以运用。具体来说,教师在大学英语词汇教学中应该设计与学生学

第七章　互联网背景下大学英语词汇与语法教学的创新探索

习特点相符的教学活动,让学生参与其中,这样才能锻炼他们的词汇运用能力和水平。

(三)新潮性原则

随着科技的迅猛发展,学生的思想也变得更为开放、更为新潮,体现在学习和生活中,就是他们与信息密切联系。基于此,大学英语词汇教学应该从学生的需求与时代的趋势出发,做到与时俱进,这样才能体现新潮性。

当然,教师除了为学生教授教材上的词汇,还应该引入一些新潮的词汇,如 selfie(自拍)、bestie(闺蜜)等,这些词汇具有新潮性与鲜活性,也会调动学生词汇学习的积极性。

(四)循序渐进原则

任何教学都需要坚持循序渐进的原则,都不可能是一蹴而就的。当然,大学英语词汇教学也是如此。具体来说,在大学英语词汇教学中,教师应该在坚持提升质量与数量的基础上,不断对教学内容进行加深。也就是说,教师不能仅仅重视学生对词汇数量的掌握情况,还应该重视他们对词汇质量的把握,这样才能让学生对词汇掌握得更为熟练。

所谓逐层加深,即在大学英语词汇教学中,教师应该层层递进地讲述知识,因为在一堂课中,教师不可能将某个单词的每一个语义都讲述清楚,学生也不可能一次性掌握某个单词的所有语义,因此教师不能急于求成,而应该先讲述其基本语义,然后由浅入深地介绍其他的语义,并分析这些语义与基础语义的关联性,这样学生就能一步步地加深对该词汇的理解与把握。

(五)重复性原则

遗忘是伴随着记忆而行的,在学生的词汇学习中,不可避免地会产生遗忘问题,如果每天不加以复习和巩固,将很难掌握词汇,对此大学英语词汇教学应遵循重复性原则。这一原则是指在教学中将新旧词汇结合起来,利用已经教授过的词汇来教授新的词汇,以便让学生对旧的词汇加以巩固,同时有效拓展和掌握新的词汇。

(六)情景性原则

词汇教学并不是孤立展开的,在教学过程中,词汇不应该离开句子、段落,这样在上下文语境中,学生更容易理解。也就是说,教师在大学英语词汇教学中,应该为学生创设真实的情境,让学生通过模仿、记忆等,帮助他们熟悉单词。同时,教师也应该组织一些具体的活动,让学生将某单词的学习运用到具体的实践中,坚持听、说、做相结合。

四、互联网背景下大学英语词汇教学的创新策略

目前,英语词汇教学存在着诸多问题,教学现状并不佳。对此,为了切实提高英语词汇教学的效果,提升学生的词汇水平,培养学生的跨文化意识,就需要在遵循基本教学原则的基础上,对教学方法进行优化,即选用新颖、有效的方法开展教学。

(一)词源分析法

这一方法主要适用于英语词汇中的一些典故词汇。在英语词汇中,有很多词汇是从典故中来的,因此其文化内涵非常丰富,很难从字面上去理解与把握,必须借助词源展开分析。无论对于中国人还是西方人来讲,在口语或者书面语中都会运用一些典故、传说等,因此对于这类词汇的教学是非常重要的。例如,man Friday 这一词就是源自《鲁滨逊漂流记》,其含义并不是"男人星期五",而是"得力的助手";an Uncle Tom 这一词汇源自《汤姆叔叔》,其含义并不是"一名汤姆叔叔",而是指逆来顺受,宁愿承受侮辱,也不反抗的人。

(二)文化知识融入法

在词汇教学中,教师可以采用教授法开展文化教学,即教师直接向学生展示文化承载词的分类及内涵等,同时通过图像、声音结合的方式列举生动的例子加以说明,直观地培养学生对文化的兴趣。只有熟悉了英语文化,才能让学生透彻地了解英语词汇。学习语言时不能只单纯地学习语音、词汇和语法,还要接触和探索这种语言背后的文化,在语言和文化的双重作用下,才能真正掌握英语这门语言。采用直接讲授法讲授文化,既省事又有效率。而且这些文化不受时空的限制,方便学生查找和自学。

例如"山羊"/goat,在汉语环境中,"山羊"一般扮演的是老实巴交的角色,由"替罪羊"这一词就可以了解到;在英语环境中,goat 则表示"好色之徒""色鬼"。这类词语还有很多,如 landlord(褒义)/"地主"(贬义)、capitalism(褒义)/"资本主义"(贬义)、poor peasant(贬义)/"贫农"(褒义)等,这些词语代表了人们不同的态度。在词汇学习过程中,要深入了解和尊重中西方文化,这样才能更好地将词汇运用于交际。

再如,根据当下流行的垃圾分类,教师可以让学生翻译这四类垃圾:干

第七章 互联网背景下大学英语词汇与语法教学的创新探索

垃圾、湿垃圾、有害垃圾、可回收垃圾。大部分学生都会将"垃圾"一词翻译为 garbage,实际上正确的翻译应是 waste。由这两个词就可以看出中西方文化差异。在英语中,garbage 主要指事物或者纸张,waste 主要是指人不再需要的物质,可以看出 waste 的范围更广,其意思是"废物"。当翻译"干垃圾"和"湿垃圾"时,学生又会翻译得五花八门,实际上"干垃圾"是 residual waste,"湿垃圾"是 household food waste。所以,学生有必要深入了解中西方文化的异同,这样才能学好词汇,才会形成英语思维,进而形成跨文化交际能力。

(三)创设语言情境法

语言只有在语境中才能焕发生机与活力,单独去看某个词汇很难在其中发现个中韵味,但是一经组合和运用,语言便有了生命力。因此,教师应创设信息丰富的环境,为学生提供真实的语言环境和大量的语言输入,使学生在逼真的语境中学习英语,给学生提供学习和运用词汇的机会。教师可以设计一些活动,如组织学生观看电影,然后指导学生进行角色扮演,让学生经历真实的跨文化交际情景,培养学生的跨文化交际能力。

除组织跨文化交际活动外,教师还可以组织一些课外活动,让学生切实感受英语文化,扩大学生的词汇文化资源,培养学生的跨文化交际能力。例如,《疯狂动物城》这部动画片深受学生的喜爱,但大部分学生并没有注意这部影片的名字 Zootopia,也没有对其进行探究,觉得这是电影中虚构的一个地方。如果学生知道乌托邦的英文是 Utopia,可能会理解这个复合词 Zootopia 是由 zoo(动物)和 Utopia(乌托邦)结合而来。实际上,很多学生连汉语文化中的"乌托邦"都不了解,更不用说英语文化了。其实,"乌托邦"就是理想国,Zootopia 就是动物理想国,动物之间没有相互杀戮的地方。如果学生在观看电影前能对其中的文化进行探索,或者教师稍微引导,那么观影的效果就会更好,而且在欣赏影片的同时能够掌握文化知识。

(四)课外辅助教学法

词汇学习不能仅依靠教师的课堂讲授,还要依靠学生的课外自主学习,对此教师应有效引导学生充分利用课外时间来自主扩充词汇量,丰富词汇文化知识。

1. 推荐阅读

教师可以向学生推荐一些课外读本,如《英语学习文化背景》《英美概况》等,让学生利用课余时间进行阅读。通过阅读英语名著,学生不仅能充分了解西方文化背景知识,扩大文化视野,还能积累丰富的词汇,了解词汇的运用背景以及词汇的文化含义,更能培养学生良好的自主学习习惯,促使学生终身学习。可见,阅读英语书籍对学生的词汇学习而言是非常有意义的。

这不仅能培养学生的自主学习能力,还能丰富学生的文化知识,扩充学生的词汇量。

2. 观看英语电影

现在的大学生对于英语电影有着浓厚的兴趣,对此教师可以借助英语电影来提高学生的词汇能力。具体而言,教师可以选取一些蕴含浓厚英美文化,并且语言地道、通俗的电影让学生观看。这样学生可以在欣赏影片的过程中,切实感受英美文化,提高文化素质和词汇能力,同时提升学习词汇的兴趣。

目前,英语词汇教学存在着诸多问题,教学现状并不佳。对此,为了切实提高英语词汇教学的效果,提升学生的词汇水平,培养学生的跨文化意识,就需要在遵循基本教学原则的基础上,对教学方法进行优化,即选用新颖、有效的方法开展教学。

(五)学习资源圈共享

通过共享学习资源圈的建构,对学生展开分层教学,教师可以为学生介绍一些与课本配套的线上课程,通过这些线上的课程,可以对课堂的内容加以补充,从而不断丰富学生的学习资源。由于学生固有的知识水平是不同的,并且他们接受的学习情况也存在差异,因此在进行教学的时候,教师应该实施分层教学,考虑学生的不同层级,设置的任务要与他们的能力相符,这样才能满足不同学生的学习需求。

(六)引导学生深度学习

在互联网技术的辅助下,学生的词汇知识学习不应该仅仅局限于阅读、写作、背诵层面,而应该将那些零散的知识整合起来,实施再现学习。通过信息技术的辅助,不断设计自己的学习方式,将学生的学习兴趣和积极性激发出来。

建构主义注重将学生作为中心,强调学生对知识的获取能力与探索能力,让他们主动发现与建构知识。通过对知识的发现与建构,解决自己学习中遇到的一系列问题。

(七)建立评价机制

通过互联网技术,学生可以自己展开测试,这可以让教师对数据加以整合,找出学生容易出现问题的地方,然后在课堂上将这些重难点讲解一下,并及时收集学生的学习情况。显然,通过这种线上测试,可以激发学生的学习兴趣,也是对学生自主学习的一种鼓励。

第二节 互联网背景下的大学英语语法教学

一、什么是语法

(一)语法的概念

英语语法属于经验认识的理论,它是人类生活的物质和意识两方面持续辩证发展的结果。如果将语言看成是人类对经验的识解,那么语法就是经验识解的方式。语法虽然使意义的表达具有可能性,但是同时也对什么可以被意义化设定了限定。

语法在语言中具有举足轻重的作用。当谈及语法的定义,不同的学者却有不同的界定。

英国著名应用语言学家 H. G. 威多森对语法的定义为,语法是一个规则系统,包括词汇变化规则和词汇造句规则。

美国路易斯安那州立大学的语言学教授尤尔(George Yule)认为,语法是一套结构体系,其分析框架包括意义、形式和用法三个方面,这三个方面是相互结合的,可以通过应用的上下文语境来解释不同的语法形式和不同的语法意义。

英国著名语言学家朗曼在《应用语言学词典》中将语法定义为,语法是对语言单位(词汇、词组等)组成句子时所遵循的方式的一种描述,这种描述往往包括了语言句子各个语言系统下的含义和功能。

北京英语系教授胡壮麟认为,语法应该被看作一个理性的动态系统而非任意规则的静态系统,这种定义更利于在语言教学中培养学生良好的语言应用能力。

(二)语法学研究

通常情况下,人们认为语法学是一门研究语法规则的学科。王希杰认为,语法学是以语言符号之间的结构规律为研究对象的一门独立的语言学科。从这点来看,语法和语法学之间存在着本质的区别。语法是语言符号间的客观规律,它是客观存在的,不以人的意志为转移。但是,语法学则是主观的,语法学往往带有人为的创造性,甚至存在着多种多样的语法学。

1. 语法学的研究方法

语言学属经验科学,语言学研究所依赖的是观察说话者凭借大脑的语言直觉认为是合乎语法的语言事实。形式语法学家感兴趣的不是社会成员通过商量后制定的语言规约系统,而是隶属人脑的认知系统并导致语言直觉产生的I-语言。因此,语言事实不被视为纯粹的社会行为,而被视为人类的心智能力,是人脑固有的语言属性和人的后天语言经验相互作用的产物。

具体说来,语言学家研究的I-语言是使用的语言器官处于稳定状态时所体现的一种生成程序系统,是语言计算的规则系统。语言的生成系统与语言使用系统(含"发音-知觉的语音式"和"概念-意念的逻辑式"两种系统)接口整合,进而生成无以计数的语言表达的外在形式,即话语行为系统,被称为I-语言。具备I-语言能力的人,意味着具备了创造性地使用语言的能力。

人类的语言器官有一个初始状态,经由语言经验刺激达到稳定状态。在这一语言器官的成长过程中,儿童基于由人类物种遗传基因决定的生物禀性,从语言经验中选择了可及性I-语言。决定这种选择的规则构成了全人类共有的普遍语法。普遍语法理论是一部可以充分描述和解释人类I-语言因缘及结构的语言学理论,因而发现普遍语法原则成了语言学最具挑战性的理论问题。

基于人类生物禀性的普遍语法不属社会科学,而属自然科学,所以对I-语言知识系统的研究应该归属在自然科学研究范畴内,采用的研究方法通常为观察归纳法和演绎推导法,通常以演绎推导法为主。观察归纳法有助于语言学家充分描述I-语言系统,而演绎推导法却能够使语言学家充分解释I-语言系统。

通常儿童能够在很短的时间内习得十分复杂的语法系统,能够理解并创造无限量的句子,这表明人类的语言器官是以最简约的方式生成句子的。研究I-语言系统的语法理论应该以"简约"为原则,这要求语法研究的主要方法应该是演绎。语法理论的本质应该是句子推导,而不是句子描述。

第七章　互联网背景下大学英语词汇与语法教学的创新探索

2. 传统语法

传统语法以古拉丁语和古希腊语为其传统,始于古希腊和古罗马,在中世纪得到进一步的发展,盛行于18世纪末并长期统治欧洲语法研究和语言教学的语法理论。它重书面语,轻口头语,试图以一个标准来规范语言和纯化语言,所以又被称之为"规定性语法"。它常被学校采用,故又被称之为"学校语法"。然而,从广义上讲,传统语法还包括19世纪末兴起的学术性传统语法。在由学校语法发展到学术性传统语法的过程中,传统语法也由规定主义发展为描写主义,并试图如实描写语言变化和语言的实际运用情况。

美国语言学家哈仕(W. Harsh)归纳道:"简单地说,传统语法是按照意义和说话人的意向(如陈述、疑问、祈使、感叹等范畴)来解释句子的一种语法体系。"其基本方法是划分词类和明确句子成分的功能。

语言学家克里斯特尔(David Crystal)曾说:"'传统语法'这个词,如果说还表示任何意义的话,则它是力图总结一种思想状态、一系列方法和原则,这些方法和原则多年来表现为多种组合形式和强调侧面,与思想领域的很多学派有关。它包括源于亚里士多德(Aristotle)和柏拉图(Plato)的句子结构的思想;源于斯多噶学派(Stoics)语法学家的有关词类的思想;源于中世纪经院学派关于意义的实质的思想;源于17世纪唯理主义和经验主义的哲学争论的有关语言和思维的关系的思想;也来自18世纪英语语法的有关英语语言正确性的思想;甚至还包括来自19世纪比较语言学的有关语言历史的思想。"

(1)亚里士多德和柏拉图的句子结构思想

关于词的形式(发音)与意义的关系问题,古希腊哲学家分成两派。一派是以柏拉图为代表的自然派(the Naturalists),认为词的形式(发音)与意义之间有一种本质的、必然的自然联系。一派是以亚里士多德为代表的习惯派(the Conventionalists),认为词的形式(发音)与意义不是同一的东西,两者之间没有必然的联系。某个词的意义用一定的语音形式来表现,这是在长期的语言交际过程中固定下来的,是社会约定俗成的,也可以说是语言领域中的"一种社会契约"(a kind of linguistic social contract)。在语言形式分析上,柏拉图在西方第一个提出了划分词类的思想。他从意义出发将词划分为主词和述词两类。主词大致相当于现在的名词,述词大体相当于现在的动词。作为学生的亚里士多德在继承老师的主词和述词划分的基础上,提出了第三个词类:连词。

第一,亚里士多德的连词概念不同于现今我们所说的连词,它包括不属于主词和述词的所有词类(即现今的连词、介词、代词、冠词等),也就是没有曲折变化的那些词。

第二,他开始注意到名词的格的变化和动词的时态变化。

第三,他第一个把词解释为最小的有意义的语言单位。此外,他还讨论了句子的语法结构与句子的客观真实性之间的关系,对后来的生成语义学和蒙塔古语法有一定的影响。

(2)斯多噶学派有关词类的思想

作为一个哲学派别,斯多噶学派十分注意语言本质问题的探讨。他们认为语言的外部形式表达了有关人类本质的内在实质。有人据此认为这便是转换生成语法中的表层结构和深层结构的最初萌芽。

斯多噶学派在名词、动词和连词的基础上,增加了冠词,将词类扩充到四类。同时,他们还把名词细分为普通名词和专有名词,并解决了名词的格的问题。名词的格分为主格、宾格、与格、属格和呼格。然而,公元前1世纪,一位亚历山大里亚(Alexandria)学者狄俄尼修斯·特拉克斯(Dionysus Thrax)撰写了第一部系统的希腊语法《语法术》,才真正地确立了语法的系统性。该书研究的对象是规范的文学语言。作者在分析作品的词汇时讨论了8个词类,即名词、动词、分词、代词、介词、冠词、副词和连词。他对每一类词都给有详细的定义,并附有足够多的例句。在词类划分上,他既采用了形式标准(即词尾和词与词之间的相对位置),又使用了意义标准。这种形式和意义的双重标准的划分法一直沿袭至今。他的8个词类的划分也为后世所沿用。尤其值得一提的是,他"以词法为先导来建立语法"是后世语法书编撰的一个模式,也是传统语法的一大特点。

(3)中世纪经院学派有关意义的实质的思想

在"黑暗时代"的欧洲中世纪,语法分为两种,即教学语法和哲学意味很浓的经院语法(scholastic grammar)。这一时期,教学语法中唯一有意义的改革是将形容词从名词中分离出来,代替分词作为一个独立的词类。

(4)17世纪唯理主义和经验主义的有关语言和思维的关系的思想

在文艺复兴时期末期的17世纪发生了以笛卡尔(Rene Decartes)为代表的唯理主义(rationalism)和以洛克(John Lock)为代表的经验主义(empiricism)之间的著名的哲学论战。

笛卡尔认为,人的一些能力和观念是由于遗传而与生俱来的,尽管人的知识、技能等大都来自经验。譬如,人们能学会语言和创造性地使用语言,完全是由于人脑中具有某种天生的、内在的抽象机制。此观点与现今乔姆斯基(N. Chomsky)所阐释的语言能力非常接近。

以洛克为代表的经验主义者则认为,人类的一切知识和技能,包括语

第七章　互联网背景下大学英语词汇与语法教学的创新探索

言,都是后天获得的,是由于环境不断刺激而形成的。此观点在后来的结构主义语言学那里有所继承。唯理语法学家的代表人物当属法国的阿尔诺(Antoine Amauld)和兰斯洛(Claude Lancelot)。他们合著有《唯理普遍语法》。唯理语法学家认为,语言的功能是传达思想,任何自然语言都是人类思维的内部机制的外部表现。由于人类思维的共同性和语言形式的多样性,他们提出了语言具有外部形式和内部形式的思想。语言的外部形式就是像句子这种可以观察到的外部语法形式。外部形式里面则存在着某种抽象的、基本的、全人类共同的观念,这就是语言的内部形式。同一观念在不同的语言中,甚至在同一语言中,有多种不同的外部表达形式,这便是唯理语法的核心,也是20世纪转换—生成语法学家的灵感来源(殷钟崃、周光亚)。可以说,转换—生成语法理论是来源于唯理语法的。事实上,转换—生成语法对传统语法是有继承关系的。

(5)18世纪有关英语语言正确性的思想

在称为"理性时代"(the Age of Reason)的18世纪,语言研究的显著特征是追求所谓秩序和规则,因为秩序和规则是所谓"理性"的体现。在这一时期产生了使英语标准化、净化和固定化的所谓"三化"倾向。标准化是指语言规定出若干规则使之成为所谓正确用法的标准;净化即是消除语言的不规范现象,以改变混乱状态;固定化是指把语言按所谓理想形式永远固定下来。

1755年,英国作家、诗人塞缪尔·约翰逊(Samuel Johnson)编撰的《英语词典》(*A Dictionary of the English Language*)为英语的规范化和标准化作出了重要贡献。塞缪尔·约翰逊首次把英语单词的拼写形式规范化,并对每一个单词的词义进行了详尽注释,同时引用大量经典作品中的例句加以说明,该词典具有较高的使用价值。

尽管塞缪尔·约翰逊在很大程度上解决了英语词汇规范化的问题,但英语句子结构还需要进行标准化、净化和固定化。因而,编写英语语法便成了18世纪后半叶英语规范化运动的主要内容。

(6)19世纪比较语言学的有关语言历史的思想

历史比较语法在19世纪蓬勃兴起,语言学家的兴趣被追溯语言的源头和确定语言间的亲缘关系所吸引。历史比较语法学家认为,由于多种多样的人类语言分别采用自己的独特方式,因而,对每一种语言都必须以自己的方法进行分析。他们试图让人们知道语言变化是不可避免的,而语言学家则应该把自己的工作目标定为记录语言的发展和现状。他们认为语法唯一可以信赖的基础是实际用法,而在实际用法中,口语是最活跃的,理应受到语法学家的高度重视。

为了研究口语,语音开始受到广泛重视,在语言变化中,语音是最活跃的因素,因此,历史比较语法学家十分重视对语音进行系统的、科学的描写。在这一时期的英语语法研究的著作有:威廉·惠特尼(William D. Whitney)的《英语语法精要》;亨利·斯威特(Henry Sweet)的《新英语语法》;亨里克·波茨玛(Henrik Poutsma)的《现代近期英语语法》;乔治·柯姆(George Curme)的《英语语法》;奥托·叶斯柏森(Otto Jespersen)的《按历史原则编写的现代英语语法》。以上这些语法著作的作者在深刻了解英语发展史以及其方言状况的基础上,参照印欧语、日耳曼语、古英语和中古英语来描述,企图阐明语言是怎样发展的,语言又将怎样向前发展。

(7)奥托·叶斯柏森与英语语法

丹麦语言学家奥托·叶斯柏森(Jen Otto Henry Jespersen,1860—1943年)是世界公认的杰出语言学家。在19世纪最后20年和20世纪前40年,他活跃于广阔的学术领域,主要有语言学、语言进化、语言史、语法哲学、英语语音学、英语语法学、语言习得、外语教学,以及人工语言。他留下了大量论著,主要包括《语言》《语言进化》《语法哲学》《按历史原则编写的现代英语语法》《英语的发展和结构》《分析语法》等。

在语言理论上,叶斯柏森继承了洪堡特的学术传统,又预示了乔姆斯基转换生成语法。然而,在语言功能方面他和韩礼德又有许多共同之处。所以,很难简单地把他的语法说成是形式语法或是功能语法。格里森把叶氏语法称为"重视结构功能的功能语法",而莱昂斯则把叶氏看成是"老派语法学家的杰出代表,站在传统语法与现代语法之间"。

叶斯柏森强调形式和实际用法,强调语音在决定语法范畴中的重要性,认为"语法应该首先解决语音的问题,其次才能着手书面的问题"。这正是结构主义语法的基本观点。

叶斯柏森对转换生成语法的启示主要体现在他强调语言的创造性及从外部(形式)或从内部(意义)来观察语言现象的方法上。这种外部表现形式和内部意义的区分颇像转换生成语法中的表层结构和深层结构的区别。

或许是受到达尔文的生物进化论的影响,叶斯柏森提出了语言进化论,认为语言同人类一样,是从复杂、紊乱的原始形式朝着有规律的、合乎逻辑的和更有效的方向发展。他承袭了洪堡特的观点,认为"语言的本质是人的活动,是一个人让别人了解自己的活动,是一个人了解前一个人思想的活动"。这清楚地说明语言是人与人之间的交际活动。叶斯柏森的这一观点与韩礼德的"语言最好视为一种活动,具体地说,是人们在社会上的一种活动"的语言观相同。

叶斯柏森编撰的语法巨著《按历史原则编写的现代英语语法》几乎囊括

第七章　互联网背景下大学英语词汇与语法教学的创新探索

了英语语法的各个方面。全书共有七卷,其中第一卷专讲音素和拼写,第七卷讲形态学,其他五卷都是讲语法。他在此书中独创了不少自己的术语。譬如,用"形态学"(morphology)代替了传统术语"词法"(accidence)。他主张对语法现象的描述有必要从外部(形式)和内部(意义)这两个相对的角度进行考察。他将前一部分称为形态学,将后一部分叫作语法,这两部分合起来加上语音学就构成完整的语法概念。叶斯柏森的这种语法体系的划分法为以后的语法学家所仿效,形态学也成了语法学中的一个重要的分支学科。

二、大学英语语法教学中存在的问题

(一)语法教学弃而不教或边缘化

大学英语教学一直都在不断变革,教学内容随之不断改变,而随着2004年教育《大学英语课程教学要求》的颁布,大学英语语法教学内容退出了大学英语教材,大学英语语法教学也从大学英语教学中退出,最终导致大学英语语法弃而不教或边缘化。这具体体现在两个方面,首先教材中没有了语法内容,教师便失去了教授语法的依据和大纲,学生也将无法系统地获取语法知识;其次课时安排不合理,大学英语教学中多是精读课与泛读课,没有相应的语法课,即使教师讲解语法知识,也是零星的和碎片化的。实际上,语法对于英语语言的学习是至关重要的,语法贯穿于英语学习的始终,对英语综合能力的提升起着重要作用,所以教师不应忽视语法教学,而应积极开展语法教学,丰富学生的语法知识,提高学生的语法能力,为学生的英语综合应用能力打好基础。

(二)教师的教学方式单一

英语语法知识繁多,学习起来十分枯燥,因此很多学生都对语法学习缺乏兴趣。想要改善这种现状,就需要教师创新教学方法,增添语法教学的乐趣,激发学生学习的积极性。但是,当前的大学英语语法教学并不乐观,教师依旧采用陈旧的方式展开,占据课堂的主体,这样学生处于被动的学习,不仅与教育理念不符,也不利于学生的学习,很难发挥学生的主观能动性。

(三)学生语法意识薄弱

大学生在中学阶段已经进行了很长时间的语法学习,普遍感到枯燥乏味,因此他们认为到了大学阶段就没有必要重点学习语法了。实际上,尽管到大学阶段,语法依然是英语学习的重要内容,因为不掌握丰富和准确的语法,是不可能准确、流利地进行交际的。

(四)学生缺乏有效的学习方法

大多数学生的语法学习的效率非常低,其中一部分学生是因为掌握的学习方法不正确,从而使得语法知识的掌握较为松散,不能成为一个系统。在语法学习中,学生往往比较被动,通常是遇到新的问题之后才会去学习语法知识,而当他们学习完一篇文章之后,又把语法学习抛之脑后,这样的学习是很难提升学生的语法能力的。

三、互联网背景下大学英语语法教学的原则

(一)实践性原则

传统的大学英语语法教学只重视知识传授,不重视技能培养,忽视语法的交际功能。《大学英语教学指南》注重学生能力的培养。教师要明确英语语法教学只是培养语言实践能力的桥梁,其目的是更好地培养学生听、说、读、写语言实践能力,进而达到用英语进行交际。因此,语法教学必须突出其实践性原则。

(二)交际性原则

在大学英语语法教学中,教师应遵循交际性原则,即恰当地运用多媒体设计课堂教学,创设合理的语言交际环境,使语言交际环境符合实际环境,从而帮助学生更好地掌握语法知识,提升交际能力。提高学生成绩并不是语法教学的最终目的,语法知识的使用才是语法教学的本质,所以语法教学应结合实际生活,培养学生的语法思维,提升学生的听说读写能力,提高学生的语言交际能力。

(三)文化性原则

语法作为语言的内部规律,与文化有着密切的联系,即蕴含和反映着丰富的文化信息。对此,在大学英语语法教学中,教师应重视文化因素对学生语法学习的影响,并有意识地进行文化教学,创设英语语言环境,从而丰富学生的文化知识,切实提高学生的语法能力和语言交际能力。

第七章 互联网背景下大学英语词汇与语法教学的创新探索

(四)综合性原则

在互联网背景下,大学英语语法教学要求采用恰当的教学手段,进行综合性教学,具体而言包含如下几点。

第一,将归纳与演绎两种教学法相结合。因为这两种教学方法各有各的特色,教师在大学英语语法教学中,将二者结合起来,以归纳为主要教学法,以演绎为辅助教学法,这样才能真正地提升大学英语语法教学的质量。

第二,将隐性与显性两种教学法相结合。在大学英语语法教学中,隐性教学法要求避免对所学的语法规则进行直接地谈论,而是通过运用情境,让学生对语言加以体验,从语言的交际运用中,对语法规则进行归纳。相对而言,显性教学法要求在语法教学中对所学的语法规则进行直接地谈论,也直接显现语法教学的目的。从学生的心理、生理特点出发,教师应该避免反复的机械讲解与记忆,而应该让学生在语境中进行感知,让他们不断熟悉语法项目,同时要为学生创设一些有趣的情境,让学生不断模仿与巩固。最后,在学生理解了语法项目并会运用的基础上,教师对语法规则加以归纳。也就是说,大学英语语法教学应该以隐性教学为主要教学方式,并辅以显性教学,这样才能激发学生的语法学习兴趣,帮助学生增强自身的语法意识。

第三,将语法教学置于听、说、读、写教学之中。学生的这四项技能都与语法有着紧密的关系,语法教学也是为这些技能的教学服务的,因此在大学英语语法教学中,教师应该将其与四项技能的教学结合起来,这样才能使语法真正地为交际服务。

四、互联网背景下大学英语语法教学的创新策略

(一)进行文化对比,认知英汉语法差异

文化对于语法教学影响深远,因此教师可以采用文化对比的方法展开教学,使学生不断熟悉英汉语法的差异,培养他们的跨文化交际意识与能力。

众所周知,我国学生是在母语环境下来学习英语的,因此不知不觉地会形成母语思维方式,这对于英语学习而言是非常不利的,甚至在组织语言时也掺加了汉语的成分。基于这样的情况,英语教师就需要从学生的学习规律出发展开对比教学,使学生不断认识到英汉语法的差异,这样便能在发挥

汉语学习正迁移的前提下,使学生掌握具体的英语语法知识。

(二)创设语境,激发学生感官

在大学英语语法教学中,教师可采用情境教学法开展教学,情境教学法有着包含语法规则和知识的真实环境,可以充分调动学生不同的感觉器官,激发学生学习的兴趣,可以让学生在接近真实的情境中确实参与到学习中,使学生系统地掌握语法知识。语法教学通过情境化实现了认知与情感的联合,颠覆了过去只讲述语法规则的陈旧方法,学生有了使用语言的空间。而且通过情境化教学,课堂氛围更加活跃,师生关系更加和谐,学生的语法能力和交际能力会得到显著提升。具体而言,情境教学的教学途径包含以下几个。

1. 融入音乐,创设情境

青少年通常对音乐有着强烈的兴趣,因此在语法教学中,教师可将音乐与语法教学相融合,营造轻松愉悦的气氛,在聆听中学,在欢唱中学。例如,在讲授现在进行时这一语法时,教师可以让学生先欣赏歌曲,并让学生持有该曲的歌词,然后找出歌词中含有现在进行时的句子。这样既能激发学生的学习兴趣,分散学习的难点,又能使学生在不知不觉中学到知识。

2. 角色扮演,感受情境

在大学英语语法课堂教学中,教师还可以组织学生进行角色扮演,让学生身临其境地学习语法知识。学生可以通过自己扮演的角色,体验相应情境下人物的言行举止、思想情感,深化所学知识,提高学生的人文素养。

3. 运用媒体,展示情境

在语法课堂教学中,有些教学情境因条件的限制无法创设,但随着多媒体技术的发展及其在教学中的运用,这一缺陷被弥补了。多媒体教学素材丰富多样,包含图像、图形、文本、动画以及声音等,将对话的时空体现得生动和形象,图像和文字都得到了充分体现,课堂范围不再沉闷死板,学生的感官得到了调动,加深了学生的印象,提高了学生参与课堂教学的积极性,教学和学习效率也得到了显著提升。

4. 设计游戏,领悟情境

设置符合学生心理和生理特征的语法教学游戏,可以激发学生的学习积极性,让学生积极参与其中。而且生动活泼的游戏可以调动学生的多种感官,使学生原本觉得困难的语法结构也变得简单许多,从而使学生在潜移默化中掌握语法知识。

(三)利用翻转课堂,完善课前与课堂教学

翻转课堂也是随着信息技术的发展而产生的一种新型教学模式,将该教学模式运用到大学英语语法教学,可有效调动学生学习语法的兴趣,促进学生的自主学习能力,提高学生的独立思考能力,进而培养学生的语法能力。翻转课堂这种教学模式不再以教师为中心,而是以学生为中心,教师只是起到辅助作用,学生是教学环节的重点,师生之间处于相互互动的状态。翻转课堂语法教学模式流程如图 7-1 所示。

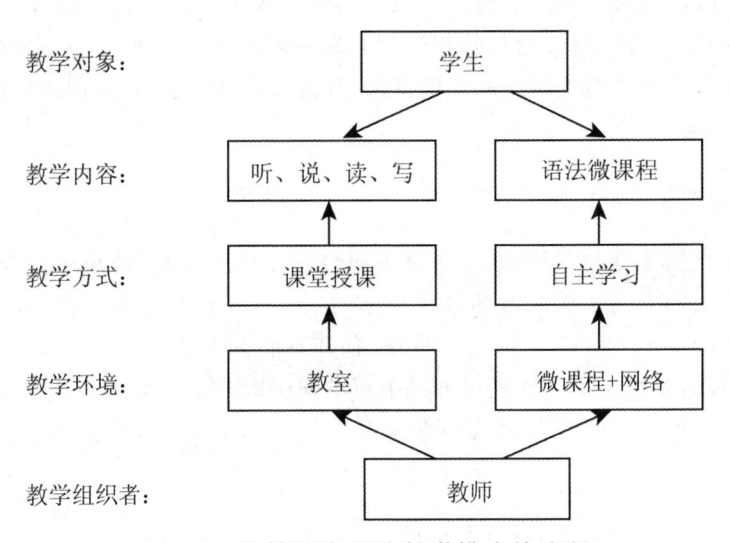

图 7-1 翻转课堂语法教学模式的流程

(资料来源:曾春花,2015)

1. 提升微课制作水平,借鉴网络教育资源

相较于传统的语法教学模式,翻转课堂最大的特点在于以视频微课代替了"黑板+粉笔"的教学方式。但对已经习惯了传统教学模式的英语教师来说,很难在短时间内适应视频微课这种新模式,因此教师首先要熟练掌握

微课的制作技术,灵活运用各种制作软件;其次要重视视频微课内容的整合与加工,在内容选择上要有微课课本语法知识,并借鉴网络上优质的教育资源制作短小精致、内容丰富的数字化课程资源。

2. 拓宽师生互动渠道,确保语法教学效果

制作视频微课是翻转课堂语法教学的前提,后期的检查、实施和监督是更加重要的部分,因此师生之间应保持多维互动。首先,教师要指导学生观看视频微课,并对学生的学习内容和时间进行计划,把握学生学习的进度;其次,教师要利用社交软件建立QQ群和微信群等,加强与学生线上线下的互动,对学生在自主学习中遇到的问题进行解答,促进师生和生生之间的讨论,实现英语语法知识的消化和吸收。

3. 关注语法难点,提升教师答疑解惑的能力

基于翻转课堂,教师将制作好的视频微课上传到网络平台,学生自行下载,并在固定时间内完成自主学习,而对于遇到的语法知识难点,除了课堂学习小组讨论外,更多由教师在课堂上统一解答或个别辅导。对此,英语教师应不断充实自身的语法知识储备,提升自己的语法能力,从而更好地解答学生的疑难问题。

4. 开展差异化教学辅导,促进学生自主学习

在翻转课堂教学模式下,教师要更新教学理念,改变传统的教学模式,主动融入和参与学生学习的各个环节,成为学生学习的指导者和监督者。由于不同学生之间存在的巨大差异,有着不同的基础水平和认知结构,因此,教师需要采用不同的辅导方式来对不同层次的学生加以辅导,特别是对那些自律性不强的学生,更要采取有效方式来加以辅导,促进他们进行自主学习。

5. 重视教学评价,建立激励机制

翻转课堂语法教学重在学生的自主学习,为了掌握学生自主学习的频率以及参与程度,确保翻转课堂教学的效果,对学生进行考核评价就显得十分必要,而且这种考核要贯穿于课堂教学的全过程,并且评价形式要多样化,包括学生自我评价、小组评价、教师评价等多种考核评价形式。这种全方位的考核评价机制有利于教师掌握学生对语法教学的参与度和配合度,便于教师了解学生对语法知识的掌握程度,而且对学生有着正向的激励作用。

第八章 互联网背景下大学英语翻译与文化教学的创新探索

近年来,随着我国的国际地位不断提升,国与国之间交流日益频繁,导致人们不断重视大学英语教学中的翻译教学与文化教学。尤其是在互联网背景下,这二者的地位更为凸显,翻译教学与文化教学作为大学英语教学体系中的两大重要层面,对于培养学生的综合应用能力、文化素养等有着极其重要的地位。因此,本章就在互联网背景下研究大学英语翻译教学与文化教学的相关内容。

第一节 互联网背景下的大学英语翻译教学

一、什么是翻译

(一)翻译的概念

翻译学是一门跨学科的综合性学科,它涉及的许多相邻学科便成为研究翻译的多种途径。译者原语理解能力强,译语驾驭能力强,那么他对翻译本质的认识就越是深刻。但这种对翻译本质的认识都必须建立在一定的翻译意图基础之上。我们知道,任何作者都有自己写作的意图、表达的主题,以及实现写作意图、完成表达主题的手段。"意图"和"主题",也就是通常所说的内容。"手段"就是形式。同样,任何译者也都有翻译意图以及实现意图的手段。这里的翻译意图既可以是指译者自己的意图,也可以是以作者的写作意图为自己的翻译意图。在写作过程中,意图和主题对作者具有操控作用;同样,在翻译过程中翻译意图对译者具有操控作用。关于怎样用译语来实现作者的意图、表达原作的主题,不同的译者往往有不同的看法。正因为不同的译者有不同的看法,从而决定了译者对其他翻译要素的态度。

因此,翻译本质在翻译的要素中占有极其重要的地位。

译者对翻译本质的看法最初几乎是与翻译实践同步出现的,它既体现在译者对翻译的直接论述,同时又体现在译者的翻译作品之中(最初是体现在口译中,而后才体现在笔译中)。

翻译实践在我国历史上很早便开始了。从《周礼》《礼记》都有翻译官专门指称的记载便可知道。《册府元龟》的《外臣部·鞮译》记载:"象胥,掌蛮夷闽貉戎狄之国使,掌传王之言而谕说焉。""象胥"乃古代翻译官的称呼。

尽管我国先秦诸子百家的著作中很难找到有关翻译的详细论述,但《礼记·王制》的论述,却揭示了翻译的本质。翻译的本质是译其心译其意。要译其心译其意就必须首先获其心获其意,而获其心获其意的方法有三种:分析研究、与作者沟通、切身体验。

1. 分析研究

分析研究,包括精研细读和知人论世。精研细读要求译者对所译文本的语音、字词、句式、篇章加以精细地研究分析,明确作者措辞的用意和目的以及表达的内容和情感。

知人论世是中国古代文学批评的原则和方法,其目的是要求人们客观地理解文本及作者的意图,避免误读。

翻译中的知人论世,是指译者在翻译过程中对文本所涉及的人名、地名等相关信息加以综合分析,包括如下几点。

(1)对作者的生平、历史背景和总体写作风格的了解。
(2)对所译原文的意图和风格的了解。
(3)对作品中涉及的人物(包括真实人物和虚拟人物)、地名(包括真实地名和虚拟地名)等的了解。
(4)对事件(包括真实事件和虚拟事件)等的了解。
(5)对所用字词的字形、词源的了解。
(6)对译文意象、典故的了解。

2. 与作者沟通

翻译过程中,如有可能,译者可以与作者和研究者进行沟通,了解作者的写作意图,寻求解答翻译过程中所遇到的一切问题。如果无法与作者沟通,则要切身体验。

第八章　互联网背景下大学英语翻译与文化教学的创新探索

3. 切身体验

切身体验包括"设身为作者"和"设身为人物"。设身为作者时,要扪心自问:为什么要这么写?这么写有何意图?想表达什么样的情感?正如茅盾所说"把译者和原作者合二为一,好像原作者用另外一国文字写自己的作品"。设身为人物时,译者要想象自己就是作品中的人物,经历作品中的一切情景,包括情感体验以及人物之间的关系等。

(二)翻译的标准

随着不同学者对翻译研究的深入,形成了很多翻译思想,而在这些思想中也蕴含着很多的翻译标准,如严复的信达雅说、鲁迅的信顺说、泰特勒的翻译三原则、奈达的"读者反应论"等。下面就针对一些重要翻译标准展开论述。

从理论上看,翻译标准多体现为:主观性而非客观性,多元性而非单一性,灵活性而非统一性。虽然如此,但翻译标准至少在理论上可以从三个方面加以规约:认知、审美、文化。相对应的就是三个标准:认知标准、审美标准和文化标准。从翻译操作上看,翻译标准又分为内实标准和外形标准。

1. 理论标准

(1)认知标准:真实性与完整性

翻译过程首先是一个从解码获取信息到编码表达信息的认知过程。翻译解码是指译者通过对原文的音字句篇的分析获取其中所传递的信息和意图的过程。翻译编码根据原文信息和意图在译语中进行语音设置、字词选择、句式建构、语篇组合的过程。翻译编码必须以信息的真实性和完整性为标准,使原文信息真实而完整地得以表达,既不能添枝加叶,也不能断章取义。

在翻译过程中,译者可以把译语加以重新解码,获取其中的信息,即命题,并与原语解码后所获取的信息加以比对,从而判定原语和译语信息是否真实相同即真实性,以及是否完整即完整性。所谓真实性是指译语所含的命题与原语所含的命题具有所指的同一性。所谓完整性是指译语所含的命题数与原语所含的命题数具有相同性。

(2)审美标准:艺术性和个性性

任何翻译实践都是一个审美过程。在翻译解码过程中,译者必须带着审美的眼光,对构成原文的字词、句式和语篇的审美特性及其规律与原文的信息意图所构成的艺术特性加以认识和领悟。在翻译编码过程中,译者必须用译文把原文体现出来的艺术特性表现出来。原文形式与原文内容完美结合便构成了原文的艺术性,每个作家或作者都有自己的个性,每一个译者也都有自己的特性。体现在翻译标准中,就是艺术性和个性性。翻译标准的艺术性是指译者用译语表达原文内容采用的艺术手段和技巧。所谓翻译个性性,是指原文的独特性和译者的个体性。原文的独特性即风格,分为三个层面:一是作家的个人风格;二是文本文体风格;三是人物性格。从理论上说,译文中不应该出现译者风格的影子。但在翻译实践中,译文不可避免地表现出了译者的个性性。

(3)文化标准:接受性和变通性

作者与原语是原语文化的承载体。译者与译语是译语文化的承载体。任何翻译都是由译者来实现的,因此,译者在翻译时不可避免地受到译语文化的控制。体现在翻译标准上,就是译文的接受性和变通性。翻译的过程是一个原语文化和译语文化冲突磨合的过程。文化冲突体现在翻译标准上就是接受性,文化磨合体现在翻译标准上就是变通性。翻译的接受性体现在:原语文化是否被译语文化所接受。翻译的变通性是指因译语文化而对原语形式进行灵活处理。但两者都具体体现在翻译策略上的"宜""异""易""移""益""遗""刈""依"。

理想的翻译标准是以上三个方面的完美结合。但在翻译实践中,翻译三个层面的标准对译者的控制作用是各不相同的。文化标准是翻译中的"战略"标准,具有宏观控制作用,指明翻译的方向。审美标准是译者的个性性标准,它既是原文独特性的体现,又是译者个性张扬的手段。认知标准是翻译中的"战术"标准,具有微观控制作用。

翻译标准,无论哪个层面,对翻译策略都具有决定性的控制作用。

2. 翻译操作标准

任何语言都可以分为外形和内实两个层面。外形指语言的表层结构,可分为"音""字""句"和"篇"四个层面,内实指文本外形所承载的"理""事""情"和"象"。换句话说,说话者总是通过一定的语言形式(即"音""字""句""篇")来表达内心所欲表达的内容(即"理""事""情""象")。语言不同,其语言形式也就不同,具体地说就是每一种语言在"音""字""句""篇"上的组合方式都有自己的特点,这种特点就是该种语言的共性。同样,人不同,其语言形式也可能不同,这种"不同"也就是说话者个人的语言风格。

翻译有三大任务,一是要保持原文的"理""事""情"和"象";二是要保持译语的顺畅性;三是要保持作者的说话风格。第一个任务要求译者做到理

第八章　互联网背景下大学英语翻译与文化教学的创新探索

清、事明、情真、象形；第二个任务要求译者做到音悦、字正、句顺、篇畅；第三个任务要求译者将第一和第二个任务完美地结合在一起，保持作者的说话风格。因此，从翻译操作上来说，翻译标准分为内实标准和外形标准。

(1)内实标准：理清、事明、情真、象形

理清：指文本表达的义理(即意义)的清晰性。译者不仅要解读出原语所表达或所象征的义理，即意义，还要精心提炼译语来再现原语所承载的义理。

事明：指文本所引典故和所叙事情的明晰性。译者不仅要解读出原文所引典故或所叙事情的意图，还要精心提炼译语，清晰明确地再现原语所承载的"事"。

情真：指文本传情达意的真切性。译者不仅要解读出原语所表达的内心情感，与作者产生共鸣，还要精心提炼译语来传达原语所承载的情感，使译语与原语所抒发的情感保持真切性。

象形：指文本所呈现的意象的形象性。译者不仅要在解读时在大脑中唤起文本所承载的事物意象，同时还要精心提炼译语，准确形象地表达原语所承载的意象。

音字句篇既可指意理、意事，也可指意情和意象。偏重于"理"者多属于应用文体，偏重于"事"者多属于叙事类文体，偏重于"情"和"象"者多属于文学文体。

(2)外形标准：音悦、字正、句顺、篇畅

音悦：指语音的悦耳性。它是人类为了达到某种意图而在言语语音上的一种审美追求。译者不仅要解读出原语语音秩序、节奏和修辞的意图，还要再现原语语音的意图，并精心提炼译语语音秩序、节奏和修辞，使得译语也具有悦耳性。

字正：指语言字词的正确性。既然是约定俗成，那就意味着汉语就有汉语约定俗成的语法，英语就有英语约定俗成的语法。文体性是指译语字词与原语字词的文体保持一致性。

句顺：指通顺地设置译语句式，准确地表达原语所表达的意图。

篇畅：指积句成篇上的通畅性。

(三)翻译的过程

如前所述，翻译过程是一项非常复杂的过程，而且是一项复杂的心理过程，其工作的重心是研究如何才能在兼顾原文思想的前提下传达原文的意义。这一过程包括四个关联阶段，即阅读、理解、表达与校改。

1. 第一阶段：阅读

阅读是指从书面材料中获取信息的过程。获取信息不等于我们理解了信息，所以要注意把阅读和理解区分开来。英语考试中有一种题型叫"阅读理解"而不叫"阅读"，正是这个意思。我们必须明白，译者在翻译前所进行的阅读和普通的阅读是不一样的。当我们拿到待翻译的文献资料时，首先必须通篇阅读待翻译的文献，并对其进行分析，领会其内容大意。只有对翻译的文献内容了然于胸，才能正确把握宏观的语境，从而在大的语境之下将每个句子的意思正确解读出来。例如：

In 1737, when Peter Jefferson was 30 years old, he and his friend William Randolph traveled up the James River and followed a branch of it … in the middle of all this work. Peter Jefferson fell in love with Jane Randolph, a 19-year-old cousin of William's and in 1739 married her.

本段中的 cousin 一词在汉语里有表（堂）兄弟，表（堂）兄妹的意思。而此时 cousin of William's 具体要表达什么意思也必须依赖语境。此段落中 William 与 Jane 同姓，排除了"表姐妹"的可能。再从年龄推断，可以有把握地将其译成"威廉的堂妹"。因此，在翻译的过程中，首先应该明白，阅读是翻译的第一步，但只阅读不理解，同样无法完成整个翻译过程。

2. 第二阶段：理解

所谓理解，就是通过揭露事物与事物之间存在的某些联系，并对这些新产生的事物进行分析与认识的过程。就翻译层面而言，理解就是译者在认识与了解原作的基础上，运用英汉两种语言中的某些词汇、语法等知识，明确原作的内容与风格的过程。一般来说，要做到如下两点。

（1）理解要准确透彻

理解是翻译活动的基础，没有正确的理解，就不可能产生正确的译文。无论英语还是汉语，每篇文章都有一个总体构思，文章中词句的含义都与整体内容密切相关。所以，理解原文首先要通读全文，领略整个篇章的大意以及篇章结构，而不是一拿到文章就开始一字一句翻译。在对全文有了大致的了解之后，应着重理解一些比较难的句子或段落，其包括仔细推敲词义、分析语法、明晰各分句之间的关系。正确的理解不能仅停留在表面，而要由表及里，也就是说要通过观察事物的现象来抓住事物的本质。一种语言想要表达一种思想总要使用一些词语、采取某种表现手段，使用这些词和表现手法的目的就是表达某种思想。理解不能仅看字面，有时，字面看上去是一个意思，而实际上指的却是另一种意思。译者若看不出它的内在含义（暗含

第八章　互联网背景下大学英语翻译与文化教学的创新探索

意义或弦外之音),译出来的译文读者就更无法懂得其真正含义了。

It seems to me what is sauce for the goose is sauce for the gander.

译文1:我觉得煮雌鹅用什么调料,煮雄鹅也要用什么调料。

译文2:我认为应该一视同仁。

如译者不懂这个例子内在含义,很可能译成译文1,这样读者就会感到莫名其妙,不知所云。译者若能透过表层理解深层意义,就可能译成译文2,从而把原意清楚准确地表达出来。

(2)理解要靠上下文

只有对上下文进行认真地阅读,才能够对语言理解得更为清晰与透彻。就语言学角度而言,孤立的单词、短语一般很难猜测出其隐含的意义,这就需要将这些孤立的单词、短语等放在具体的语境中,这样才能让读者明确其真正的含义。

也就是说,理解主要通过上下文来获得,译者通过该词、该短语所在的上下文,探求其真实的意义。当然,这里的上下文可能指代一个句子,也有可能指代的是一个段落,甚至还可能指代一本书等。在翻译过程中,对原文能够透彻理解是非常重要的,为了对其能够理解透彻,就必须注意其语言现象,理解原作与上下文之间存在的逻辑关系,并分析其产生的背景等。

3. 第三阶段:表达

在翻译过程中,表达这一环节也非常重要,是上一阶段(理解)的体现,也是理解的结果。表达不仅要考虑综合因素,还需要考虑艺术因素,因此创造性是表达的一大特性。

在进行翻译时,译者需要从原作出发,摆脱原作形式的某些束缚,将译语的长处发挥出来,从而表达出其表层与深层含义。也就是说,表达时需要将原作视作一个整体来呈现。例如:

Henry Kissinger had slept there before, in July and against in October.

译文1:在此之前,亨利·基辛格曾经两度在这里下榻,一次是7月,另一次是10月。

译文2:这之前,亨利·基辛格在7月和10月两次在这里过夜。

译文3:7月和10月,亨利·基辛格曾经两次在这里睡觉。

本例中的 Henry Kissinger 指美国前国务卿,语体风格比较正式。因此,在翻译时不仅要准确传达语义,同时也要将语体风格表现出来。本句的三种译文都比较好地传达了原文的语义,表达也都通顺自然,但在表达形式方面却存在一丝差异。译文1语体风格比较正式,如"两度""下榻";译文2语体风格居于正式与口语之间,如"两次""过夜";译文3则倾向于口语体,如"两次""睡觉"。综上所述,译文1优于译文2和译文3,因为译文1形神兼备,充分表达了原文的内容和形式,更加忠实于原文。

4. 第四阶段:修改、审校

所谓修改,指的是对译作进行修正与加工,其主要涉及两项内容:第一,对译作进行全面修正;第二,对译作中的某些词汇、句子、短语等进行修正。

(1)与原作对照,逐句逐段修改,具体展开如下。

其一,确保是否传达原作的思想与内容。

其二,确保译文是否表达通顺。

其三,确保译文中是否存在差错。

其四,确保译文的风格是否与原作相符合。

(2)脱离原作之后,对译文进行反复地阅读,如有错误,进行修改,具体展开如下。

其一,明确译文用词是否具有恰当性。

其二,明确译文是否衔接得当。

其三,明确译文是否存在重复与矛盾的地方。

其四,明确译文是否存在逻辑不通顺的地方。

(3)所谓审校,是对译文做最后查验,具体展开如下。

其一,审校译文中的词汇、句子等是否存在纰漏。

其二,审校译文中的方位、人名、地名、数字等情况是否存在错漏的地方。

其三,审校译文中的术语是否存在不一致的地方。

其四,审校译文中的标点是否有错误的地方。

其五,审校译文中注释是否有不妥当的地方。

(四)翻译的理论

1. 衔接理论

在语言研究中,专家学者都关注过照应、替代、省略、连接等修辞手段及使用规则,但都没有系统地研究。直到韩礼德(Haliday)与哈桑(Hasan)(1976)合著的《英语的衔接》(*Cohesion in English*)一书的出版,标志着衔接理论的创立。首先要探讨的是衔接与连贯,这两者是进行语篇分析的最基本的概念。韩礼德和哈桑指出,衔接是一种语义概念,指的是语篇中语言成分之间的语义联系。

一个成分需要依赖于另一个成分得以解释时就产生了衔接,衔接展示

第八章　互联网背景下大学英语翻译与文化教学的创新探索

了语篇的表层结构关系,通过词汇和语法等形式的实现;连贯是语篇深层的语义或功能关系,需要通过句子或语段之间的关系实现。汤普森(2000)认为衔接是语篇现象,即发话者表示经验和人际语义连贯的语法手段,是有形的网络;而连贯是一种存在于发话者头脑中的心理现象,[①]是语篇整体意义的无形框架。衔接是连贯的必要条件,是连贯的基石。衔接理论中的一个重要概念就是照应。当一个词语的解释无法从自身获得,必须从该词在语篇中所指的对象中寻求答案,此时就产生了照应关系。照应在语篇中发挥着重要作用,因为它是一种语义关系,表明了语篇中一个成分与另一个与之相解释的成分之间的关系,可以使发话者运用简单的指代形式展示上下文各个成分之间的关系,表达已经或即将提到的内容,使语篇形成一个完整的整体。

语用功能学将照应分为内指和外指。内指是语言项目之间的照应关系,而外指是语言项目的意义依存于外客观环境中的某项事物形成的照应关系。内指又分为回指——所指对象位于上文和后指——所指对象位于下文。照应发生在句子层面,起到句内衔接的作用;[②]内指照应发挥语篇衔接作用,而外指则不具备。照应成分的出现可以使读者或译者从语篇上下文中寻找并识别照应对象,达到理解的效果,从而给出正确的解读或翻译。

照应分为三类:人称照应、指示照应和比较照应。人称照应中的第三人称具有内在的衔接功能;指示照应是一种语言指示现象,区别在于远近、时间地点和单复数等,由选择性名词指示词、定冠词和指示副词体现;比较照应通过两个项目之间相似或相同关系来指代,主要通过形容词和副词的比较级来表现,通常为回指照应。

有些常用的衔接词看起来微不足道(如 this 来表示空间上较近的人或物,起到承上启下的作用),却是句与句之间无法缺少的纽带。类似照应概念,替代、省略、连接、词汇衔接都是其中重要的概念。替代和省略是避免重复连接上下文的手段,替代在语篇层面通过替代成分与对象之间的索引关系使各句紧密联系,起到衔接作用;省略指的是结构中未出现的词语可以从语篇其他的小句或句子中找回,一般针对非关键词,不影响对文章的理解。连接是一种仅能通过参照语篇其他部分才能理解的一种衔接方式,通常表现为一些过渡性词语,通过增补、转折、原因和时间来表示时间、条件、因果等关系,起到路标的作用,可以指引读者和译者跟随作者的思路进行

[①] 温俭,杨薇薇.衔接理论与英语教学[J].教学与管理,2007(27):74-75.
[②] 同上.

理解。①

衔接理论应用于翻译中可以很好地保证翻译的第一步——理解。通过对语篇的分析,了解包括英文文本在内的原文文本的理解,是指导语篇翻译的基础。译者充分理解原文之后,做到"准确"翻译,从而保障译文的质量。

2."目的论"

提出目的论的威密尔根据行为学的理论提出翻译不是一对一的语言转换,是一种人类的有目的的行为活动。以目的论为代表的功能派试图把翻译从原语的束缚中解放出来,从译者的角度来诠释翻译活动。威密尔认为:"任何一个篇章的产生,都带有一定的目的,并为此目的服务。目的论规则如下:在文本得到应用并存在有意愿使用文本的人员的情况下,以一种能够使你的文本按照使用人员意愿发挥作用的方式来翻译/阐释/表达/书写"。(Each text is produced for a given purpose and should serve this purpose. The Skopos rule thus reads as follows: translate/interpret/speak/write in a way that enables your text/translation to function in the situation in which it is used and with the people who want to use it and precisely in the way they want it to function.)

因此文本的翻译就是要在原语语篇和目的语语篇之间建立一种功能对等的关系,即"目的语篇和原语语篇在思想内容、语言形式以及交际功能等方面实现对等",完成"完整的交际行为"。因此信息传达的"真实性"和读者效应是这类文本翻译的"核心",连贯性和忠实性法则确保译文文本功能的实现。功能目的论提出的连贯性法则和忠实性法则在很大程度上有助于译者较好地实现译文的文本功能,可以为译者进行翻译提供两个基本的翻译标准:②

(1)连贯性法则要求译文必须让接受者理解,实现语内连贯;
(2)忠实性法则要求译文尽可能地忠实于原文,实现语际连贯。

3."顺应论"

比利时教授维尔索伦(J. Verschueren)在《语用学新解》(Understanding Pragmatics)提出了语言顺应理论(The Theory of Linguistic Adaptation),提出顺应理论是一种关于人类语言交际行为和认知理论,重心放在语言的

---

① 王森林,肖水来,吴咏花,等. 商务英语翻译[M]. 武汉:武汉大学出版社,2013.
② 张长明,仲伟合. 论功能翻译理论在法律翻译中的适用性[J]. 语言与翻译,2005,(3):44-48.

第八章　互联网背景下大学英语翻译与文化教学的创新探索

产出问题,将"语言即选择"上升到理论层面。顺应理论强调语言与交际目的、交际环境、交际对象之间的一致性。

关于翻译,主要指的是语言上下文,即语言符号和信号形式、语篇的上下文衔接连贯。涉及翻译单位中音位层、词素层、词层、语篇层,其中语篇层面的衔接可参考衔接理论。具体到翻译,主要涉及词语在环境中的含义、不同语言在语境中的具体含义。交际语境包括物理世界、社会文化世界、心理世界。这就涉及翻译单位中的话语层,具体到文本翻译中,主要涉及的是各种社会文化因素、人际关系、认知因素、情感因素等,如信函中的礼貌原则。

结构客体顺应指的是如何对语言各个层次的结构,如语言、话语构建成分、话语的构建原则(语法规则)等作出选择。如合同中的语言选择如何能符合其正式、庄严、严谨的语言特点。

顺应的动态性顾名思义指的是主体要顺应所处的交际语境,随之变动语言,调整自己的语言层次结构。此点在谈判环节得以体现。顺应中的意识凸显涉及的是在意义生成过程中语言使用者的认知心理因素,即语用意识。文本作为一种应用型文体,源于社会,受到社会规范的制约,其翻译过程需要译者调用自我意识,根据文本特点及风格作出调整。

根据于国栋(2004)的观点,交际者的顺应对象包括顺应语言现实、社会规约和心理动机。词汇的可及性程度决定了顺应语言现实。如果两种语言存在语义及文化空缺时,译者会选择借用的方法,找到类似含义,表达不同的词语予以弥补。如产品商标的翻译,"鸳鸯"牌枕套,译成英语时处理成Lovebird,弥补生态文化空缺。

顺应社会规约主要指的是顺应社会文化。社会规约约束、制约社会主体的言行,需要主体进行语码转换,其中回避或避讳最为常用。仍然以商标品牌为例,商标品名的确定极具国家或地方特色,皆为本土文化的体现,文化除了存在空缺以外,最容易出现的就是碰撞,即对同一事物的不同理解,因此音译的形式就成为解决文化冲突的有效方式。心理动机影响语言行为,因此影响交际者的语码转换。根据语用学研究,语码转换一般是由外部因素诱发和为了达到某种修辞效果而采取的方式。其中为某种修辞效果而进行的语码转换指的是"说话人有意识地使用语码转换以获得某种特殊的效果"。[1]

4. 语域理论

谈到语域理论,就一定要提到系统功能语言学的创始者韩礼德。他对

---

[1] 王森林,肖水来,吴咏花,等. 商务英语翻译[M]. 武汉:武汉大学出版社,2013.

语域的界定有着自己的看法,他认为语言将随功能的变化而发生变化,语域就是这种由用途区分的语言变体。他指出"语域是由于多种情景特征,特别是指语场、语旨和语式的意义相联系的语言特征构成的"。语场指的是正在发生的事,涉及语境、谈话话题及交际参与者的活动。[①] 语旨是交际参与者之间的角色关系,涉及社会地位、态度、意图等,体现在语篇中指的是语言的正式程度,如文本属于亲密体还是随和体。语式是语言的交际渠道和语言要达到的功能,主要指的是修辞方式。三个因素中的任何一个发生变化都会引起语域的变化。如信函和普通书信之间由于语旨的差异,信函属于书面语体,而普通书信更接近口语语体。[②]

韩礼德认为语域的三个因素决定了意义系统中的概念意义、交际意义和语篇意义。语场因素决定翻译中寻求概念意义的对等。语场决定交际的性质、话语的主要范围,影响谈话方选择和使用词汇和话语结构。语旨决定翻译中寻求交际意义的对等。语旨涉及交际参与者的社会地位、态度、意图,因此参与者不同,语域也会随之存在差异。这些差异会影响交际句型和语气,译者要把握双方的语言构造,寻找适当的词句、句式、词序表达原语发出者的信息和情感,达到最好的沟通和交流。语式决定翻译中寻求语篇意义的对等。语式主要分为书面语和自然口语,两者之间存在很大的区别,要求译者根据不同的语式确定语篇翻译的文体风格。[③]

因此,针对语篇的特点,翻译必须反映英语原文的语域特征,恰当地表现原文情景语境。首先做到语场中概念意义的对等;其次寻求语旨中交际意义的对等;最后,翻译要做到语式中语篇意义的对等。当然,要针对不同的语篇选择不同的语域方式,进行恰当地翻译,才能真正发挥语域理论对英语的翻译。

5. 实践理论

(1)图式理论

图式(schema)源于认知心理学。1781年,图式概念由德国哲学家康德(Kant)在其著作《纯推理批评》(*Critique of Pure Reason*)中首先提出,他认为图式就是纯粹先验想象力的产物或者说是学习者以往习得的知识结构,并指出"新的概念只有同人们已知的知识建立关系,才会变得有意义"。

---

① 吴菲菲,居雯霞,殷炜淇. 语域顺应与小说对话翻译的研究——以《傲慢与偏见》人物对话为例[J]. 上海商学院学报,2011,12(S1):52-54.
② 王森林,肖水来,吴咏花,等. 商务英语翻译[M]. 武汉:武汉大学出版社,2013.
③ 同上.

第八章　互联网背景下大学英语翻译与文化教学的创新探索

①语言图式与翻译。语言图式是指人们对语言的掌握,包括词汇、句法、习惯用语、语法等方面的语言知识。当原语图式与目的语或译语图式相当一致时,图式的空位很容易激活、恢复、填补和关联。具体在英语中,体现为对术语、句式特点、表达规范的互相关联。例如:

This bill of exchange shall be accepted first and then can be honored by the acceptor.

该汇票应先承兑,然后由承兑方进行支付。

accept 和 honor 通常表示"接受"和"荣誉、尊敬",但是在例句中,分别表示"兑现、承付"和"支付"的意思。原语与译语的图式相互作用,形成正确的概念,为翻译的顺利进行奠定了基础。

②内容图式与翻译。内容图式是以文本内容以外的语言知识、背景知识推理及互动为主要内容建立起来的各种内容的知识记忆。译者通过对原语文本内容的了解和熟悉,调动现存的知识,填补图式空缺,顺利理解全文并给出合适的译文。例如:

Stocks, held by the buyers, may be in two forms. One is called Common Stock, that is suitable for all corporations because its holders will have the ownership of the corporations profit and the interest produced by its assets, the right to vote for its board of directors and the right of asset distribution in case of its bankruptcy.①

译文:持股人手中的股票一般有两种形式,其中一种是普通股,适用于所有公司。普通股股东对企业的利润和资产所产生的利息拥有占有权,并拥有对股份公司董事会的选举权和公司破产后资产的分配权。

例句中的专业性强,译者需要调动原本存在的关于股票方面的相关知识,或者补充原本不存在的缺失信息,正确理解之后,给出正确的翻译。这就需要译者充实自身的内容图式,掌握专业词语和社会意义以及语用规则。

③形式图式与翻译。形式图式又称结构图式,是语篇的宏观结构,即语篇知识,对文章脉络的宏观把握。如企业文化的介绍,汉语语篇较为夸张、笼统和抽象,用词华丽,引经据典,修辞使用痕迹浓重;英语语篇则以信息和呼唤功能为主,提供客观依据引起目的语读者的积极回应。译者在英译或汉译时就要根据两类篇章特点,给予适当地处理。

④语境图式与翻译。语境图式顾名思义,指的是语言的使用环境,即对话语含义产生影响的各种语言成分的前后逻辑联系和各种主客观环境因素。语境决定词义、语言色彩和用法。英语除了涉及语码转换,译者还要依

---

①　吴竞. 图式理论在商务英语翻译过程中的运用[J]. 科技信息,2012(07):35+38.

据动态的语境进行动态的推理。因此,译者除了要解决文本中的语言问题,还要高度重视文本中的语境问题。例如:

例1:Once the jewels were safely locked up in the bank he had no more anxieties about their security.

例2:Treasury securities are revalued daily.

例1和例2中同时出现了security一词,根据上下文提供的词语语境,例1中security的含义为"安全",而在例2中的含义为"债券、证券",属于专业术语。

⑤文体图式与翻译。文体图式是指文本的文体风格。所谓翻译的第一条原则"忠实",就是要在内容、感情色彩、文体风格上做到忠实于原文。文体具有多样性,如信函简洁、礼貌、正式;合同措辞严密、句式精练紧凑、文体正式庄重,体现其严肃性和约束力。译者在翻译时要把握各个文本的文体特点,进行恰当地处理。例如:

That I hold the said shares and all dividends and interest accrued or to accrue upon the same UPON TRUST for the Beneficial Owner and 1 agree to transfer, pay and deal with the said shares.

本人因持有上述之股份,而所获得的股息及权益等,本人同意转让、支付及处理上述之股份。①

此句为合同文体,因此在处理the said shares和"I"时,要符合合同文体特点,不能简单地处理为"上面提及的股份"和"我",而应该处理成"上述之股份"和"本人",这样才符合中文的表达习惯和文体风格。

⑥文化图式与翻译。文化图式是指关于文化的知识结构,是人类通过已存的经验对文化的知识组织模式。文化的不同带来思维的差异,译者需要激活异质文化和本土文化的图式,确保对原语文本的正确解码。在广告中的商标名称的翻译中,如果不能很好地处理两种异质文化图式,很容易引起误解甚至是经济损失。如某童鞋的商标名称为"小白象","小"凸显商品为儿童用品,可爱小巧;"白象"除了用动物化方式贴近儿童消费者以外,凸显的是商品的耐久力以及使用商品后的运动力。在西方文化中,白象的含义为"大而无用的东西",不管是从体积上还是心理上都没有凸显童鞋的特色,因此在处理成英文时,与其译成"Litle White Elephant,不如调动和激活译文读者已存的文化图式,或建立、修正、改变现存图式,正确理解、传达信息,译成Pet F Elephant,这样既避免了译语中的消极文化图式,又传递出

---

① 夏兴宜. 运用图式理论提高商务英语翻译的水平[J]. 科教文汇(中旬刊),2011(01):130-131.

第八章 互联网背景下大学英语翻译与文化教学的创新探索

了社会语用含义。①

(2)建构主义理论

①建构主义翻译观。建构主义理论多样复杂,其中部分理论可以追溯到古代时期,因此也会显得有些零散,缺乏一定的系统。最近 20 年是其不断发展的时期,以 Habermas 介绍的一系列理论尤其是以交际行为理论为代表,在理论上为建构主义翻译研究打开了道路。吕俊教授提出的建构主义翻译学是在建构主义理论指导下提出的一种以交际为基础的翻译研究。翻译被看作是一个重新构建的过程,即译者将原语作者使用的原语重新构建,以读者可接受的方式重新构建。

源于欧洲的建构主义是现代社会的科学理论,分为不同的流派。18 世纪,意大利哲学家和人类学家 Ciam Battista Vico 在其著作《新科学:知识源于人类生活建构》中清楚地提出了建构思想。

19 世纪晚期,德国哲学家和社会学家 Simmel and Weber 进一步发展了这一思想。鉴于德国自然科学和文化科学的分离,他们认为自然物体与行为体有着本质的区别,人类作为构建社会现实的行为者,其行为方式受制于他们的行为方式。发展到 20 世纪,建构主义思想蓬勃发展,在此时期出现了更多流派。如美国的 Mead 首次提出符号互动论(Symbolic Interactionism),指出"社会是由人与人在互动交流中产生的符号意义的构成";Alfred Schutz 致力于编著《社会世界的现象学》(*The Phenomenology of the Social World*),其理论不断发展,形成社会建构主义和知识社会学;依照法兰克福流派以往的批判精神和不同流派的本质,以社会学、哲学和意识形态著称于美国和德国的哈贝马斯(Habermas)成功地发展了普遍语用学,并提出真理共识论和沟通行为理论。无疑所有这些流派都从属于建构主义,并为建构主义翻译研究提供了理论依据。②

建构主义理论在哲学、社会学以及其他领域取得了发展,与翻译也会碰撞出火花吗?这个问题可以在吕俊和侯向群的著书《翻译学——一个建构主义的视角》中找到答案。基于评判主义和对以往翻译研究的吸收,建构主义翻译研究为我们提供了一个全新的视角。③

谈到建构主义翻译研究,就要提及其中的交往理论和理解理论。首先来探讨交往理论。建构主义翻译研究以多种理论为依据,包括实践哲学、交往理性、真理共识论和沟通行为理论。其中,交往理论贯穿其中,认为语言

---

① 王森林,肖水来,吴咏花,等. 商务英语翻译[M]. 武汉:武汉大学出版社,2013.
② 同上.
③ 同上.

作为本体/实体达到正确、理性和理想的交际和沟通。当然专注于非语言因素也有其必要性,然而语言仍然是建立翻译研究知识体系的首要因素,每一次翻译活动都需要语言作为主要的媒介,因此毫无避免地要研究语言。①

翻译是一种特殊的人类交往实践,影响着其他人类行为,因此翻译建构主义的哲学基础是理论哲学向实践哲学的转向,是本体论向社会实践的回归。人类的生存行为包括生产和交往,在人文科学和社会科学中,主要的社会实践就是社会交往实践,以理解为首要因素。翻译是一种主要的人类交往、交流信息、分享知识的形式,也是文化间的互动行为。交往推动了社会进步,只有这样理解翻译,才能发现不同文化和理性交际模式之间交流的普遍规律。②

建构主义翻译观的理性原则是交往理性,是完全不同于哲学直观论非理性原则、建构主义的目的——工具理性原则和解构主义怀疑反理原则的理性重构。建构主义翻译观认为翻译是文化间的转换和沟通,是人类社会交往的精神方式,因此要遵循社会规则和理性原则。这就要求交际双方中说话人首先使用恰当的语言,然后遵循协作原则,使译文准确且恰如其分。

真理共识论中共识是主体之间、主客体间的统一。主体交往中,不仅应该遵循语言规律,还要认可和遵守社会接受的规则。此外,真理共识论强调语言协作原则,因此真理的判断不是看陈述是否与现实一致,而是看参与方是否已经相互理解,并认定其有效。运用在翻译中,就是要考虑语境的角色和影响。

其次是理解理论(Comprehension Theory)。理解是翻译中重要的概念,广义上看,是意义的掌握。关于意义理解有很多种分类,但主要有两大类型:绝对主义和相对主义。为了在理解和含义层面超越绝对主义和相对主义,哈贝马斯(Habermas)意欲重新定义"理解"一词。他认为"理解的目的是达到一定意义上的认可,这源自于相互理解、知识共享和相互信任。最狭义的含义是两个主题以同样的方式理解语言的表达;最广义的含义是基于参与双方认同的规范场景之下对词语的正确理解基础上,两个主体之间存在一种协作关系,也就意味着交流参与双方对世界上某一事物构成一种理解,并且让对方能够理解各自的交流目的"。

参照语言行为理论意义的双结构特征,德国知名的哲学家、社会学家哈贝马斯(Habermas)对理解框架给出了两个分类,分别是交流层面和语言层面。基于此,建构主义翻译观认为说话人通常使用专有词句表达交流意愿。

---

① 王森林,肖水来,吴咏花,等. 商务英语翻译[M]. 武汉:武汉大学出版社,2013.
② 同上.

第八章　互联网背景下大学英语翻译与文化教学的创新探索

这也就要求译员不仅要按照语义和语法规则理解词句的含义,而且需要弄清说话人为什么采用特定的表达方式,包括句式的选择、语音语调、礼貌用语等。总之,将语言理解应用于社会交流实践就是建构主义翻译观的理解理论。

②建构主义翻译观三原则。传统的翻译标准主要强调译文与原文的统一。不管是"忠实""忠诚"还是"对等",总离不开专注于原文和对等方面的模式。实际上,篇章的含义既不是与生俱来,也不会是永恒不变,也不源于读者的意图,因此,建构主义翻译观从以下三个方面来探讨翻译的原则。

第一,坚持知识客观性。知识客观性为社会交流和评判提供了强大保障,是理解的共识基础。客观知识是人类在了解世界时获得的成果,也是人类智慧的结晶。不同主体之间的交谈对于社会认可都是必不可少的环节,随之接受检验和批判。客观知识为认知活动奠定了坚实的基础。仔细研究翻译,原文通过反映作者现有环境和生活方式获取知识客观性;作为译者,这种知识客观性体现在他/她的前理解中,即先存性、前知识和先见。因此,当译者与作者交流时,首要考虑的就是知识客观性,这是判断译文质量的首要条件。任何违背常识、缺乏历史地理证据的带有错误信息的译文都被认为违背知识客观性,要遭到摒弃。①

第二,理解的科学性与释义的普遍有效性。建构主义标准作为限定条件,目的在于达成共识,而不是将固定目标强加在译者身上,因此是开放的。面对一段文字,作者的观点和表达方式就是供译者理解的,在头脑中形成了两个解读:作者的真正意图与译者的再现方式。

翻译活动通过语言的方式理解和解释社会,是一种跨语言的活动,因此从社会理解角度,从一个社会群体去了解翻译活动是很困难的。在文本的开放型语境中,理解原文就是每个译者在他/她的文化背景的前知识和社会知识的前理解范围内扮演着与作者对话的角色。译者本身的差异就会造成对原文的不同理解,但只要译者的理解是合理的并为社会其他成员所接受,这种差异是可以接受的。

第三,遵循原文定向性。遵循原文定向性包括原文对译者的约束。翻译除了常见的释义活动以外,并不能完全脱离文本的定向和结构的制约,所有的翻译作品都深植于原文。读者是译文的终端接收者,读者与译者对话的同时通过译作与原作者进行交流就显得更加重要。在这样的情况下,读者的理解行为无可避免地从原文开始,这种理解首先是原作者基于社会理解的意义构建。

读者努力从原作者角度理解、阐释然后表达。这就是一种自我构建的

---

① 王蕊. 建构主义理论视角下英文影片字幕翻译策略[J]. 东西南北,2020,(11):84-85.

过程。一百个读者对原文就有一百种理解,而译者应该尊重原文结构和语境,也就是说不能违背原文的定向性,这是前提,否则译者的工作就不是翻译而是创作了。因此,建构主义翻译观的翻译原则是一种开放的标准,从不将一些要求强加于译者身上,而是起到一种引导的作用;同时为不同的理解和释义留有足够的空间,认同文化差异以及不同文化阶段的不同特征,这就在某种程度上带来了翻译的多样性。

③翻译的建构主义原则。翻译的研究多半放在分析翻译过程中出现的问题以及找出导致翻译失败的因素上,而对翻译研究中最关键的问题——理论与实践的结合没有予以重视,甚至出现了薄弱的现象。因此结合国内外先进翻译理论对翻译的理论指导和实践应用都是相当有必要的。

结构主义的研究模式局限于语言本身,解构主义将研究的重点放在语言的多样性和变化上,忽略了语言本身。建构主义不仅专注于语言学,而且研究翻译活动和翻译行为中各种因素之间的关系。其重点放在语言常规和人类交流中日益接受的社会准则方面,较之结构主义和解构主义,在理性思维上更占优势。

由于不同文本的特性、目的以及面对不同的译文读者,翻译方法的选择要依赖于特定的情境。英语翻译作为一种特定目的的应用性问题,在词汇、句法及交际方面具有其独特性,这就决定了作为活动中的工具之一——翻译有异于文学翻译,因此,翻译应该有其独特的翻译原则和灵活的翻译策略及方法,此时,建构主义翻译法可以作为指导翻译的全新视角。

英语的庞大信息资源和翻译的特定性决定了翻译的基本原则无法满足英语的需求。因此,英语翻译的原则要打破传统,做出创新。

正确理解原文。建构主义翻译学重视社会交际,正确理解原文,符合翻译的"准确"原则,这也是翻译首要考虑的因素,因为哪怕只是小小的失误都会造成难以想象的严重后果。因此,译者要准确把握原文,精确陈述事实,以便于译文读者能准确理解。这就要求译员具备专业的知识,不至于将"bank balance"(银行余额)译成"银行平衡"。翻译专业术语,仅靠基础的词汇采取直接翻译的形式是行不通的。

符合目的语语言习惯。建构主义翻译观的语言基础是语言行为理论,要同时遵循两个规则:一是语言行为表达方面的语言建构规则,涉及语言的正确使用;二是专注于语言行为操作方面的语言协作规则,涉及语言的恰当应用。翻译活动要将这两种规则同时置于首要位置。文化与语言紧密相连,因此英语在某种程度上是英语文化的反映。符合目的语语言习惯的原则就是译者应该了解文化差异,通过对不同文化的认识使用目的语文化的习惯表达,对译文作出适当调整以消除文化差异,力争对等,尤其是广告和商标的翻译。对于想翻译出优秀作品的译者,更为重要的是掌握两种文化而不仅仅是两种语言,因为只有在特定的文化中,词语才能体现其真正的含义。

凸显英语的格式与风格。翻译不同于一般的解释性行为,建构主义翻译观认为翻译应该回应原文的定向性,强调其对译者的约束。而英语的格式或风格具有多样性的特点,因此,要考虑格式与内在含义的统一与融合,极力体现原文风格,并根据不同风格灵活调试,运用不同的翻译策略。

二、大学英语翻译教学中存在的问题

大学英语翻译教学存在的问题主要体现在以下几个方面。

(一)教学理论与实践脱节

翻译这项技能具有实践性的特点,因此需要理论与实践相结合。这就要求在大学英语翻译教学中,教师除了向学生传授基本的知识与技能之外,还需要将学生引入具体的实践之中,让他们在具体的实践中对理论加以验证。但是,从目前的情况来说,我国很多学校在翻译教学的过程中,存在理论与实践脱节的情况,很多学校过于注重理论,但是忽视了实践的作用,因此导致学生在具体的实践中不会运用。

(二)教师素质有待提升

教师要传授给学生知识,培养学生,首先就应该提升自身的素质,这样才能发挥榜样的力量。但是目前来看,教师的整体素质不高,很多教师的翻译能力还有所欠缺,导致在翻译教学中,教师并没有足够的经验,也没有形成科学的习惯,因此很难培养出全面的翻译人才。

另外,很多教师并不是翻译科班出身的,因此他们对翻译的基础理论知识也存在明显的欠缺,理解也并不透彻,因此很难开展翻译教学,这就很难提升学生的翻译能力与水平。

(三)学生双语能力薄弱

翻译涉及两种语言的转换,所以要想有效进行翻译,就要具备双语能力。所谓双语能力,就是两种语言沟通所需要的程序知识,包括两种语言的语用、社会语言学、语篇、语法和词汇知识。在翻译文本中,双语能力主要体现在一定语境下的翻译能力,如连贯与衔接、语法差异等方面。但由于学生普遍缺乏语境知识,双语能力薄弱,译文常会出现连贯性不强、语法错误较多等问题。

(四)学生语言外能力不足

翻译涉及的内容和主题十分广泛,除了要具备翻译技能外,还要具备语言外能力,即关于世界和特定领域的陈述性知识。具体而言,语言外能力包括源语文化知识和目标文化知识,也包括百科全书知识,还包括其他领域的学科知识等。但大部分学生在语言外能力上有所欠缺,文化知识的翻译表现不佳。例如:

我小的时候特别盼望过年,往往是一到了腊月呀,就开始掰着指头数日子,好像春节是一个遥远的、很难到达的目的地⋯⋯

I felt particularly expected to celebrate the New Year when I was a child. After the end of Lunar December, …

源于文化知识的欠缺,学生在翻译"腊月"一词时,误译成了 the end of Lunar December,其中 Lunar 一词的确有"阴历"的意思,但不是中文"腊月"意思。

三、互联网背景下大学英语翻译教学的原则

(一)精讲多练原则

精讲多练原则主要包含两个层面:精讲和多练。翻译教学如果仅从传统教学方法入手,先教授后练习,那么是很难塑造好的翻译人才的。因此,在翻译教学中,教师应该不仅要教授,还需要练习,在课堂上将二者完美结合。

(二)实践性原则

翻译理论的教授很难培养出好的翻译人才,还需要进行翻译练习,这就是翻译的实践性原则。在翻译教学中,教师应该为学生创造更多的机会展开练习。例如,教师可以让学生去翻译公司实习,通过实际活动来进行体验。

四、互联网背景下大学英语翻译教学的创新策略

(一)扩大学生的翻译知识面

翻译是一项包含多领域的活动,如果对翻译的基础知识不了解,就很难

第八章　互联网背景下大学英语翻译与文化教学的创新探索

明白文本的内容,也很难准确展开翻译。到目前为止,我国很多高校的英语翻译教学过多关注翻译基础知识,而忽视翻译能力培养,尤其是很少介绍文化方面的知识,这就导致了学生遇到与文化相关的翻译内容时往往手足无措,甚至会出现翻译错误。因此,在英语翻译教学中,应该渗透文化知识,扩大学生的知识面,培养学生对文化知识的理解与把握,帮助他们提高翻译能力。

(二)提高学生的语言功底

翻译活动是一项复杂的活动,其需要学生具备双语知识。也就是说,英汉语言功底对于翻译人员都不可缺少。因此,在翻译教学中,教师不仅要教授学生英语语言知识,还需要培养学生的汉语表达能力,熟悉英汉语言国家的表达习惯,提升翻译质量。

(三)注重文化对比分析

由于教学环境的影响,英语文化的渗透还需要依赖翻译教学,其中文化对比分析是一种比较重要的方式。具体来说,在翻译教学中,教师不仅要讲解教材中的文化背景知识,还需要对文章中的中西文化进行对比与拓展,帮助学生在翻译内容时接受文化知识。另外,利用文化对比分析,学生能够建构完整的文化体系。

(四)重视归化策略与异化策略的结合

在翻译策略选择上,归化策略与异化策略是两种重要的翻译策略。由于英汉语言的差异,翻译实践中如果仅依靠一种策略是很难完成全部翻译内容的,只有将二者结合起来,并进行灵活地处理,这样才能保证翻译出的文章更为完美。

(五)实施线上线下混合式翻译教学

1. 制作个性化的翻译教学视频

在实施教学时,教师可以提前为学生制作视频,将教学内容进行模块化处理,一个视频围绕一个知识点展开,如翻译理论、翻译技巧等。同时,在制作视频的时候,应该突出重难点,明确教学目标,为线上、线下教学做准备。此外,教师还需要考虑翻译教学的连贯性,为了实现整体的教学目标努力。

在课堂开始之前,教师制作视频,设置教学任务,并将其发布到网络平台上供学生阅读,教师通过让学生观看,对学生提出的问题加以汇总与解决。在课堂上,教师对视频中的技巧与理论加以梳理。组织学生进行协作学习,实现知识的真正内化。在课后,教师还可以组织学生撰写翻译笔记,从中了解学生对哪些问题还存在疑惑,进而对自己的教学方案加以调整。

2. 利用多媒体展开翻译课堂教学,增加英语习得

在翻译教学中,教师可以利用与教材配套的多媒体光盘辅助教学,不过,由于每个学校的多媒体设备资源配置不同,而且教材所配套的光盘往往在内容上缺乏系统性,所以教师需要酌情使用。对此,最好的方法就是教师可以根据教材内容自己动手制作课件,然后利用多媒体播放。多媒体课件的制作过程相对烦琐,需要依据具体的教学过程、教学内容、教学目标、教学媒体等,只有将这众多条件融合在一起,并体现互动性原则,方能制作出优良的多媒体课件。当然,这样的课件对于学生翻译能力的提升也是大有裨益的,可以使不同层次的学生的翻译能力都能得到不同程度的提升。

为此,在进行翻译教学活动之前,教师可以利用声音、图片、动画等教学辅助手段来刺激学生的学习兴趣,使学生在学习过程中始终保持较好的兴趣,将枯燥的翻译理论变得生动、有趣。针对具体的教学过程,教师在其中不仅要教授学生英汉互译的技巧,而且还需要补充中西方文化背景知识,让学生对翻译理论形成一定的系统。虽然教师在翻译教学过程中所使用的教学模式相对陈旧,但在内容与形式上与传统的翻译教学已经大不相同。这种不同主要体现在如下方面。

(1)形式上不再是单调的板书形式,而是以媒体形式呈现,节约了大量时间。

(2)内容上是针对不同层次的学生展开的,在课堂上由教师指导和学生自主选择,这有利于改善课堂教学的氛围。

第二节 互联网背景下的大学英语文化教学

一、什么是文化

(一)文化的概念

"文化是什么?"这是文化研究、文化比较、语言人类学及文化人类学等研究领域都需要面对的元命题。然而,长期以来,人们对"文化"这个似乎时

第八章　互联网背景下大学英语翻译与文化教学的创新探索

常挂在嘴边、运用自如的普通术语的定义、阐释却是众说纷纭，难以给出定论。正如美国人类学家阿尔弗雷德·克鲁伯（Afred Kroeber）和克莱德·克拉克洪（Clyde Kluckhohn）在《文化：关于概念和定义的检讨》中所说："在这个世界上，没有别的东西比文化更难以捉摸。我们不能分析它，因为其成份无穷无尽；我们不能描述它，因为其形态千变万化。当我们要寻找文化时，它仿佛是空气，除了不在我们手中以外，它无所不在。"那么，"文化"的定义有多少种呢？

美国人类学家克鲁伯和克莱德·克拉克洪对文化概念进行了专门探讨，于1952年出版了《文化：关于概念和定义的述评》一书，书中梳理了从泰勒提出文化定义的1871—1951年这80年间西方学者关于文化定义的诸多文献资料，共收集到文化的定义164个。从那以后直至今天，各种新的定义有增无减、不计其数。"这一方面说明人们对文化内涵的认识与研究尚在不断深入，另一个重要原因则是人类的文化现象本身的涵盖太广，它似乎无所不在，无穷无尽，人们常常只能从某一特定的层面或角度来对它加以把握和研究，不然将由于对象过于宽泛而难以着手。"因此，为了便于表述，我们把"文化"的定义分为狭义和广义两种。我们先从语义分析入手，对文化的多重含义与特征进行梳理，借此寻找一个切入点来理解狭义的"文化"定义，继而阐释广义的"文化"。

1. 狭义层面的"文化"

汉语中的"文化"一词，由"文"和"化"组成。"文"是象形字，"化"是会意字。查《说文解字》《说文·文部》说："文，错画也。象交文。凡文之属皆从文。"意思是：文，交错刻画（以成花纹）。像交错的花纹的样子。大凡文部属都从文。可见，"文"的本义是各色交错的纹理，查阅文献，我们会发现，用这个本义的如《周易·系辞下》里的记载："物相陈，故曰文。"

又如，《礼记·乐记》中写道："五色成文而不乱。"在此基础上，"文"又有多个引申义。我们参考张岱年、方克立主编的《中国文化概论》的"绪论"来看，"文"的引申义如下：

其一，为包括语言文字在内的各种象征符号，进而具体化为文物典籍、礼乐制度。《尚书·序》所载伏羲画八卦，造书契，"由是文籍生焉"；《论语·子罕》所载孔子说"文王既没，文不在兹乎"，是其实例。

其二，由伦理之说导出彩画、装饰、人为修养之义，与"质""实"对称，所以《尚书·舜典》疏曰："经纬天地曰文。"《论语·班也》称："质胜文则野，文胜质则史，文质彬彬，然后君子。"

其三，在前两层意义之上，更导出美、善、德行之义，这便是《礼记·乐记》所谓"礼减而进,以进为文",郑玄注"文犹美也,善也",《尚书·大禹谟》所谓"文命敷于四海,祗承于帝。"

我们再看"化",《说文·七部》曰:"化,教行也。从七,从人,七亦声。"意思是:化,教化实行。由七、人会意,七表声。"化"的本义为变化,如《庄子·逍遥游》曰:"化而为鸟,其名为鹏。"又如《周易·系辞下》曰:"男女构精,万物化生。"后来,引申为教化之意,如王充的《论衡·佚文》曰:"无益于国,无补于化。"

"文"与"化"并联使用,较早出现在战国末年,但是,两者还没合成为一个词。《周易·贲》曰:"观乎天文,以察时变;观乎人文,以化成天下。"意思是说,治国者观察天文(天象),即天道自然规律,以了解时序的变化;观察人文,即人类社会的各种现象,以用教育感化的手段来治理天下。在这里,"人文"与"化成天下"紧密联系,治理天下、"以文教化"的思想已经很明确了。

汉代出现"文化"一词,刘向的《说苑·指武》曰:"凡武之兴,为不服也;文化不改,然后加诛。"这里的"文化"一词,指的是与国家的军事手段即武功相对的一个概念,这是我们通常理解的文治武功,国家的文教治理手段。《文选·补亡诗》中所记载的"文化内辑、武功外悠"中的"文化"一词也是这个意思。

通过以上对"文化"的词义分析,我们逐渐接近了"文化"一词所指的狭义的定义。继续深挖"文化"的词义及其发展脉络,正如程裕祯在《中国文化要略》中所言:唐代的孔颖达则别有见地,他在解释前引《周易》中的那段话时认为:"圣人观察人文,则诗书礼乐之谓。"这实际上是说,人类社会的文化,主要是指文学艺术和礼仪风俗等属于上层建筑的那些东西。古人对"文化"概念的这种规定性从汉唐时代起,一直影响到明清。因此,顾炎武在《日知录》中说:"自身而至于家国天下,制之为度数,发之为音容,莫非文也。"即人自身的行为表现和国家的各种制度,都属于"文化"的范畴。可见,中国古代的"文化"概念,指的是狭义的精神层面的东西。

苏联哲学家罗森塔尔·尤金在其编写的《哲学小词典》中指出:"从比较狭隘的意义来看,文化就是在历史上一定的物质材料生产方式的基础上发生和发展的社会精神生活形式的总和。"

我国1979年出版的《辞海》基本上采用了该说法。2015年出版的《现代汉语词典》(第6版)在解释"文化"的定义时指出:"特指精神财富,如文学、艺术、教育、科学等。"查阅《中国大百科全书》,其指出:"狭义的文化专指语言、文学、艺术及一切意识形态在内的精神产品。"

1871年,英国人类学家爱德华·泰勒(Edward B. Talor)在《原始文化》一书中指出:"(文化是)包括知识、信仰、艺术、道德、法律、风俗及作为社会

第八章　互联网背景下大学英语翻译与文化教学的创新探索

人员的人所习得的任何其他能力和习惯在内的复合整体。"这是狭义的"文化"的经典定义,是一个里程碑,具有深远的影响力。

学者们对文化的定义还有很多。例如,文化是由人类的反思性思维发展出来的积累性结构。实施这种思维的机制是每个人的内在素质的一部分;文化因素的积累主要是这类反思性行为在语言和客观性物质操作中的表达。

综上所述,狭义的"文化"指的是人精神层面的东西,如人的精神、思想、信仰、道德、观念、情感等。然而,表面上,这些精神层面的东西是看不见、摸不着的,它们需要外在的载体、媒介来体现,如某种(某些)具体的物质、语言、音乐等。或者,换言之,语言是一种特殊的文化。

2. 广义层面的"文化"

大致理顺了"文化"的狭义定义以后,我们接着来看看广义的"文化"。我们先从西方词源上来梳理"文化"一词的词义。"文化"一词,德语为 kultur,英语为 culure,源自拉丁语词 culura,原意为耕作、培养、教育发展、尊重的意思。而拉丁语 culura 又是由拉丁语 culus 演化而来的。cultus 含有为敬神而耕作与为生计而耕作两个意思,因而该词具有物质活动和精神修养两个方面的含义。

可见,"文化"的词义既包括物质生产活动,又包括精神方面的内涵。梁漱溟先生指出:"文化,就是吾人生活所依靠的一切。"他在《东西文化及其哲学》一书中说道:据我们看,所谓一家文化,不过是一个民族生活的种种方面,总括起来,不外三个方面。(1)精神生活方面,如宗教、哲学、科学、艺术等。宗教文艺是偏于情感的,哲学、科学是偏于理智的。(2)社会生活方面,我们与周围的人的生活都属于社会生活一方面,如社会组织、伦理习惯、政治制度及经济关系。(3)物质生活文艺方面,如饮食、起居种种。

如同梁漱溟先生这样的观点,在苏联及我国的词典、百科全书中,"文化"一般被称为广义的"文化"。如前文中提到过的苏联哲学家罗森塔尔和尤金在其编写的《哲学小词典》中也指出了"文化"的广义定义,即"文化是人类在社会历史实践过程中所创造的物质财富和精神财富的总和"。我国的汉语词典、百科全书等大都采用此说法,如《中国大百科全书》中指出:"广义的文化是指人类创造的一切物质产品和精神产品的总和。"又如,2015 年出版的《现代汉语词典》(第 6 版)在解释"文化"的定义时指出,文化是"人类在社会历史发展过程中所创造的物质财富和精神财富的总和"。

要全面把握"文化"这一术语的定义及其在运用中的变化,我们还需理解一个与它关系极其密切的概念——"文明"。从词源学上追溯"文明"

一词的来龙去脉,可参考徐行言在《中西文化比较》中的论述:汉语中文明一词早在《尚书》和《易经》中即已出现。《尚书·舜典》称舜帝"浚哲文明,温恭允塞,玄德升闻,乃命以位"。其疏曰:"经天纬地曰文,照临四方曰明。"《周易·乾·文言》中有"潜龙勿用,阳气潜藏。见龙在田,天下文明"之句,孔颖达解释为"天下文明者,阳气在田,始生万物,故天下有文章而光明也"。另《周易·大有·象》有"其德刚健而文明,应乎天而时行,是以元亨"。《周易·贲·象》曰:"刚柔交错,天文也。文明以止,人文也。"其含义均近于文采光明,文德辉耀。至清初李渔《闲情偶记》中"求辟草昧而致文明,不可得也"之句,始隐含与蒙昧相对的有文化状态的意味。

通过以上梳理,我们大致了解"文明"一词囊括了对物质方面和精神方面都进行创造的双重意义,接近于今天人们通常理解的广义的"文化"。借此我们也就理解了为什么中国、古埃及、古巴比伦、古印度被称为四大"文明古国",而不称为"文化古国"。

需要指出的是,"文化"一词在现当代的广泛运用,尤其是在学术研究如文化研究、人类学研究(特别是语言人类学、文化人类学等)、比较研究等方面,与西方的文化理论、人类学理论等相关思潮紧密相连。前文提到的1871年出版的《原始文化》中的"文化"定义被视为具有里程碑意义的经典,其作者即英国人类学家爱德华·泰勒,他被称为"英国人类学之父"。自人类学诞生之日起,文化的概念一直都是人类学的基础。马林诺夫斯基认为文化是具有满足人类某种生存生活需要功能的"社会制度",是人们推行的一套有组织的风俗与活动的体系。他认为文化主要包括物质文化、精神方面之文化、语言、社会组织。文化的功能就是满足人民生产生活各个方面的诸多需要。

著名的语言学家萨丕尔(Sapir),同时也是人类学家,他对"文化"的概念作了如下论述:"文化"这个词似乎有三个主要的意义或意群。首先,文化被文化人类学家和文化历史学家专门用来涵盖人民生活中的所有社会继承元素,包括物质的和精神的。"文化"的第二种用法更为广泛流行。它指的是一个相当传统的个人修养的理想。这种理想建立在少量被吸收的知识和经验之上,主要由一组典型反应构成,这组反应须被某一阶层、某一长期存在的传统所认可。文化的第三个用法最不容易定义,也最难给出令人满意的阐释。这可能是因为就连那些使用它的人也很少能够解释清楚他们所说的文化到底是什么意思。第三种意义上的文化与第一种专门意义上的概念相似,强调群体而非个人所拥有的精神财富。可见,萨丕尔更偏向从人类学学科角度来理解"文化"的定义,同时,他既讲了广义的文化,也说了狭义的文化,他所指出的"文化"的三种定义都具有社会属性。

第八章　互联网背景下大学英语翻译与文化教学的创新探索

综上所述,广义的"文化"涵盖面非常广泛,指的是人类社会发展过程中创造的物质财富和精神财富的总和。用通俗的话来说,我们可以概括为:人所创造并共享的一切活动及其结果都是文化。需要说明的是,我们在此梳理、划分文化的狭义和广义定义,仅是为了行文表达的方便,二者是相对的,不能把它们割裂开来。在逻辑上,狭义的文化从属于广义的文化,与后者存在着不可分割的联系。在具体研究人的精神层面的东西时,不能忽略物质创造活动的决定作用和基础意义。这是历史唯物主义文化观及方法论的一个基本要求。

(二)文化的特性

无论"文化"有多少种定义,无论"文化"是狭义的还是广义的定义,都不影响文化的特性。

1. 文化的核心是人

文化的核心是人。是人创造了文化,也只有人才能创造文化。文化是人类特有的。文化是人类智慧和创造力的体现。人(作为社会成员的人)创造、形成并运用、共享文化,同时也受约束于文化,被文化形塑,最终又要不断地改造发展文化。如果没有人的主动创造和改变,文化便会失去生命、活力和光彩。因此,我们在讨论语言与文化时,一定要通过语言看到语言背后的人——语言的使用者,包括说者和听者,双方的文化对语言交流有一定的影响。

2. 文化是后天习得的

1871年,泰勒在《原始文化》一书里给出的文化定义中,最关键的一点是文化"作为社会成员的人所习得"。习得,指的是通过后天学习而获得,而非通过先天遗传,这样的习得是在特定的社会成长中获得各种文化传统、文化属性。文化人类学把孩子学习文化的过程称为"濡化"。可以习得的文化经过濡化过程而代代相传。有时候,文化被直接传授。例如,父母教育孩子说,小孩子要懂礼貌,见到认识的人要喊人,要懂得恰当地称呼对方"爷爷/奶奶""叔叔/阿姨""哥哥/姐姐"等。

3. 文化是共享的

文化并不是个体自身的属性,而是个体作为群体成员的属性,文化只有在社会中才得以传递、共享。《人类学:人类多样性的探索》一书第13章有专门讲"文化"属性的内容,讲解精辟而通俗易懂:"分享共同的信仰、价值观、回忆和期望,把成长在同一文化中的人们联系起来。"

今天的父母都是昨天的子女。从父母那里接受文化过程的子女们当了父母之后,他们就变成了下一代子女文化的媒介(传播者、传授者)。虽然文化并非一成不变,但是,这种基本的信仰、价值观、世界观及子女教育实践却是长久保持不变的。而且,共享的文化背景是非常有影响力的。我们看到,在异国他乡,人们都更愿意、也更容易与跟自己来自同一国家、地区的人交往。正如美国人类学家康拉德·菲利普·科塔克所言:"长着同样羽毛的鸟儿常常聚集在一起,对于人来说,文化就是人类自己的羽毛。"

4. 文化是象征的

象征,对文化及人类其他方面的习得都是非常独特而重要的。象征是某种口头或非口头的事物,在特定语言或文化中,用来表示另外的某个事物。象征及其指代物之间没有明显的、天然的或者是必然的联系。例如,有一种动物,在汉语里我们称为"狗",英语里称为 dog,其他语言里又有其他的叫法,这些叫法之间没有天然的关联。象征通常是基于符号的,文化中最重要的符号就是语言,即用词语代替具体指代的对象。不使用语言,人们无法让一个不在场的人较为清楚地了解事件、情感及其他经历。

当然,除了语言,象征也有非语言形式的符号体系,例如,五星红旗代表我们中华人民共和国;交通路口设置的红绿灯,红灯停,绿灯行;商场里商品的价格只需表示数字就可以了,而不是真的拿现金摆在商品旁边来体现等。以象征的方式思考、运用语言并使用工具和其他文化形式,以组织、适应自己的生活并协调周围的环境,这是人类生活的常态,其中,象征的重要性非同一般。美国人类学家格尔茨就将文化视为一种象征体系。

5. 文化是整合的

文化是整合在一起的模式化的系统。如果这一系统的某部分发生了变化(如经济、社会方面),其他部分也会相应发生变化。以前我们有句俗话说"早发财不如早生子",在民间,特别是农村,女性多会在二十多岁结婚、生子。今天,我们也会在婚礼上祝福新婚夫妇"早生贵子"。但是,晚婚晚育已经变得越来越普遍了,尤其是在大城市。人们对婚姻、家庭的态度和行为的变化与社会发展、经济变迁等是分不开的。因此,文化并非孤立的,而是整合的。

6. 文化是民族的、地域的

不同的民族、族群由于其赖以生存、生活的自然条件的差异以及由于

第八章　互联网背景下大学英语翻译与文化教学的创新探索

地缘延伸而带来的不同文化共生关系的影响,往往会形成不同的思想价值体系、思维模式和行为方式等。在此基础上,便产生了使某个社会群体区别于其他社会群体的文化特质,在一定的条件、范围等多重作用下,就可能由此形成一种独特的生活方式、思维方式甚至文化形态。正如美国人类学家鲁斯·本尼迪克特(Ruth Benedict)所言,文化是通过某个民族的活动而表现出来的一种思维和行动方式,是使这个民族不同于其他任何民族的方式。

二、什么是文化教学

走进中国的英语课堂,"Good morning, teacher."这句话是常见的问候语。对于这句话,如果从语音、语法的角度来说是没有毛病的,但是在英美人看来这是一个错误的句子。在汉语中"老师好!"中的"老师"是一种尊称,但是英语中的 teacher 并不是称呼语,因而不能作为尊称。在英语国家中,学生称呼教师一般是在姓氏前面加 Mr., Mrs., Miss 等。

为什么会出现这种情况,这主要是源自于我国的外语教学中过于注重语言形式,而忽视了语言在实际生活中的运用,或者只是将语言作为一种交际的工具,而忽视了语言背后的文化。那么如何才能改变这一情况呢?

外语教学的任务在于培养具备不同文化背景的人们之间能够顺畅进行交际的人才。因此,外语教学不应该仅被视作一种语言教学,还应该被视作一种文化教学。随着当前社会科技的发展,很多交叉学科不断涌现出来,科学技术文化、人文文化等之间会相互融合与渗透,这都加剧了各国之间文化的交流与合作。这一切要求不断加强外语专业人才的培养力度,拓宽学生的知识面,提升学生的外语素质与能力。基于此,《高等学校英语专业英语教学大纲》中就明确将英语专业课程划分为三类,即英语专业技能、英语专业知识以及相关专业知识,并在教学中明确英语专业人才不应局限在听、说、读、写、译上,还应该让学生具备较高的文化素养。

在以培养跨文化交际人才的外语教学中,教师除了要教授给学生语言知识外,还需要引入相应的文化教学,这样才能不断提升学生的跨文化交际能力。美国外语教学协会指出,交际能力应该包含五个层面:听、说、读、写四种语言运用能力以及文化素养。可见,要想培养出在不同文化背景下能够展开交际的人才,外语教学就不应该局限在语言体系本身,还应该培养他们的语言运用能力,应该以文化知识作为起点,以文化意识作为桥梁,以文化理解作为归宿,从而不断提升他们的文化能力。

那么,在实际的教学工作中,应该怎么做呢? 我们应该如何将语言教学与文化教学贯通起来呢？可以从如下几点着眼。

首先，作为外语教学工作者，应该明确认识语言与文化之间的关系，并努力提升自身的文化修养。只有对二者的关系有明确的认识，才能提升教师的文化修养，才能在教学中将正确的知识信息传达给学生，进而帮助学生展开成功的交际。

其次，要妥善处理好语言与文化、语言能力与交际能力、外语教学与其他学科之间的关系。如前所述，语言是文化的一种表现形式，如果对文化不了解，那么是很难学好语言的。反过来讲，越是深刻地了解语言国家的历史文化、风俗习惯、生活方式等，就越能够对这一语言准确地使用。因此，外语教学工作者应该深入了解本族语与目的语之间的差异。另外，应鼓励师生多读一些目的语国家的艺术、风俗、政治、法律等文化现象的书籍，尤其是那些建立在语言艺术上的文学作品，如诗歌、小说等，以便于更好地了解语言运用准则。

最后，随着科技的不断发展，一些边缘学科不断涌现，这为外语教学提供了新的选题与方法。作为外语教学工作者，应该勇敢接受挑战，并将这些成果在教学中得以运用。

当今社会国与国之间的交往日益频繁，在这种情况下，用文化语言观对外语教学进行指导是非常重要的。我们不仅要深入探究语言与文化，还应该使其理论化与系统化。在外语教学中，应该努力构建文化习得意识，使文化规范的教学与语言技能培养紧密结合、同步展开，这样才能让学生在语言学习中习得文化规范，提升自身的语言能力与文化能力。

三、大学英语文化教学中存在的问题

在英语文化教学中，应该将文化自信融入进去，从而更好地培养出顺应时代要求的英语人才。但是，在现实情况下还存在着很多问题。下面就对文化自信视角下英语文化教学的现状展开分析和探讨。

（一）课程目标迷失

任何课程都需要在教学目标与教育目标的指引下展开，前者主要侧重学科的特定传递，后者主要侧重推进人的全面进步与发展。对于文化课程来说，教学目标与教育目标都非常重要，并且二者有着极其密切的关系。

当前，文化课程逐渐发展成一种"符号表征"，发展为一种"文本"，正是由于这种"文本"的存在，才可以从中解读出很多意义，如个性意义、审美意义等。

第八章　互联网背景下大学英语翻译与文化教学的创新探索

但是,无论是传统语言学提倡语法,结构语言学提倡形式分析,还是交际语言学提倡语言技能,其中的文化课程都局限在词汇、语法层面,缺乏挖掘教育价值。在现实中,提高学生的人文素养并未放在关键的位置,也并没有划分出具体的目标。英语文化教学的目标并不在于用语言对世界加以认识,而是通过语言来创造,这样导致当前的英语文化教学缺乏人文精神,这也是大学英语文化教学出现问题的重要层面。

(二)传统文化教育缺乏资源与平台

近几年,国家对传统文化并未给予过多的重视,甚至一些高校开设的其他文化课程中也是如此,从某种程度而言,学生在大学里获得的关于传统文化的内容还不如在高中阶段获得的多。

当今处于全球化时代,随着资本主义国家意识形态的不断渗透,加上文化多元化与价值观选择的多元化,导致一些学生丧失了学习中国传统文化的方向,对西方文化与其他异质文化进行盲目地追求,这在一定程度上否定了中国的传统文化。

(三)多元文化激荡冲击下的传统文化不自信

在互联网背景下,学生能够从多个渠道获取信息。如果社会上出现一些热点信息,学生往往会第一时间看到,甚至可能这些信息被反复放大,导致学生对一些不良现象予以关注,这就冲击与破坏了自身的自信意识。在全球化背景下,不同类型的文化在不断传播,这些都会对我国的传统文化造成冲击。

(四)英语文化课程内容遮蔽

在互联网背景下,国与国之间的跨文化交际更为频繁,并且彼此之间互为参照。但是,作为英语文化课程内容的反映,英语文化教材中存在很多的"中国文化失语"现象,学生仍旧沉溺于英美文化,并且对英美文化过度认同与重视,因此很难平等地对待中国文化,导致出现了严重的"哑巴英语"。

四、互联网背景下大学英语文化教学的原则

(一)主体意识强化原则

基于全球化的浪潮,西方国家凭借自身的话语权,采用经济、文化等手段推行其生活方式或意识形态,对包括中国在内的其他文化产生了冲击,导

致文化输入、输出出现了严重的失衡情况,也对其他民族的文化造成了严重的腐蚀。

对此,在实施文化教学中,教师必须引导学生对跨文化交际过程中的平等主体意识加以强化,减少学生对西方文化的盲从,增强学生对中国优秀传统文化的认知与了解,主动对中国传统的文化进行整理与挖掘,吸取文化中的精髓,将中国传统的优秀文化底蕴凸显出来,强调中国优秀传统文化在当今世界的价值。

在文化教学中,教师要引导学生遵循"和而不同"的原则,既要对其他文化有清晰了解,又要保持自身文化的特点,让学生能够向世界展现中国优秀文化的精髓。

在文化教学中,教师要不断培养学生自信的气度与广阔的胸怀,让学生学会在平等竞争中,与其他国家互通有无,以多种形式将中国的传统优秀文化传播出去,不仅对西方文化霸权主义的侵蚀加以抵制,还能确保中国文化在世界文化中的地位和格局,从而促进世界文化的多元发展。

(二)内容系统化原则

文化的内容非常丰富,其所包含的因素至今还没有一个定论,因此在实施文化教学时,教师不能一股脑地将所有文化内容纳入自己所讲授的内容之中。因此,我国的教育主管部门应该组织文化领域的专家、学者,从价值性、客观性、多元性等多个层面出发,对中国优秀传统文化的教学内容体系进行确立,具体包含中国的基本国情文化、社会主义核心价值观、民族文化、节日文化、生活文化等。

(三)策略有效性原则

在实施文化教学时,教师应该采取有效的策略。具体来说,可以从如下两项入手。

第一,教师要用宽容、平等的心态对中西方文化进行对比,通过对比来鉴别。这一策略就是将中国文化与其他文化进行比照,从而将中国文化与其他文化的异同揭示出来,避免将那些仅属于某一特定社会的习俗与价值当作人类普遍的行为规范与信仰。

在运用这一策略教学时,教师应该着眼于跨文化交际中存在的现实问题,克服那些片面的文化定型,避免用表面形式对丰富的文化内涵进行取代。也就是说,教师应该引导学生透过现象看本质,通过理性、客观的态度,对不同文化的异同加以分析。

另一方面,教师要为学生提供充足的空间与机会,让学生感受到中国传

第八章　互联网背景下大学英语翻译与文化教学的创新探索

统文化的魅力。通过体验,可以将课堂环境与社会环境结合起来,加强文化与社会、学生与社会等之间的关联性,使学生在英语教学情境下不断体验与感悟,从而帮助学生形成文化理解力、文化认知力。

五、互联网背景下大学英语文化教学的创新策略

(一)构建"交际—结构—跨文化"模式

文化教学的常见模式就是"交际—结构—跨文化"模式,这一模式与中国人的英语教学习惯相符合。在英语教学中,中国的大多数学生都是以汉语思维展开的。这种认知与思维方式与英语学习的规律不相符。心理学家指出,事物之间的差异越大,那么就越能对人类的记忆进行刺激。"交际—结构—跨文化"模式能够从英语学习的全过程出发,展开认知层面的刺激。在教学的各个阶段,都对学生的目的语思维模式产生影响。

1. 交际体验

交际体验即让学生掌握一定的交际能力,通过运用英语展开交际。交际能力是人们为了对环境进行平衡而实施的一种自我调节机制。通过这种交际体验,能够不断提升学生的交际能力。在交际过程中,交际双方需要建立在一定的语言交际环境的基础上,不断熟悉和了解交际双方的背景知识,从而将交际双方的交际技能发挥出来。我国的英语教学需要为学生营造能够进行交际体验的环境,这样才能形成一种双向的互动与交际模式。

2. 结构学习

结构学习将语言技巧作为目标,将语言结构作为教学的中心与重点内容,从而利用英语展开教学。语言具有系统性,语言教与学中应该对这种系统性予以利用,找到教与学中的规律,实施结构性学习方式。

结构学习要对如下几点予以关注。

第一,对学生的英语结构运用能力进行培养。

第二,对学生的词汇选择与创造力进行培养。

第三,对学生组词成句、组句成篇能力进行培养。

第四,对学生在不同语境下的交际能力进行培养。

3. 跨文化意识

跨文化意识是将对文化知识的了解与熟知作为目标,对文化习俗非常重

视。要想具备英语文化知识,学生不仅要对英语国家的历史与文化活动有所了解,还需要对相关文学作品进行研读,同时还要了解相关国家的风俗与习惯,从而形成对西方文化学习的热情与兴趣。久而久之,英语教学就成为一种对文化的探索教学,从而激发学生的学习兴趣,提升学生的学习效果。

这一模式在整个教学中需要对中西方文化进行对比,从而培养学生的跨文化意识。

(二)开展"文化因素互动"教学

考虑英语文化教学中存在多种问题,很多专家、学者从不同的视角提出了不同的解决方案,但是总体上都不能让人满意。文化的双向传递指的是在英语教学中,以中西方文化作为中心,以对文化的学习来促进语言的学习,从而建构学生的中西方文化知识结构,培养他们的跨文化交际能力。

文化因素互动目的是克服英语教学中因单向西方文化输入产生的问题,尤其是"中国文化失语"现象的出现,所以用中西方文化的双向输入;克服零散的点的输入,而是用系统的文化输入;克服片面的流行文化的输入,而是以文化精髓与文化底蕴进行输入;克服被动的文化输入,而是采用主动的文化建构输入。在英语教学中实施文化因素互动模式,有利于对学生的文化知识结构进行优化,培养学生的文化能力与意识,提高学生的跨文化交际能力,使学生能够在适应全球化发展的同时,对本土优秀文化进行弘扬,保证中西方文化的平等对话。

当前,多数英语文化教学将西方文化作为教授的内容,多以西方文化作为教学重点与资源,但是未将中国文化传播纳入教学之中,因此主张采用文化双中心原则。虽然当前基于全球化背景,文化研究多是以西方范式作为主导,但是我们也不能忽视本土文化。很多中国学者呼吁应该进行中西方文化的平等对话,而要想实现平等对话,主体必然是中国人,并且是懂得如何进行平等对话的中国人。中国的大学是培养中国人才的摇篮,中国的大学英语教育应该承担责任,在英语文化教学中坚持文化双中心原则,将中国文化教学与西方文化教学相结合,实现二者的并重,这样才能真正地做到知己知彼,才能避免出现"中国文化失语"的现象。

(三)实施中西文化对比教学

1. 语言差异

(1)汉语重形象思维,英语重抽象思维

人类的抽象思维和形象思维是密切联系、互相渗透的。抽象思维讲究

第八章　互联网背景下大学英语翻译与文化教学的创新探索

秩序，其思维具有系统化、组织化、形式化的特点，其严密的逻辑推理表现在语言上重形合、讲形式，求结构上的严谨；而形象思维重悟性，即不凭借严谨的形式来做分析，表现在语言上重意合。由于文化传统的不同，不同的民族形成了侧重点不同的思维习惯。思维方式是沟通文化与语言的桥梁。思维方式与文化密切相关，是文化心理诸特征的集中表现，又对文化心理诸要素产生制约作用。同时，思维方式又与语言密切相关，是语言生成和发展的深层机制，语言又促使思维方式得以固化和发展。

汉字起源于象形文字，直接从原始图画发展而来，最初就具有直观性，其意义以字形与物象的相似为依据。

汉语中有丰富的量词，量词也是汉语形象化的体现。世间万物，千姿百态，形状各异，汉语中形形色色的量词形象生动，准确鲜明，对事物的姿态一一进行描述。如一朵花、一面镜子、一匹马、一盏灯、一堵墙等。而英语只突出被描述的客体和数量，因而与以上汉语相对应的英文是：a flower, a mirror, a horse, a lamp, a wall。汉语里量词的大量存在是与中国人擅长形象思维分不开的，一把雨伞，一面旗，两尾金鱼，三艘船，这些量词与该名词的形象有关。英语虽然也有量词，但是数量上远没有汉语多，也没有汉语量词形象生动，并且同一个量词往往可以配上许多不同的名词，例如英语中：a piece of news, two pieces of paper, a piece of land, a piece of furniture, a piece of information，同一个量词 piece 翻译成汉语却是：一则新闻，两张纸，一块土地，一件家具，一条信息，对应五个不同的量词。

汉英这种思维差异不仅体现在字形上，还在两种语言的语法中有所反映。逻辑严密的英语语法反映出英美民族偏重抽象理性的思维特点。例如，英语"The child himself bought a book."可转换为"The child bought a book himself."（这孩子自己买了一本书）；"He arrived after 4 weeks."可转换为"He arrived 4 weeks after."（四个星期后他才到）；"I don't know whether he is well or not."可转换为"I don't know whether or not he is well."（我不知道他的身体究竟如何）；"After dining at the Jones's, I met him at my tailor's."可改变词序"I met him at my tailor's after dining at the Jones's."（在琼斯家吃了饭，我在裁缝店遇见了他）等。而汉语的词序则是不可改变的，先吃饭，后到裁缝店，然后才遇见他，词序表达必须按生活实际的时间顺序来安排时间顺序。

汉语偏重经验感性的思维特点产生于汉民族的传统文化。汉民族文化重视实际生活经验，所以人们常说"嘴上无毛，办事不牢"，"老将出马，一个顶俩"。这种文化观念的思维定式反映在语言上，就是重经验直觉，带有较浓厚的感性色彩，词句的表达与理解，不太注重语法上的严密思考，而倾向于凭经验进行意合获取,这种特点在古汉语里表现突出。古汉语文章竖行从左至右书写,无标点符号,不分段落,一气呵成。难怪有西方人说:"汉人读书不断点头称是,而西方人读书不断摇头示疑。"此话尽管带有几分讽刺,但说明了英汉语言的不同特点。

汉语的词序具有临摹现实的经验感性的思维特点。汉语词语前置或后置反映出生活经验的时间顺序。在叙述动作、事件时,往往按事情发生的自然顺序排列句子,先发生的事件或事物在先,后发生的就在后。例如:

他从上海(1)坐火车(2)经南京(3)来到济南(4)。

He came to Ji'nan(4) from Shanghai(1) through Nanjing(3) by train. (2)

Usher 直挺地躺在沙发(1)上,我一进去(2),他就站起来(3),热情地向我打招呼(4)。

Upon my entrance (2), Usher rose (3) from a sofa on which he had been lying (1) at full length, and greeted (4) me with a vivacious warmth.

从以上例句不难发现,在叙述动作、事件时,汉语往往按时间顺序的先后和事理推移的方法,一件一件事交代清楚,呈现一种时间顺序的流水图式。英语则是靠语法的逻辑性来体现事件发生的顺序。

(2)汉语重整体思维,英语重个体思维

英语单词在意义上具有一定的特指性,意义相关的词在词形上毫无相关之处。而汉字的意义通常极为广泛,例如,在汉语中只需一个"车"字即可代表英语中的 bus(公共汽车)、car(小汽车)、taxi(出租车)、minibus(面包车)及 lorry(卡车)所指的任何一种交通工具。又如,汉语中"笔"可意指各种可以用来书写的用具,而英语中则对每种书写用具都有特定的称谓,如 pen(钢笔)、ballpen(圆珠笔)、pencil(铅笔)等。

英汉构词的这种思维差异在表示星期的这组词上体现得尤为明显:汉语中表示一周内第几天的词是用星期加上数字表示(周末"星期日"除外),如"星期一、星期二、星期五"等;在英语里这些只是一个个词形上毫无联系的词,如 Monday, Tuesday, Friday, 从英语单词的词形看不出单词间的任何顺序关系和具体联系。

汉英思维上的这种差异也体现在时间和地点词语的排序及语篇的篇章结构上。在表达时间概念时,汉语顺序按年、月、日、时、分、秒这样一个从大到小的顺序排列。例如,2008 年 3 月 10 日 12 时 30 分 20 秒。英语的顺序正好相反,按秒、分、时、日、月、年这样一个从小到大的顺序排列。例如下面这个句子:"At eleven minutes past 1 a. m. on the 16th of October 1946, Ribbon Trop mounted the gallows in the execution chamber of the Nuremberg Prison."对应的汉语翻译是"1946 年 10 月 16 日凌晨 1 点 11 分,里宾·特洛

第八章 互联网背景下大学英语翻译与文化教学的创新探索

普走上纽伦堡监狱死刑室的绞架"。

2. 文化差异

观念是人们经过学习在头脑中形成的对事物、现象的主观印象。观念是通过对感官资料进行选择、组织并加以诠释的方式来认识世界的过程。这个过程包括识别（identification）、阐释（interpretation）和评估（evaluation）三个阶段。

人们的已有经验对识别的结果会产生影响，而文化对阐释与评估会产生影响。例如，来自不同国家或者民族的人对个人信用的解释是不同的。对美国人来说，个人信用的主要指标是独立与能力、坦诚与直率、强势与自信、理性与果敢等会赢得尊重。而对中国人和日本人来说，个人信用的主要指标是社会地位，沉稳与含蓄、顺从与谦卑、仁爱与机敏等会赢得尊重。

思想观念往往是由社会教育（包括家庭教育和学校教育）逐步形成的人生观和价值观，属于意识形态的范畴。观念的产生与人们所生活的社会环境关系密切。人们观念的形成主要受到家庭环境和社会环境的影响，因此，主要包括家庭观念（包括婚恋观念、亲情关系、家族观念等）和社会观念（包括时间观念、自我认同观念等）。

（1）宗教观念

世界上现存的主要有三大宗教，即基督教、伊斯兰教和佛教。基督教（包括天主教、东正教和新教）主要集中分布在欧洲、美洲和大洋洲的一些国家，其信徒被称为基督徒。据统计，在这些国家里，有80%以上的人是基督徒。基督教以"平等、博爱"为教义。伊斯兰教主要集中在东南亚、中亚、中东、非洲地区。信奉伊斯兰教的人被称为穆斯林（Muslim）。伊斯兰教以"顺从、和平"为教义。佛教主要集中在东亚地区，信仰佛教的人被称为佛教徒（俗称"和尚"）。佛教以"善、缘"为教义。宗教观念影响人们的许多行为。

（2）家庭亲情观念

不同国家和不同民族的亲情观念不同。

在中国传统宗族制的影响下，中国人形成了很强的家族观念。在中国，家族观念构成了复杂的亲属关系网。亲属有宗亲与姻亲之分，其中，宗亲有嫡亲、堂亲与族亲之分，姻亲有姑亲、舅亲与姨亲之别。

受基督教影响的西方家庭，以"自我"为本位是家庭关系的突出特点。"奉上帝、疏亲友"的理念使得西方人家庭观念淡薄，血缘亲情让位于对上帝的崇敬。就亲属称谓来说，在中国文化中，亲属称谓是以父系血亲称谓为主干，以母系和妻系的姻亲称谓为补充的严谨而复杂的称谓系统，突出"长幼有序，内外有分"的特色。而在西方语言中，没有姻亲与血亲的区分，是以姓名称谓为主干,以血亲称谓为补充的简单而直接的亲属称谓体系。例如,在 The Family Album USA(《走遍美国》)中,儿媳 Marilyn 直接以名字来称呼她的公公 Philip 和婆婆 Ellen。

(3)婚恋观念

结婚目的的差异、中西方婚恋观念的差异,首先表现为婚姻目的的差异性。所谓婚姻目的,就是男女双方想经由建立婚姻关系的方式而达到某种预期的结果。西方人结婚,是个人权利的体现;中国人结婚,是对家庭义务的实现。

①择偶标准。传统的中国人最重要的择偶标准是身家清白和门当户对。人们认为身家清白才可以相互忠诚,孝敬长辈,家庭和睦。而门当户对是中国传统社会的家长替子女择偶特别讲究的条件,是为了维护家族的名誉和利益。

现今中国青年男女的择偶标准虽然有所不同,但是受到这一原则的影响而仍然会考虑经济条件、家庭背景、学历层次和外在相貌等因素。(于琨奇,花菊香,1999)

"西方人的择偶标准,最主要是两个人的互相契合(compatibility),其余的条件像家庭背景、教育程度等因素则可以不在考虑之列。"(郁龙余,1992)西方童话中王子与灰姑娘的浪漫爱情故事也在西方现实生活中存在,如英国的查尔斯王子之所以最终选择出身、相貌普通得不能再普通的卡米拉作为自己的爱人,正是因为两人有着契合的性格和共同的爱好。

②婚姻中的夫妻关系。在传统的中国婚姻中,夫妻关系是丈夫处于主导地位,而妻子处于从属地位。有"男主外、女主内"的分工。丈夫是一家之主,是全家的顶梁柱,承担着家庭生活的主要经济责任;妻子的任务是管理家务,侍奉公婆,相夫教子,"男子无妻家无主,女人无夫房无梁。"(于琨奇,花菊香,1999)

在现代的中国社会里,男女在婚姻中的地位差距大大缩小。女性走出家门参加工作,在经济上保持相对的独立性。但受传统的影响,有些女性在婚姻中仍需要或愿意做全职太太,在不同程度上依附于自己的丈夫。

在西方社会里,平等观念在夫妻关系中处于核心地位,且夫妻关系是一种平等的地位关系。"Husband and wife should be equal partners."自工业革命以来,妇女的地位得到明显提高,妇女开始投身到家庭以外的诸多领域,参加工作、参与交际。妻子和丈夫均可参加工作,共同承担家庭的经济责任,家务事由夫妻双方共同商定、共同承担。

(4)社会观念

社会观念是在一定的社会群体范围内长期形成并需要其群体成员共同

第八章　互联网背景下大学英语翻译与文化教学的创新探索

遵循的观念。这种观念往往被作为群体范围内人们交际的言语和行为的评判标准,从而影响到群体内的每一个成员。这些观念主要包括时间观念、自我认同观念等。

①时间观念。不同文化群体的时间观念存在差异。中国的文化传统比较强调大局观,主张凡事从大处着眼,其叙事的顺序、时间与地点的表述、姓与名的排列等,往往由大到小,由整体到局部。而英美文化则比较强调个体因素,看问题的角度往往由小到大,由个体到整体。

中国人支配时间比较随意,灵活性强,且重点是关注过去,因此中国人往往具有由远而近、由大而小、由先而后的聚拢型归纳式思维方式。在西方世界中人们的时间观念很强,其时间的概念是直线式的,即将过去、现在和将来分得很清楚,且重点关注的是将来,因此西方人往往具有由近而远、由小而大、由后而先的发散型演绎式思维方式。例如,中国人记录时间的顺序是"年、月、日",而西方人记录时间的顺序是"日、月、年"或者是"月、日、年"。

美国人类学家霍尔根据人们利用时间的不同方式,提出一元时间制(mono-chronic time system,亦译为"单向时间制")和多元时间制(poly-chronic time system,亦译为"多向时间制")两大系统。

一元时间制的特征:长计划,短安排,一次只做一件事,已定日程不轻易改变。一元时间制是工业化的必然产物,一般分布在工业化程度较高的地区。富有效率,但有时显得过于呆板,缺少灵活性。

多元时间制的特征:没有严格的计划性,一次可做多件事,讲究水到渠成。多元时间制是传统农业社会的产物,一般分布在工业化程度较低的地区,虽有人情味,容易对人、对事进行变通(比如走后门),但也给人们带来不少烦恼。

中国人对待时间具有相当的随意性。对由此产生的诸如不打招呼就登门拜访、约会时迟到、交通工具晚点、报纸不按时投递、公共场所的钟表不准等持宽容态度。

德语中有一句话,"准时就是帝王的礼貌。"所以德国人对于约会是非常守时的。德国人的守时也是出了名的。在德国,人人都携带一个小记事本。在本子上记着一个月之内的工作安排。提前计划是德国人生活的一个显著特点,就连家庭主妇出门买菜的内容都要事先计划好写在小本子上,在超市采购也按照事先设想好的计划进行。

德国人对约会有不少规定。首先,一般都得在一周前将邀请、约会的时间、地点、内容告诉对方,以便对方早作安排。其次,对于与别人约好了的时间,一般是不会变更的,除非实在有特殊原因。最后,赴会的人一般都必须准时赴约,由于交通堵塞等特殊原因迟到的,通常需要及时通知对方。

德国人都会科学而合理地安排时间,以提高效率。比如,德国人开会,事先都会安排好具体时间及开会议程,一般主持人在会议开始时就告知大家会议所需要的时间,并且在计划和规定的时间内完成相关事项,绝不拖延。

例如,在电视剧《大染坊》中有一个情节:宏钳染厂的老板雇了几个德国技工,这几个技工每天早晨八点准时来上班,到下午五点准时下班。有一次,在一个夏天的下午,老板看见这几个技工五点下班,但天上的太阳还很高,于是就问他们:"怎么这么早就下班了？太阳还没下山呢!"老板得到的回答:"下班的时间到了,已经五点了。"老板告诉他们,在中国,人们的工作习惯是要等到天黑才能下班。后来有一天暴雨将至,天色暗沉下来,于是几个技工便收拾工具要下班。老板看见就问他们原因,得到的回答:"你上次说,天黑了下班,现在天黑了,所以我们下班了。"老板无奈地笑了笑。

第九章　互联网背景下大学英语教学评价的创新

　　高等教育的网络化对大学英语教学提出了新的要求，其不仅要求大学英语教学更新理念、改变方式，还要求对教学评价进行反思与评价。现在大学英语教学的突出问题就是教学评价存在不完善、不合理的层面。因此，当前的大学英语教学应该以互联网作为支撑，对教学评价体系进行改变，使教学评价更具有多元化与科学性。本章对互联网背景下的大学英语教学评价进行研究。

第一节　英语教学评价简述

一、什么是教学评价

　　评价问题一直是制约英语教学发展的一个瓶颈。自从2001年我国正式启动基础教育课程改革以后，英语教学评价就成为英语教学改革的热点问题之一，广大英语教师和教研人员正在逐步接受正确的评价观念，突出评价的发展性功能，围绕评价标准、评价内容、评价方法、评价工具和评价反馈诸多方面进行着一系列的改革探索。从整体上来看，目前我国的英语教学评价呈现出以下几个明显的趋势。

　　(一)英语形成性评价正被英语教师认识、接受并付诸实施

　　形成性评价是英语教师评价学生的重要手段，在国外司空见惯。由于教育评价理念滞后、应试教育的压力等诸多原因，我国的英语教师对形成性评价，特别是非测试型形成性评价的认识尚不到位。但可喜的是，在课程改革的过程中，形成性评价正被英语教师所认识、重视，并在教学中予以实施。

英语形成性评价分为测试型与非测试型两种。在开发测试型形成性评价的同时,许多地区、学校重点研究开发了非测试型形成性评价的工具,以关注学生日常英语学习与发展过程的评价。目前开发的工具有问卷调查、评价表、日常记录、读书笔记、成长记录、网上评价等多种形式。形成性评价的作用是什么呢?它主要是对学生英语学习过程中的表现、成绩及情感、态度、策略等方面的发展做出评价,以便让学生有效调控自己的学习过程,获得成就感,增强自信心。

(二)英语口语测试得到重视

在一些地区的英语考试中,已经增设了口语测试,更多的地区、学校已经把口语测试列为考试的一个重要内容。没有口试的英语测试是不完整的。《英语课程标准》对学生听的能力有明确要求。既然有要求,就必然会有相应的检测。

英语口试命题要坚持同步性、交际性、趣味性和激励性的原则。这里激励性原则非常重要。口试与笔试不同,它的评分主观性、随意性较大,要想取得绝对准确的结果是很难的。因此,在高考、中考以外的口语测试中我们不要过分强调甄别性,而要突出激励性。这就是以鼓励学生运用英语为出发点,在一定行政区域内推行的口试不强求各校之间的成绩可比性。把测试学生口语能力与考查学生的学习态度及学习潜质结合起来,使学生对口试一点也不望而生畏。通过口试调动学生的学习积极性是最大的收获,我们寻求的合理的、相对准确的评分标准也会在这种和谐的气氛中得到认同。

通过人机对话实行口试,是口试数字化的一种尝试。例如,在深圳等地,英语口试就实行了人机对话。最近,在深圳市南山区的期末考试中,引进了国外 T-Best 任务型口试软件,通过人机对话进行口试。这种口试形式其优点是时间、人力上都很经济,标准更趋接近,其缺点是人文性较差。但在口试形式上,与我们原来的形式可以形成互补关系。

(三)学业考试命题改革全面启动

课程改革以来,全国各地都注意改进学业考试命题,特别是中考、高考。其主要走向有四点:一是降低纯知识考查题比重,强调在一定的语言环境中考查语言基础知识,突出情景对语言的制约作用;二是重语言运用能力的考查;三是强调试题与学生生活经历和社会生活的联系,突出语言的交际性和使用语言的目的性;四是在试卷设计时体现人文关怀。我们在命题改革时

第九章　互联网背景下大学英语教学评价的创新

也注意到了这几点。

(四)课堂教学评价关注点发生变化

英语课堂教学过程是一个师生不断发展的动态过程。"过程"和"学生"应该是课堂教学评价的两个关键词。而以往对课堂教学的评价我们往往只关注教师的教,只关注上课时学科知识是否落实,甚至以学生的考试成绩来判断教师课堂教学的好坏。各地在课程改革中,根据课程理念,积极探索新的课堂教学评价标准,不少行之有效的方案出台,推进了课堂教学。在课程理念指导下,强调课堂教学评价要关注以下几点。

(1)英语教学目标的确定应体现课程改革的三维目标。

(2)英语教学方法的选择应该有利于学生的发展。

(3)学生在课堂学习过程中应表现出主体性,并有发展的趋势和效果。

(4)教师在课堂教学中是否运用了合理的评价手段。

(5)英语教师的基本功及其对学生的影响。

当然,我们知道,什么样的课才是一节好课,可能是仁者见仁,智者见智的问题。课堂教学评价标准的具体内容可以不同,但其核心标准应该是一致的。制定这些标准我们应该坚持人本性、发展性、多元化、科学性四个基本原则。特别是发展性原则,以往我们常常注意课堂教学的甄别作用,通过评课,分出教师上课质量的高低,为评比服务。而现在,我们认为课堂教学评价的主要目标不是为了鉴定老师在群体中的位置,不是使教师之间的差异明确化与凝固化,而是通过听课,对发现的问题经过分析,找到适合教师发展的方向与改进方法。

(五)英语教学管理的评价已经起步

目前,国内对英语教学管理的评价论述不多。已经有不少英语教研员和英语教师开始关注英语教学管理的评价问题。学校对英语教学的管理在很大程度上制约着学校英语教学水平的发展。多年来,我们只关注课堂教学评价、学业评价,而忽视了对管理者管理英语教学的方式、水平等进行评价,这是我们在讨论英语教学评价时必须面对的问题。这些年来,我们把英语教学管理评价作为英语教学评价的内容之一进行研究,并有所心得。这里所说的英语教学管理包括英语课程设置、英语校本教研、英语校本课程、英语教研组工作、英语模块教学等。例如对英语校本课程的开设,我们就从课程开设的原则、开发类型与过程、课程特点及课程管理几方面进行评价。

课程改革以来,英语教学评价改革的实践,促进了英语教师教育观念的转变。英语教师思考问题的角度逐渐发生了变化,对在英语教学中实施素质教育有了更深层次的理解。同时,英语教学评价改革实现了英语教学评价主体的多元、评价目标的多元、评价内容的多元、评价方式的多元和评价结果运用的多元,更调动了学生的学习积极性,密切了师生关系,促进了教师的发展,提高了英语教学的质量。

在实施英语教学评价过程中,最大的阻力还是来自传统教育理念的阻击,来自应试教育思想的抵制。由于中学英语教学评价改革涉及的技术层面的问题不少,因此,高级专家的指导常常缺位,这样就不能保证评价的科学性。看来,英语教学评价改革要成为大形势,还需要我们艰苦的努力。

二、英语教学评价的意义

英语课堂教学评价不仅是质量检验员,起检测和监理作用,更是教育保健员,保证教学健康有序发展。就英语教学而言,由于外语教学是实践性很强的一门学科,对外语教与学的评价一般采取"行为化测量",即通过外显行为推测内在结构的思维方法。英语课堂教学评价的作用必须有助于学生积极开口表达,真正提高英语语言运用能力。

(一)甄别英语课堂教学活动的质量

1. 语言知识与交际能力

交际能力包括如下几点。
(1)语言能力(语言形式结构系统本身的操作能力)。
(2)语篇能力(语言形式结构置于语篇中运用的能力)。
(3)语用能力(语言形式结构置于情境中运用的能力)。
语言的知识和结构是语言交际能力发展的基础,但决不是终极目标,英语课堂教学应着眼于设计促进能力发展的教学活动。活动就是教师为学生设计能运用所学知识完成任务的情境,这就是英语教育要求的以培养语用能力为核心的价值所在。

2. 单纯语言练习与信息处理活动

如果把语言当做一套知识或是一套结构,学的、练的、考的就是操作形

第九章　互联网背景下大学英语教学评价的创新

式结构的技能,语言练习也只是孤立地操练只有意思(meaning)而没有意义(sense)的句子、语法和词汇。如果把语言当作一种信息能力,是处理人与人交往信息的思维能力,是把知识和技能包容进去的综合体,就一定要把语言当做工具来练习,学的、练的、考的应是获取、选择、加工、传递、表达信息。信息处理活动强调对认知机能的调动,强调主动性、创造性,强调通过交际运用而学习,注意力不放在语言形式上,而是放在信息上,即放在如何达到交际目的上。

3. 以过程为重心

相对于以结果为重心。运用是一个过程,而不是一个结果,教学重心自然就应落在过程而非结果上了。为学生提供语言学习和运用的过程,在过程中既关注"学什么",更关注"如何学"和"如何用",即如何听、说、读、写。重视"如何",而不仅仅是"什么",则要求教师善于观察、提问,了解和分析过程,并注意发挥活动之间的连接和关系的作用,即扩展、深入、发挥、引申、了结。

给学生读一篇课文,不只是为了学这篇课文是什么,更不只是为了学这篇课文的语言点、语法和词汇,而是为了学会如何读。不能泛泛地只给 Read the flowing text 的指令,而要给具体的要求,即预测大意、略读求取主要意思、寻求具体和隐含信息、揣摩观点和态度、联系经验理解意义、比较论点或信息、作认知的推论、综合、分析、判断、结论等。

以过程为重心自然就会以学生为主体,为每一个孩子提供发展的空间和时间,教学高潮落在每一个孩子身上。

4. 做事教学

当前的英语课程倡导体验、实践、参与、合作与交流的"做中学"的任务型教学理念,将英语学习完全渗透在完成任务的活动中,展现"自信与思考、合作与交流、实践与创新"的课堂生命价值。尊重师生课堂生命价值恰恰是英语教学升华为英语教育的高要求。

任务型语言教学(task based language teaching)是诸多交际教学途径中的一种,它的理念是"Learn a language by using it."任务型语言教学思想仍然是在交际语言教学思想的理论框架之内,它是功能中的一个个需要完成的事情。学习者不仅可以通过完成各种任务发展交际的能力,而且能在用语言做事情的过程中,自然地把注意力放在信息交流上,而不只是放在语言形式上。

(二)提升课程建设能力

理性的英语教学评价能积极促进教师提高教学能力,特别是提升教学活动设计的能力。

1. 提高活动设计能力

课堂活动设计是教师有效解决理论并付诸实践的载体,是教师驾驭课程的能力体现,这种能力能自觉关注学生的创新精神和实践能力的培养,有利于提升课堂教学境界。当前国内外教育改革业已聚焦下列两个观点:①教师事关重大。②改革最终发生在课堂上。

以课堂活动为载体的研究,是对这些观点的回应。机械训练还是感悟体验?告诉事实还是主动观察?怎样在"变式"训练中形成能力?怎样设计"铺垫"引导探究?以专业引领与行为跟进为关键的课堂活动设计对于有效解决理论向实践、向课堂的转移问题,的确是一种有价值的选择。

(1)设计原则

活动设计应遵循以下原则:以信息意义为焦点原则,活动层次与认知层次相匹配原则,活动面和活动频率原则,激活原则,交际原则,分享原则,发挥专长原则,统一和个别关注原则,激励后进原则,自主性、探究性、合作性原则,集体与个体反馈原则。

(2)任务分析与设计

在设计任务时,必须考虑语言知识的目标、语言能力目标、学生实际,把教材中的语言点与任务活动结合起来。以任务为核心计划教学步骤。设计的活动注重语言行为表现并能让学生体验成功。

(3)具体步骤

Presentation stage:创造情境,产生需要,介绍语言知识和形式,学生理解语言知识的意义。教师不仅要提供过程,还要示范。

Practice stage:提供练习,组织语言,如造句、复述、模拟交际等。教师给予一定的帮助。

Production stage:在具体情境中说或写,组织信息交流。教师给予很少帮助,直至完全让学生自由交际。

语言输出是组织信息、加工信息、展示信息的过程,是语言运用的主要渠道。输入的目的是输出,只有打开通道,才能实现语言内化,只有运用,才能扩大积极词汇,才能提高语用能力,如图9-1所示。

第九章　互联网背景下大学英语教学评价的创新

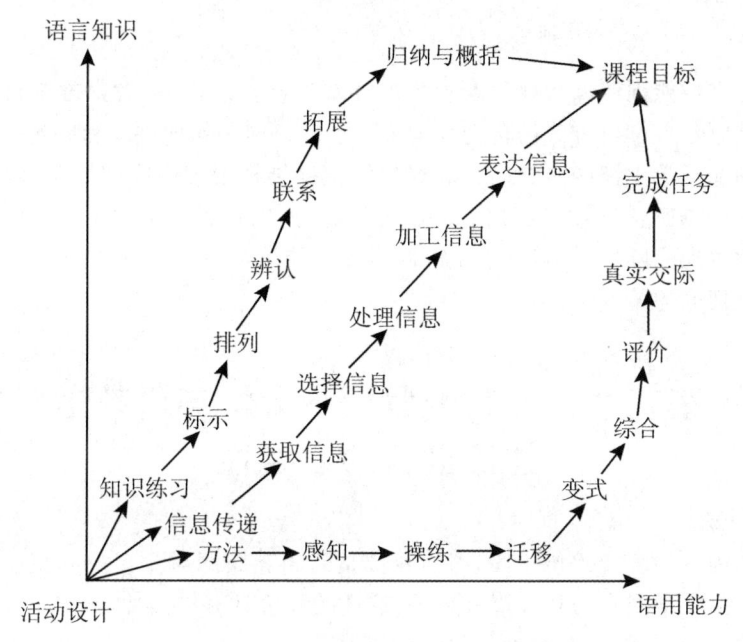

图 9-1　语言输出与语言运用①

2. 促进语言教学目标达成

互联网背景下的"三维"目标赋予英语学科的价值是培养学生英语语言运用能力,把握住这个重点是目标达成的前提,这是目标达成的关键。

What to teach.——课程标准——稳定
How to teach.——教授方法——灵活
What to learn.——课程资源——载体
How to learn.——感悟内化——活动

目标达成的基本方法就是重交际,通过做各种与生活息息相关的活动来介绍和把握语言,学习就是获取信息、组织信息、利用信息、创造信息、传递信息、展示信息。不仅重视学习结果,更看重学习过程,既看练习层次,又看目标的升华。目标达成要追求知识学习向能力发展的恰当路径,课堂教学活动设计是载体,而所有活动又以突出互动性、主动性、创造性、信息化、民主化、情感化为支持。

---

① 禹明,郑秉捷,肖坤. 中学英语教学评价[M]. 成都:四川教育出版社,2008:16.

3. 加强语言技能训练

语言技能训练以教师的课堂角色转变为重要前提,而教师教学行为的转变又以学生学习方式的转变为逻辑起点。一词一句地讲解和一句一句地分析剥夺了学生读的机会。一定要给学生提供机会、保证条件、创造环境,为学生提供感悟、操练、产出、实践、交流、合作的过程。给学生当交际助手和为学生配交际助手,对学生学习起指导和负责作用,是教师在语言技能训练中应把握的策略。

第二节　互联网背景下大学英语教学评价创新的必要性

作为一种教育评价手段,网络评价是运用互联网对学生的知识能力以及教师的教学质量与目标展开评价,这样的评价具有导向性,其属于评价体系中的一种方式,也是一种创新的评价手段。

随着互联网技术的进步与发展,利用互联网展开教学评价已经成为评价体系的重要一部分,其不仅是信息技术教育体系中的一项重要内容,也是现代教育评价体系中的一个重要方面。

基于互联网的环境,教师、学生以及其他管理人员可以在不同地点出现,并呈现出一种松散型的组织结构。如果采用常见的方式,显然难度大、成本也较高,也无法收集到有效的信息,这就要求采用一种全新的收集方式,对学生的信息进行收集,以弥补传统评价方法的不足,以与当前的教学发展相适应。这就是所谓的网络评价。网络评价通过其自身广泛的传播性、交互性,以及数据收集的方便性,参与到了当前的大学英语教学中。

网络评价体系具有整体性的特点,其对教学内容、教学目标的整体性展开评价,而并不是将教学目标进行划分。在进行网络评价中,评价主体可以通过网络获取自己的学习效果。

同时,网络评价也具有主体性,其强调一种自我价值的判断,这显然在传统的评价手段中是不存在的。考试强调的是客观评价,但是网络评价更多体现的是一种自律手段,是从被动评价转向主动评价的过程。网络评价可以将人的兴趣与潜能激发出来,从而不断提高人的素质。

此外,网络评价也具有能动性,网络评价创造出的不是一种单一的评价手段,其评价的主体、客体以及网络环境构成了评价框架,共同将主体的能动性激发出来,使网络评价成为一种能够创造、激发的手段与工具。

第九章　互联网背景下大学英语教学评价的创新

网络评价体系不仅评价的是网络课程的各个环节,其优势还在于从各种实际情况出发,对各阶段、各方面的信息加以收集,展开形成性评价、终结性评价,对同类系统中信息收集的不充分加以弥补,随着系统不断完善,应用性能不断提高,其应用范围也在不断扩大。

第三节　互联网背景下大学英语教学评价的原则

一、发展性原则

(一)用发展的观点看待学生

树立符合学生认知规律的"发展观"。从受教育者的认知发展规律出发,用发展的观点看待学生,用发展的观点衡量和要求学生,所有的教育教学活动都是为了学生的健康发展。

用发展的观点对待每一个孩子,就必须关注学生的进步,就必须研究学生心理。我们一定要承认学习外语的个体差异,在外语学习上连性别都有差别,作为外语教师决不能把这些正常的现象当做智商问题,应该认识到这主要是情商的问题。那么,我们应该态度好一点,多一点笑容,多一分宽容,特别是对待学习暂时有困难的学生,不埋怨,不让其在骂声中成长,要让他们在学习活动中有安全感和成就感。放松心理是刺激语言发展的关键,了解这些,教师找到对策是不难的。

(二)关注学生心理的发展

教学是心理活动和心理发展统一的过程,教学群体的社会活动是个体心理活动,又是心理活动和心理发展统一的过程。苏联心理学家鲁宾斯坦认为在人的活动中形成的精神发展,人的能力在完成自己的活动中被发展着。活动使主体与客体、主观与客观、内部与外部相互作用、相互转化,学生的知识、能力、情感、思维方式等不是由教师赠送的,而是学生靠自己的活动、自己的劳动获得的。

(三)强调学生课堂表达行为

围绕每个单元的教学内容确定学生的课堂行为,以学生学习行为的充分表达作为教师教学行为转变的逻辑起点,"行为结构"旨在为学生学习提供从知识到技能形成的"过程"。我们开展的一系列教学质效评估活动重在评估学生的课堂作为,促进其转变学习方式。倡导对以技能训练为目的的"教学行为结构"恰好为学生提供了语言表达的平台。

二、人本性原则

树立以学生为主体,以"学"为中心的"主体观"。学生是教育教学的主体,而且是具有能动性的主体,学生在学习过程中是信息加工的主体,只有抓住"学"这个中心,才能完成"教是为了学""学会是为了会学"的转化过程。

树立符合社会发展需要的"人才观"。培养符合社会发展需求的合格人才是教育的根本目的。应树立以符合社会发展需要,符合学生个性发展,并使二者形成最佳结合的人才观。个性(personality)一词,是指个人独特的性格和行为品质的总和。从研究个性的角度来探寻学生英语学习方式的变革是推进英语教育质量适应多元化社会发展的根本出路。从促进学生学方式的变革中闯出英语教学的新路子是面对未来主动、系统的回应。发展和完善人的个性已成为全球性的教育追求,倡导"以人为本"的英语教育更突出了新时代教育个性化的特点。素质教育的内涵之一是非均衡地发展,一味追求每个人素质均衡发展不仅违背教育规律,而且也不可能有效地促进学生健康成长,更不可能培养出有个性、有创造力、多样化的人才。我们的教育必须尊重个性的存在,英语教育的特殊性决定了促进英语学习方式的变革必须顺应个性发展的特点。

(一)创设"需要"的环境

突出工具性就要创设需要用语言做事情的环境,让学生在使用语言的环境中感到需要掌握哪些词汇和语言结构才能完成任务。需要产生动机,有需要就会主动。教师在语言教学中应有意设置一定程度的障碍,如要完成某个功能,我还需要什么?如何获得?让学生把学习每一个语言内容都看成是为了某种表达和展示的需要,一旦突破障碍,获得成功,便其乐无穷。

语言学习的需要与个性品质、人格品质都有很大关系。应根据不同学习者的潜质给予不同需要的感悟,设置不同的障碍,提供不同的舞台,特别在学生语言活动中给予个性化的指导和关怀。把需要与学生主体性发展结合起来是教师教学水平发展的一个较高境界。

第九章　互联网背景下大学英语教学评价的创新

(二)捕捉良好的学习状态

学生学习英语时,对语言材料的理解反映了个体的综合素质。不同的学生有不同的理解,不可能只有唯一的标准,个性化的语言表达特点尤为明显。为此,在课堂上,要捕捉和保持学生良好的学习状态必须从关注个体开始,教师一定要利用各种反馈来确定学生个体的状况,并调整好自己的教学。但反馈值必须由反馈面和反馈质来确定,不能只以几个优生的回答来确定,也不能以低质量的检测来确定。

(三)统一之中的个别指导

学生群体中的智力差异并不大,这给统一要求奠定了基础,但智能类型却能直接影响个体的发展。在大班教学的现实中,教师面临的问题就是统一要求和个别指导的矛盾。分层教学力图解决这一问题,但仅以学业成绩来分层次是否科学确是一个问题,如能研究学生属于哪种智能类型;在语言学习中,某种类型适合从什么方面找到最佳切入点;或可以从哪些方面让该种类型的人最易获得成功感,这样可能会找到治本的出路。在统一之中给予不同个性的个别关注和指导,在语言实践中让每个人有事做,都有获得成功的机会,特别是对自信心不足的人,教师应给予独特的关怀,把成功的体验让给这些学生。可能教师会辛苦一些,但消除厌学心理,使每个学生都得到发展就是教师的成功。

(四)公平对待每一名学生

英语课上常常可以发现,许多课堂活动设计精良,但遗憾的是活动面仅局限于小部分人。在英语课堂上还有相当多的教师习惯于以个别提问为主的方式,举手的优秀学生可能获得多次机会,不举手的恰恰是有困难的,而他们可能就没有机会。即便是小组活动,个性不同的学生获得的机会时间也不同,这时教师的组织非常重要。教师的工作方式、公平态度、组织策略等都影响到学生学习状态。

公平就要求教师既要懂得活动设计,又要善于组织活动,如采用两两对话、两两检查、小组讨论、小组编故事或对话、全班辩论、角色扮演、信息沟通(文字和图片),效果特别明显,在有限时间内全班几十个学生同时受益。这种形式互动面大,再加上高频率就能为每一个学生提供学习语言的环境,教师在学生活动中如再针对不同个性的潜质,充分发挥其作用,效果就会更好。

三、多元化原则

评价的多样性包括评价主体的多元化、评价方式的多元化和评价内容的多元化。

(一)评价主体的多元化

采用内部评价与外部评价相结合的方式,评价主体主要是学校、教师、学生、家长,同时也包括教育行政部门及其相关机构。按照评价主体构成,教育行政部门对学校英语课程实施进行评价,学校对授课教师教学情况进行评价,教师对学生学习情况进行评价。对学生的评价重点放在学生自我的纵向比较上,把学生的学习态度和进步作为评价的主要标准,真正体现"以生为本"的评价理念。

(二)评价方式的多样化

终结性评价和过程性评价是现在普遍采用的方式,需要指出的是这两种方法应结合起来使用。终结性评价不能只看考试分数,必须由过去单一的考试成绩评价改为多元评价,即参考学生学习表现、作业情况、课堂行为表达、课外活动参与情况、个性发展等多种因素进行综合评价。评价方式的多样化还可以更加开放,除了纸笔、等级的评价方式,学生可以采取各种自己喜欢的形式反映自己的学习成果。

(三)评价内容的多元化

对学生外语听、说、读、写技能的评价,是仅仅在课堂还是可以更宽泛?这的确是新时期英语教育工作者不能回避的新问题。中国英语教育多年追求的一种社会氛围已经形成。过去大学英语专业的学生才能看到的原版电影,现在可任意欣赏,广播、报纸、戏剧、各类英语活动渗透到社会生活的方方面面。而我们今天的教学单一化已经适应不了社会的发展,也脱离了学生生活实际,形成了极不相称的反差。如果说英语教学不能只停留在教知识、记结构、背单词的低级阶段,那么,教学评价是否也要改革,以适应社会发展的要求?社会越进步,越迫使我们改进方法,追求新的变革可能是大学外语教学评价必须思考的新问题。

(四)学生的多元化与学习出口的统一化

学生的多元化是指学习能力、学习风格、思维品质、发展水平、经验积累

第九章　互联网背景下大学英语教学评价的创新

等方面的差异,就学习外语而言,学生的多元化还表现在家庭背景和文化背景的差异、社会经济差异、方言差异等方面。这些差异对学习英语的影响在学生身上一定会产生不同的反映,而我们的英语教学的唯一出口表现形式就是考试,鲜活的语言在考试中变异,富有个性的语言在考试中变成了统一的试题。为了追求更为有效的教学效果,英语教师必须了解学生存在差异的表现形式,并将这些因素纳入教学评价的考虑范畴。

四、科学性原则

(一)语言测试

测试评价是大学英语课堂教学的重要手段,也是学校英语教学质量监控的有效的必不可少的教学环节。而英语语言测试评价又最体现科学性。现在英语测试的水平比以前有很大的提高,主要表现在知识立意向能力立意转变的本质内涵得到了充分的表达。试题以"信息或意义"的表达为测试目的,测试以语篇层次为侧重,试题的情境对语言的制约来自交际情境,答题的过程是学生在不同情境中与自然、环境、人物等不同角色互动的对话过程,考核的焦点在于是否达到交际目的。外语测试对学生获取信息、选择信息、加工信息、创造信息、表达信息、传递信息的能力的展示提供了有效载体。

1. 外语考试考什么

一般人似乎认为课本里讲什么就应该教什么,也就应该考什么。测试对语言知识是重视的,但它看中的是会不会在具体的语境下灵活运用语言知识,重视在真实的情境中考查英语语用能力,通过语篇考查听、说(间接口语)、读、写的技能,通过语言运用考核语言交际能力和最普通的交际行为,以及对外国文化的了解程度。

考查语篇能力贯穿在整个测试中,考听力是在对话和短文中进行的;阅读与完形填空的考核是以短文的形式出现的,写作考查学生的分析、综合、评价的高级技能,考查学生的阅读理解能力,考查分析语篇的结构的能力,整体把握篇章的思想脉搏、主旨大意,单项填空也是两句或三句构成的一个语境或情境。高考如此,中考也是如此。

2. 情境提供语言运用的载体

情境决定要表达的意思,要表达的意思决定要说的话的形式,从"交际情境"确定"要表达的意思"再到选择"要用的语言形式",这就是实际运用语言的正常心理过程。听、说、读、写的每一个行为,都以接受、加工、传递信息为目的,这是情境带来的自然制约,是真正的语言"运用"。

而课堂上"造句"的心理过程就完全不同。学生先想着 study 这个词,然后再想一个可以出现这个词的句子。学生从"要用的语言形式"确定"要表达的意思",由于是人为地"外加制约",在脱离"交际情境"的情况下,写出来的句子即使语法不错,但心理过程完全违反了实际运用语言的心理过程。这种缺乏交际情境的练习还不能说是"运用"。传统的从语言形式出发的试题,根据要考的词汇和语法去设计试题。很多试题是命题人先决定要用的形式,然后由形式决定要表达的意思,至于交际情境有没有无所谓。这种造句式考试的心理过程完全违反了实际运用语言的心理过程。

(二)教案设计

1. 备课重点

评价的科学性原则要求教案设计必须以设计学生语言操练的活动为主。落实"三维目标"的第一环节就是备课。在日常的外语教学过程中,许多英语课未达到课程标准和教材设计的要求,主要问题是学生语言行为表达不充分,语言运用能力不强。造成这种现象的主要原因是:教师重自己的"教"轻学生的"学",重"内容目标"轻"行为目标",重"知识目标"轻"技能目标",在时间比例分配、学生训练方面与频率、操练到交际的练习层次上都无法达到课程标准的要求。按照"英语教学行为结构"指引,可以使备课从教师过分注重自己的"教"转变为自觉关注学生如何"学",这就是备课的重点。

2. 设计活动

英国心理学家 Caleb Gattegno 曾说过:"Tell me and I forget. Teach me and I rermember. Involve me and I learn."一堂成功的外语课就是要看教师是否让学生置身于运用语言环境中去。"教学行为结构"要求教师准备一池水,并把每个学生"拉下水"。让学生在语言表达活动中学习,"用语言做事情"是语言交际的真谛所在。

3. 教学反思的参照

按照以上的备课规划和活动设计,课堂教学反思有了明确的科学参照。教学反思是教师与互联网教学共同成长的有效途径,实现理性的自我评价是质量监控体系的重要内容。反思主要看是否提高了学生学习的积极性。

在互联网背景下,课堂教学反思主要从以下几方面的转变来衡量教学。

关注内容目标→关注行为目标

看教师如何说→看学生如何做

教教材→用教材

关注优秀生→关注全体

个别提问→交际互动、小组讨论、两两对话

互动频率→互动面

第四节 互联网背景下大学英语教学评价的方法

一、自我评价

(一)要结合具体任务

自我评价要结合具体的任务进行,如针对听力、口语、阅读、写作方面的某一具体任务的完成情况来进行自我评价。比如,在写作课教学中,为了让学生进行循序渐进地训练,教师可以让学生进行 contolled writing。具体实施步骤为让学生用某章的重点词组来造句,慢慢发展成一段文章(充分发挥自己的想象力),互批造句(利用批改符号),把错句加以改正,给自己一个评价。这样做目的是提高学生用英语思维活用单词、短语、句型的能力,为进一步写作打下良好的基础。此项活动每周可以进行一次。教师指导学生对第一稿进行自评、他评、修改,即可以得到一篇比较好的短文。这么一个自我评价的过程下来,使学生短文写作能力得到一定的提升。当然,作文中存在着些许错误,可让学生讨论并改正,这也是自我评价的一种形式。当找出错误后,教师应有针对性地进行评解、纠正错误。几乎每单元都可以采用这种方法。活动结束后,学生可以根据互批和教师批改的结果进行自我反思和评价,把自身存在的知识缺陷及时弥补,达到成句、成篇的写作目的。

(二)要制订反思内容

反思内容最好以表格形式呈现,并且要结合具体的任务来设计。可采用自我反思表的形式,如表9-1所示。

表 9-1 关于听力的自我反思表[①]

学生姓名＿＿＿＿	填表日期＿＿＿＿
本人认真回顾了从＿＿＿月＿＿＿日到＿＿＿月＿＿＿日早自习时间我的听力情况,我共听了＿＿＿次,我的收获不少。	
1. 在听力习惯和能力方面,我的进步主要体现在:	
2. 我觉得取得以上进步的原因主要是:	
3. 在听力过程中,我还有需要改进或克服的问题(听的习惯、语音、语调、句型、非智力因素等):	
4. 老师、同学或家长的建议:	
5. 我想说的话:	

(三)给自己打分

学生对自己应该有个评价,可以用优、良、中差进行等级评价。当然,也可以考虑按照一定比例进入终结性评价,只是这不是教师个人所能决定的,需要全校教师、学生、家长的综合参与和民主讨论后做出决定。

在教与学的过程中,学生不仅是被评价的对象,而且是评价的参与者。自我客观评价可以提高学生学习的主动性和积极性,促进学生对自己学习进行反思,并帮助学生掌握评估技术,增加教师的评估信息。这一点是确信无疑的。难的是教师在教学实践中如何实施学生的自我评价。有效地让学生进行自我评价,实际上完善了教师的评价工作。学生进行自我评价能更加有效地促进学生的学业发展。

二、成长记录评价

要实行学生学业成绩与成长记录相结合的综合评价方式,一些教师感到困惑的是在操作中所出现的问题。例如,在英语教学中该如何建立和使用成长记录?使用的效果怎样?成长记录,是根据教育教学目标,有意识地

[①] 王哲. 互联网环境时代背景下的初中英语教育形态[M]. 哈尔滨:黑龙江教育出版社,2013:213.

第九章 互联网背景下大学英语教学评价的创新

将学生的相关作品及其他有关证据收集起来,通过合理地分析与解释,反映学生在学习与发展过程中的优势与不足,反映学生在达到目标过程中付出的努力与进步,并通过学生的自我反思激励学生取得更高的成就的一种记录方式。成长记录的基本成分是学生作品,学生作品的收集是有目的的,教师要重视学生在成长记录创建和使用过程中的参与,尤其是学生的自我评价和反思。

(一)成长记录的建立

成长记录作为一种典型的质性评价方式,主要用于教师的课堂评价实践。英语学科的成长记录可以按照听、说、读、写分门别类,根据教学需要来设计。阅读和写作是英语学习过程中最需要量的积累和结构训练的。下面以阅读和写作为例,提供两个案例,如表9-2、表9-3所示。[1]

表9-2 阅读成长记录

Name:_____	Class:_____	Date:
《_____》第____版,类别:_____	字数:_____	Time spent in reading:_____(min)
The main idea of the passage		
The new words I have learnt		
The phrases I have learnt		
The good sentences I enjoy		
每周自我评价和反思 From _____ to _____		
Passages read in a week:_____	Reading speed:_____ wpm	
Progress and reasons		
Disadvantages		
Suggestions to teacher		

---

[1] 王哲. 互联网环境时代背景下的初中英语教育形态[M]. 哈尔滨:黑龙江教育出版社,2013:214-216.

表9-3　写作成长记录

Name:	Class:	Date:	The number of compositions: _____ per week			
Types of writing(√)	应用文	记叙文	议论文	说明文	图表式	造句
Approaches to solving the problems						
Teacher's comment						
Classmates' comment						
Self comment						

(二)成长记录的运用

1. 每名学生都要有记录

每名学生都需要有成长记录。不过不同学生应建立符合自己特点的成长记录,关注学生英语薄弱面的学习过程,随时发现问题、解决问题。建立成长记录可以按照知识模块,也可以按照内容专题,由教师和学生根据学习内容的特点来确定。

2. 成长记录电子化

成长记录需要搜集大量的文本资料和非文本资料。利用先进的设备(扫描仪等)把本来属于非文本的材料电子化、图像化,使查询、展示和反馈更方便,还可以节约大量的空间。一名学生一个电子文件夹,方便快捷。

3. 成长记录与学业成绩相结合

成长记录合理使用,能提高学业成绩。学生在学习过程中,如态度积极,对于教师的指导认真对待,能自主查漏补缺,有切实可行的学习计划和措施,并且对于学业中所出现的问题及时纠正,会有明显的进步。成长记录与学业成绩的结合主要体现在学分认定过程中。也就是说,学分认定要包括"纸笔测验＋平时作业＋课堂表现＋成长记录"。教师要关注学生的过程性学习,关注他们的每一次作业、每一篇作文、每一次测验,关注他们的每一点进步,给他们一个公平的学分。成长记录是对学生学习情况的有目的的收集,它能展示学生在一个或多个领域的努力、进步和成果。学生成长记录是评估学习努力程度、进步程度、学习过程及结果的依据,也是学生对自己学习过程反思的见证。在成长记录的创建与使用中,学生自我评价和自我反思是最重要的环节。

值得注意的是,建立学生成长记录需要师生双方长期的不懈坚持和努力,尤其是起始阶段,需要教师的引导和督促。也就是说,教师需要有意识地提醒学生明确搜集材料的目的,定期进行成长记录的更新,展开学生之间的交流,甚至争取家长的支持,以便相互借鉴、共同提高。相信随着时间的推移,成长记录会成为师生教与学的珍贵的第一手资料。

三、档案袋评价

档案袋是一种可以很好地满足学生个性化英语学习需求的自主评价辅导资源。档案袋内容条目应与《课标》的总体描述相符合,同时要考虑教学的阶段性目标与近期目标。下面仅从听、说、读、写四方面条目的制订来探讨档案袋评价在英语学习评价中的应用。

(1)指导学生在档案袋中做好学习记录。

听:

能否听懂教师的教学指令:_____

能否听懂同伴的交流语:_____

听音练习时间:_____分/天

听音材料所涉及的话题:_____

完成听音指令的比率:_____

说:

上课的发言次数:_____

教师的评语:_____

同学们的反映:_____

完成课堂活动情况:_____

在与同学完成任务中承担的角色、所起的作用:_____

你学习的话题:_____

你能用这些话题完成的任务:_____

读:

阅读量:_____字/天

阅读速度:_____字/分

阅读的准确率:_____

能否概括出段意：_____
生词积累数：_____
写
自拟题写作情况（题目、词数、关键词）：_____
阶段反思：_____
(2)指导学生选择放入档案袋中的作品。
听：
你最喜欢的听音材料：_____
你最骄傲的听音结果：_____
说：
你最骄傲的课堂表现记录：_____
你得到的嘉奖证明：_____
读：
你最喜欢的作品：_____
你最感兴趣的作品：_____
你最骄傲的作品：_____
写：
修改前的作品：_____
修改后的作品：_____
最骄傲的作品：_____
最不满意的作品：_____
其他：_____

学生档案袋中记录的学生学习情况能帮助教师了解学生学习的整体概况，从而做出教育决策。档案袋的评价标准是与为学生们设定的目标直接相关的，是为了评价档案袋的目的是否与学生作品符合，将这个计划与当前学校使用的评估过程及方法结合起来。学习档案资料的收集可以穿插于教师使用的其他评价活动中，并且通过与其他评价活动的交互过程发挥作用。

四、跨文化评价

(一)跨文化评价的必要性

1. 传统教学评价落后于前沿理论

目前，我国教育体系已经进行了多方面的改革，取得了较大的成果，这

第九章 互联网背景下大学英语教学评价的创新

导致传统教学评价已经落后于当前的教学系统,表现在重视结果、轻视过程、重视定量、轻视定性、重视教师、轻视学生。

(1)重结果、轻过程

在传统英语教学中,教师多使用终结性评价方式来评价学生,很少使用形成性评价方式。利用终结性评价,教师往往只重视对结果的评价,无法对学生学习过程中的情况进行把握。换言之,教师只有在期中、期末考试中才能了解学生掌握知识的情况,是否达到了学习目标,而对学生学习过程中的学习情况丝毫不知情。此外,期中、期末考试题目设计有限,教师并不能把一个学期所讲授的所有内容都放在考试题目中,因而所选择的考试题目或许存在片面性、偶然性,这对于学生的整体学习而言都是极其不利的。

(2)重定量、轻定性

在传统英语教学评价中,教师往往只重视定量评价学生,完全忽视了从定性层面来评价学生。虽然定量评价具有一定的优点,如可以准确反映评价对象的学习成果,并且方便对评价成果进行统计与分析,然而对于学生学习过程中并不能进行量化的内容,定量评价就无法进行合理评价,所以想要全方位对学生展开评价,就不能仅采用定量评价方式,而需要将定量评价与定性评价相结合来进行。然而,定性评价在高校英语教学中受到的重视程度依然不够,还需要教师在这方面为其努力改进才可以。

(3)重教师、轻学生

在传统教学与评价过程中,教师都是主体,是不可或缺的部分,教师对于学生而言,始终处于居高临下的地位,学生往往是被动或者被忽略,这对于学生自主学习积极性的培养来说是十分不利的。

2. 传统教学评价难以适应时代发展

在我国英语教学的发展过程中,很长一段时间采用的都是应试教育方式,教学评价的目的很明确,即选拔人才,将考试作为评价教师教学成果以及学生学习成绩的重要方式。然而,时代在发展,社会在进步,全球化格局的形成将世界上的各个国家带入一个多元化的格局中,各国文化都进行着前所未有的交流与碰撞。另外,科学技术也飞速发展,将人类带入信息化时代。在这样的发展趋势下,我国应试教育的弊端也越来越明显。应试教育不合理的评价方式导致英语教学评价内容的不全面,仅重视学生学习中认知的发展情况而忽视智力的发展情况。

(二)跨文化评价的具体体现

评估反映的是高校英语教学的目标和内容,而文化评估必然反映的是高校英语文化教学的目标和内容。当前,文化评估是高校英语文化教学中的薄弱环节,也是最难解决的问题,其主要原因有两点:一是缺乏一套与真实文化能力相关,同时又能被观察与分析的教学目的和计划;二是传统的高校英语教学中评估的思想和方法过于陈旧,亟待更新。基于这些问题的存在,对高校英语文化教学中评估的内容进行分析显得尤为重要。

1. 评估文化意识

在高校英语教学中,培养学生的文化意识显得十分必要,因为这样有助于学生在跨文化交际实践中了解不同背景下人们的行为方式,对他国文化有所了解,并采用积极的心态对他国文化进行学习与认知。因此,高校英语教学评估的内容必然包含文化意识评估这一项。

2. 评估文化知识

在跨文化交际视角下,文化知识评估也是高校英语教学评估的一项重要内容,具体表现为如下两点。

其一,交际双方的社会文化知识。

其二,交际双方在交际过程中,需要运用到的对交际进程加以控制的社会文化规则等知识。

3. 评估文化技能

除了文化意识与文化知识,文化技能评估也是跨文化交际视角下高校英语教学评估的一项重要内容,具体包含如下两点。

其一,对两种文化进行理解与说明的技能。

其二,对新信息得以发现、并在交际中得以运用的技能。

第十章 互联网背景下大学英语教师的专业发展

尽管现在的教学倡导以学生为中心,但并没有否定教师的引导作用,在英语教学中,教师依然发挥着重要作用。英语教师的专业能力决定了其能否正确地引导学生进行语言学习,培养出具有世界格局的中国人且造福于民。可见,英语教师的专业能力发展对英语教学以及学生的发展都起着重要作用。目前,大学英语教师专业发展问题是信息时代学者们关注的重点话题之一。基于互联网教育背景,大学英语教师需要通过多种途径来提升自身的教学能力。换言之,在互联网教育时代背景下,大学英语教师的专业发展备受瞩目。为此,本章就针对互联网背景下大学英语教师的专业发展问题进行分析。

第一节 教师专业发展简述

一、教师发展的未来趋向——教师专业化

教师专业化是教师发展的未来趋势,教师的在职培训无疑是提升教师专业能力的主要手段,因此必须探究未来教师需要具备的素养,然后选择合适的培训内容和培训方式,促进教师的专业化发展。可以说,教师专业发展已成为政府、学校、教育研究人员、教师共同关注的话题。促进教师专业发展是一项复杂的系统工程,教师专业发展不能脱离教师和学校的实际,教师专业发展应立足教师和学校的发展,合理开发和利用校内外资源,充分发挥政府、教育研究人员、学校和教师的合力作用。

同时,随着终身教育思想的普及、反思型教师的提出、校本行动研究的开展,教师专业发展的重心正在逐步下移——越来越多地要求学校参与到教师专业发展中来,教师专业发展的校本化正成为一种趋势,教师专业发展

中的校本培训正越来越受到重视。教师的校本培训最大优点就是针对性强、灵活性大，注重教师学习的亲身体验，解决教师发展中的实际问题。因此，积极开展校本培训是促进教师发展的重要形式。

二、教师专业发展的概念

（一）教师专业发展的定义

自 20 世纪 80 年代以来，教师专业发展的问题得到了学术界和教育实践界的高度重视。教师专业发展成为教师教育的一个核心问题。因为教师教育的质量和水平的高低直接影响着教育事业能否实现健康、持续地发展。下面就重点阐述教师专业发展的概念。

专业，直接看字面意思就是专门从事某种学业或职业，从社会学角度看，专业就是受过专业教育或训练，具备高度的专门知识和技能，按照一定专业标准进行专门化的处理活动，有别于其他普通的职业，解决人生和社会问题，促进社会发展，获得相应报酬待遇和社会地位的专门职业。专业是一种社会分工、职业分化的结果，社会分化的一种表现形式，人类认识自然和社会发展达到一定程度后就会出现专业。

教师所从事的教育教学工作对从业者的要求比较高，具有独特的专门知识、技能和修养，教育教学活动是比较复杂的一项培养人发展的职业，要求从业者要具备比一般人更加丰富的、全面的、多样的学科知识，作为提供教育教学的原材料，同时还要掌握普通大众不需要或者不用系统了解的教育教学知识、技能和教育教学规律。

教师专业需要教师能够认识学习规律、社会发展的规律，掌握各种主客观教育教学条件的知识，利用知识和规律编写教学内容，组织教育教学活动的技能。如果不具备这些知识和技能，就很难胜任教师的工作。

教师专业发展的内容，包括专业精神的发展、专业知识的发展、专业能力的发展、专业自我的发展。另外，教师的现代职业素质也显得尤为重要。比如，教师是否拥有健康的体魄和良好的心理素质、是否拥有创新的精神和能力、是否拥有教育研究的意识与能力、是否能够熟练运用现代教育技术、是否具备浓厚的法律法规意识等，这些都是现代教师必备的职业素质。可以说，在每一个实现专业化发展的教师的身上，都能看到这些素质自然而和谐地共存。

第十章　互联网背景下大学英语教师的专业发展

(二)教师专业发展的意义

在教师专业发展的进程中,教育界人士进行了坚持不懈地探索,向世人展示了教师专业发展的内在魅力,也体现了教师专业发展对教师个人、教师职业和社会的深刻意义。

1. 教师专业发展有利于人们重新审视教师的职业性质

长期以来,在公众和社会舆论方面,对教师职业强调的主要是知识传授方面的要求。由于中小学所学内容的浅显性,使得相当多的人并不看重教师作为专业人员的理论水平与特殊能力。教师专业化的推进将有利于改变人们对教师职业性质的认识。它能让人们意识到,教育过程不是简单的传授过程或塑造过程,而是由师生共同构成的一个互动过程。

2. 教师专业发展有助于优化教师素质

在学校教育过程中,教师的作用主要在于向学生传授知识,开发学生的智力;培养品德,启迪学生的心灵;指导学生锻炼身体,增强学生的体质。教师承载着千万青少年儿童的未来和希望,肩负着开启民智、传承文明的使命。社会上的每种职业都有各自的素质规定,具有较强专业性的教师职业对于专业素质的要求也很高。教师仅具备一个现代人的基本素质是远远不够的,还必须具备教师职业所需要的特殊的专业素质。教师承担的使命要求教师必须具备合格的思想政治素质、科学文化素质、教育理论素质、教育能力素质、身体和心理素质等。此外,社会的进步、科技的发展以及知识经济时代的到来,对教师素质也提出了越来越高的要求。教师专业素质的提高不再是依靠职前系统定向培养一次性完成,而是需要延伸和覆盖教师的整个职业生涯。教师专业发展给教师个体和群体都提供了优化素质的途径。

3. 教师专业发展有助于促进教师职业成熟

教师专业发展对教师职业的促进作用体现在以下几个方面:第一,教师培养课程使教师的素养更能适应社会教育对培养人才的需要。第二,教师职前培养更加系统化和专门化,以适应社会对不同层次教师的需要。第三,教师培训专业化。大量的教育机构根据一定的条件将进入教师培训这一领域,形成一个规模巨大的市场,这就需要对教师培养和培训机构进行认可和评估。第四,教师群体和教师职业的道德规范的形成和稳定发展。专业化的另一个含义就是教师群体价值观的形成。教师的道德规范、价值观是随教师职业的专业化形成的。第五,教师任用制度化。通过专门的机构根据一定的规范和程序进行,使教师职业的准入适应社会的需要。教师的专业发展与教师教育的高质量需求是联系在一起的,并因此促进教师职业趋向成熟。

4. 教师专业发展有助于推动社会进步

教师专业化与社会进步息息相关。根据社会学理论,个体和群体的社会化是社会进步的一个重要标志。无论是个体的人还是群体的人,在被社会化的同时,也在参与创造社会,从而形成了这一群体的独特的文化、个性发展和社会结构。不难理解,教师在被社会影响的同时,也在影响着社会,与社会形成共生共存的关系,这一群体自身也具备了高级社会化的特征,并且还会随着社会的进一步发展而发展。教师专业发展通过促进教师职业的专业化来推动教师个体和群体的社会化,最终推动社会进步。当教师职业不再与平庸、烦琐相关联,而是与高尚、创造、尊严为伍时;当教师的劳动不再是重复、枯燥,而是充满着发现的喜悦和探究的乐趣时,我们教育事业的兴旺发达也就是近在眼前的事了。

第二节　影响英语教师专业发展的因素

一、自身因素

1993年美国人类学家霍尔(Hall)研究表明,教师自主与教师的学术能力、教龄、性别、年龄、学历以及是否受到培训之间并没有显著相关,但是教师自主在所教年级之间存在显著差异,初中教师与高中教师之间没有显著差异。其中,自主与教师的年龄和教龄没有显著相关的原因,可能在于学校教育改革使教师被赋予新的角色,全面改善了学校教师的自主氛围。[1]

也有研究认为,教师自主是教师工作满意度的重要影响因素,教师越感到自主,他们的工作满意度就越高。提高教师自主,有助于提高教师的职业承诺和教学效能感。教师自主是教师专业化的体现,拥有充分自主的教师会具有充分的学校职业承诺。

台湾学者林彩帕认为影响教师专业自主的个人因素有教师未受充分的

---

[1] 刘鑫. 高校英语教师自主专业发展研究[M]. 昆明:云南大学出版社,2010:98.

第十章　互联网背景下大学英语教师的专业发展

专业教育，本身的专业素养不足，教师的专业自弃，对教育认同感、承诺感不足，流动性高，故无法争取自由。

王维国认为影响教师专业自主在个人因素方面有教师个人之专业能力、专业教育、服务年资、个人特质等。影响教师专业自主性在学校因素方面有学校之行政人员、规模、制度、学生特性、同事等。

钟任琴认为影响教师专业权能的因素在教师本身因素有教师专业素质、教育信念与态度、人格特质、教学经验、专业背景、任教年限等。从中我们可以看出影响教师专业自主的教师个人因素分为：教师专业教育训练不足，教师缺乏热忱或自愿放弃，教师成为既得利益者及上级压抑者三点。

金美福在其博士论文中将教师自主发展的影响因子归为三个方面：人生的追求与目标，知识资本及教育研究。这三个影响因子构成了一个完整的系统，每个因子都作为一个子系统，共同构成一个系统，使教师得以成就一番事业，实现人生的意义与价值。

从以上关于教师自主与教师自身因素的关系研究中，我们可以看出教师的自身情况，如教龄、学历、性别等因素，是其自主发展所应考虑的，而教师自身的教学背景、教育信念、个人特质等都是影响因素。我们在分析教师个案时都需要进行讨论。

二、外界组织环境

教师自主应建立在拥有广泛的、不受监督的权利的基础之上。有研究认为，公立学校教师几乎没有权利规划和管理学校，甚至班级的结构和大小、制定时间表、安排课程和上课内容等，都被学校董事会和学校管理者左右。然而，许多教师希望自主地管理自己的教学及其教学环境，如果要使教师获得自尊和重视教学，就要使教师拥有一定的权利。相比较之下，私立学校的教师拥有更大的自主权，这是因为私立学校的管理给予教师更多的权利和更少的束缚。因此，如果教师能摆脱学校里官僚式的管理，他们将自主地改进或革新教学，制定多样的指导策略，以适应学生的需求。

在真实的教育现场中，督学或学校行政人员对教师的教学工作有视察考核之权，而且一般家长或民意代表也常以各种方式影响教育，此外家长对明星教师的选择，以及对教师教学教法、内容、评价的干涉，均会影响教师之专业自主。

台湾学者林彩帕认为，影响教师专业自主性的校外因素有政府对学校教师的监督、社区与民意代表等外在的压力，家长及家长组织的涉入与干预等。

台湾朝阳科技大学校长钟任琴认为，影响教师专业权能的因素在学校层面因素有校长与学校行政主管之领导、同事关系、家长关系、师生关系、学校组织特征及学校规模等。另外,钟任琴认为影响教师专业权能的因素在社会层面因素有学区文化、教育行政权力、社会压力、法令规范、资源与经费、教改运动、社会风气及政治等。

也有研究认为,学校减少对教师的管理控制,并不一定会提高教师自主。相反,一些教师脱离学校的管理控制之后变得非常困惑,甚至不知所措。因为教师自主与管理控制不一定是冲突的,学校管理系统可以保证教师拥有充分的自主,这需要学校处理好如下三种自主的关系。

一是战略性自主,这是最广泛的自主,属于学校上级主管部门,它帮助决定学校系统的目标和政策。

二是管理性自主,这种自主属于校长,校长执行上级部门制定的目标和政策,管理教师的同时,也要为教师提供所需要的资源,为教师提供条件来实现学校系统的目标。

三是操作性自主,这意味着教师作为专业人员对教学的控制,保证教师能够自由地使用教育教学方式来实现学校系统的目标,而不必经常受非专业人员(学校管理者)的干扰或束缚。

高校英语师资及专业发展现状不容乐观,具体情况如下:

(1)师资数量短缺。

(2)师资结构,尤其年龄结构、学历结构、职称结构、学缘结构、学科结构不尽合理。

(3)待遇一般,工作量过大。

(4)知识结构单一。

(5)教学研究和科学研究薄弱。

(6)骨干教师、学科带头人、教学名师还很缺乏。

(7)进修资源不足,培训亟待加强。

(8)教学理念急需转变,理论素养要加强。

(9)高校师资队伍结构与高校教师个体的专业发展、教师群体的专业化水平三者之间存在着发展不平衡等问题。

鉴于此,建立一支具有"均衡的年龄结构、较高的学历结构、合理的职务结构、多元的学缘结构、相融的学科结构"的教师队伍是国内高校,尤其是当前各地方高校师资队伍建设的主要目标。高校师资队伍的结构反映了教师群体的专业化水平,师资队伍结构的优化是教师群体专业化水平提升的标志;合理的师资队伍结构也是教师群体专业化水平提升的基础;教师群体专业化水平的提升有赖于教师个体专业水平的提高,是教师个人专业发展的结果。这三者之间既相互联系又相互制约,三者均衡协调发展。

第十章　互联网背景下大学英语教师的专业发展

第三节　互联网背景下大学英语教师的角色与素质

一、互联网背景下大学英语教师的角色

(一)组织者

网络英语学习是一门开放性课程,学生活动范围远远超出了教师的视野范围。而且每个小组的活动时间、地点、方式及进程都不一样,有时,即使是同组成员,由于分工不同,所做的事情也不一样,学生的活动带有很大的流动性、自主性和灵活性。在这种情况下,如果缺乏必要而有效的管理,就可能达不到预期的效果。

除了学生的自我管理外,教师要定期或不定期地抽查学生的活动记录,了解学生的活动情况,掌握学生的活动动态,发现问题并及时解决。教师还可以不定期地召开座谈会,或找学生谈话,了解情况。教师甚至可以制订一些量表,给学生定任务,把这作为考核学生的一个依据。

(二)协作者

(1)教师间的协作

原有的教学是单科教学,各学科都是独立的整体,相互间没有任何联系。而互联网英语学习是一门集综合性、社会性、实践性于一体的新型课程,内容涉及社会、科技、自然、生活、宗教等方方面面,只要学生觉得有研究价值,具备研究条件,都可以去研究。然而,教师毕竟不是全能的,对绝大多数教师来说,即使知识再丰富、再渊博,也不可能样样精通。这种知识结构的局限决定了教师必须合作。

(2)师生间的协作

网络英语学习的主体是学生,因此教师的合作对象也包括学生,教师是学生研究的协作者。学生在研究中遇到问题,教师要帮助解决,如研究方法、实验所需的器材设备、外出调研所需的证明材料等。总之,教师要为学生提供一切有利于研究的服务。

(3)教师与家长及有关人员的协作

网络英语学习是一门新兴的学科,一部分家长很支持,一部分家长却不

理解，怕影响到学科成绩。在这种情况下，教师就要做好家长的思想工作，协调学生与家长之间的关系，使网络英语得以顺利进行。

要做一个协作者，关键在于要学会欣赏自己的协作对象。对于教师，每人都有自己的优点和特长，合作中，不能有文人相轻的思想，要看到别人的长处。至于学生，研究中会发现学生有很多精妙的意见，有很多新奇而有价值的发现。教师要用欣赏的眼光去肯定他们、鼓励他们，这样方能激发学生的研究热情。

（三）活动参与者

在网络英语学习中，由于学生的不成熟，对于学习目标和学习过程的认识是有限的，他们还不能从系统的角度去考虑和组织学习的全过程，因此需要教师的参与。那么，如何参与呢？

（1）把握参与时机。在学生无法选择合适的课题时，在学生偏离课题却浑然不知时，在学生不知道如何去寻找与课题有关的资料时，在学生以马虎应付的态度对待课题研究时，在学生因计划不周、分配不公等发生矛盾，导致研究工作停滞时，教师要适时参与。

（2）把握参与度。不同的研究小组对教师的参与度有不同的要求。有的课题组组长能力强、威信高，组员之间配合默契，教师应放手让他们自己去干、去闯，充分发挥他们的能动性；有的课题组所选的课题超出他们的能力范围，或学生本身缺乏信心，希望教师多关注他们，这时，教师可多关心一些，多提些合理的建议。当然，不管是哪一种程度的参与，教师都要适度，不能越俎代庖，而要以热情的态度、以协作者的身份去帮助他们。

（四）课题研究者

为了对学生的学习进行有效地指导，教师应该是一个研究者。为了实现强化学生不断学习的愿望，提高学生自主学习的能力，让学生学会发现问题、分析问题、解决问题，教师要开展以下的研究。

（1）如何教会学生搜集资料、整理资料、分析资料。
（2）如何教会学生设计实验、验证假设。
（3）如何教会学生设计问卷调查表、获取信息。
（4）如何教会学生处理数据、得出结论。
（5）如何培养学生的观察能力、分析能力、表达能力。

同时，教师要研究学生的个体差异，合理搭配课题小组成员，根据小组成员的能力帮助他们确定适合于他们的课题；要研究学生课题研究中的困

第十章　互联网背景下大学英语教师的专业发展

难,鼓励学生尝试通过多种途径克服困难、创造条件,促进学生克服困难;要研究学生用于课题研究的最适宜时间,既要使学生的课题研究顺利进行,又要保证学生的学科学习不受影响。最后,教师还要研究网络英语学习的基本流程和实施规律,探索对不同模式的研究和指导。

二、互联网背景下大学英语教师的素质

教师在教学中要向学生传授语言知识,发展学生的语言能力,提高学生的跨文化意识,培养学生的跨文化交际能力。而这也对教师的专业水平和教学能力提出了较高的要求,要求教师具备一定的跨文化教学能力,具体包含以下几个方面。

(一)教材评估、选择和使用能力

教师的教学要以教材为依据,因此教师要具备对教材评估、选择和使用的能力。具体而言,教师应从跨文化角度出发来评价和选择相应的教材,能够根据教学需要合理地选用其他教学材料,并保证教学材料的真实性,能够根据具体教学情况和学生学习情况对教材进行调整和改编,从而达到跨文化交际教学的目标。

(二)跨文化课堂教学能力

跨文化课堂教学是英语教学跨文化转型的重要途径,也是培养学生跨文化交际能力的重要环节,因此教师应具备有效开展跨文化课堂教学的能力。首先,教师应对学生进行分析,了解学生对目的语文化的态度,了解学生对目的语文化知识掌握的程度;能够针对具体的教学环境、不同的教学目标和基本教学原则选择教学内容、选择教学方法、设计教学活动。其次,在教学过程中,教师要客观地看待教学,将教学视为动态的过程,积极鼓励学生参与教学活动,确保师生、生生主动地交流。最后,具体到语言文化教学,教师应适应教学的素质要求,合理运用语言文化教学方法;帮助学生掌握文化知识,比较不同文化之间的差异,避免学生在跨文化交际中出现失误。

(三)课外学习与实践的组织和指导能力

课堂活动是课堂教学的延伸与补充,二者紧密相关、相辅相成。教师除了要在课堂上做学生的引导者和帮助者,也要做学生课外文化学习的组织者和指导者,鼓励学生积极参与课外学习和实践,扩充接触知识的途径,扩大文化知识的积累。通过对学生课外学习与实践的组织和指导,教师要能

够帮助学生丰富文化知识,提高文化能力,使学生可以与来自不同文化的人们顺利进行交际;教师要能够激发学生学习文化知识的兴趣和欲望,帮助学生梳理本族文化和他族文化之间的关系,使学生树立正确的价值意识。

(四)现代信息技术使用能力

现代信息技术的快速发展以及在教育领域的广泛使用,对教学产生了巨大且积极的影响作用。在跨文化教学中,教师应充分利用现代信息技术来丰富学生的文化知识,提升学生的跨文化意识,培养学生的跨文化交际能力。教师应根据教学和学生的需要,合理运用现代化信息技术创设跨文化交际语境,为学生提供实践的机会,有效开展跨文化教学。

简单来讲,在瞬息万变的社会发展中,教师不仅要懂得语言文化知识和技能,还要紧跟时代发展的步伐,合理使用现代化信息技术,将信息技术与教学相结合,优化教学环境,提高教学效果。具体而言,教师在现代信息技术使用方面应具备以下能力。

首先,教师应具备基本的信息技术知识,对信息技术与语言教学的整合有系统地理解,能够使用常用的办公软件,能够利用 PPT 制作课件,了解相关的多媒体和网络知识。此外,教师应具备扎实的信息技术应用能力,能在教学中选择和合理地运用信息技术,并将信息技术与教学相整合,包括将信息技术用于课程准备、课程设置、课程管理等方面,能够将信息技术、信息资源和课程内容有机结合起来,高效完成教学任务。其次,教师应成为网络资源的探索者和研究者,成为促使学生有效进行网络学习的帮助者,帮助学生恰当地借助信息技术和网络资源进行语言文化学习。最后,教师应通过便利、交互的网络环境进行学术交流和学习,提升自己的专业能力,促进自身不断发展。

具体到教学实践中,教师应有效运用信息技术组织教学和管理教学。在课前结合教学内容和网络资源制作各种课件,然后将课件、教学计划和安排发布到网上,方便学生预习。课堂上充分利用多媒体和网络资源,激发学生的学习积极性,促进学生互动,使学生吸收和内化课堂知识。教师还应利用信息技术将课堂教学延伸至课外,通过 E-mail、QQ、微信等聊天工具与学生、家长进行课外沟通,做好教学反馈,完善教学体系。

总体而言,信息技术教学的开展有赖于教师的努力和负责,在教学过程中,教师首先要掌握信息技术知识和技能,然后精心指导学生丰富知识、进行学习实践。

第四节　互联网背景下大学英语教师专业发展的途径

一、教师教育

(一)"师范""师范教育"与"教师教育"

有些人认为"师范"源自"效仿"的含义,有的人认为"师范"源自"标准"的含义,但是无论是哪一种理解,自从"师范学校"产生之后,"师范"在相当长的一段时间内成为英语国家一些教师培训机构的用语。随着办学层次不断提升,"师范学校"开始被"师范大学""师范学院"等名词取代。现如今,在国际互联网上,仍旧可以看到"××师范"等命名的一些培训机构,只不过数量比较少而已。

"师范学校""师范教育"对我国教师教育的发展有着极大的影响,到了今天,我们仍旧会用"师范"对一些教师教育进行标识,甚至将对教师的培训与教育称作"师范教育"。一般来说,我们会将 teacher's college 和 teacher's university 直接翻译为"师范大学"或者"师范学院",而不会翻译为"教师大学"或者"教师学院",这样的翻译是为了与我国近代教师教育制度相符合。

当然,百余年来,这样的认知也并未觉得不妥。直到 20 世纪 90 年代,我国学术界提出了"教师教育"的概念,逐渐替代了"师范教育"的概念。

(二)长期沿用"师范教育"的原因

有人不禁会问,为什么人们长时间将对教师的培养称为"师范教育"呢?在汉语中,"师范"是由"师"和"范"两个字构成的。根据国内学者的研究,我国最早将两个字进行合并是在后汉时期。在学者赵壹的《报皇甫规书》中这样写道:"君学成师范,缙绅归慕。仰高希骥,历年滋多。"在这里,"师"就是"教师"的意思,后被定义为"效法";"范"是"榜样"的意思,将两个字合起来就是"学习的榜样"。清朝末年之后,只要古籍中出现"师范"这个词,就是"学习的榜样"的意思。

"师范"成为培养教师的代名词也是在近代出现的。据说,这一含义最早出现在清朝末年一些文章、著作甚至奏折之中。梁启超在他的《论师范》中这样写道:"故师范学校立,而群学之基悉定。"在这里,"师范"的意义就非常新了。

我国建立师范学校,是近代学制的一项重要内容,是借鉴西方教育制度建立起来的。因此,"师范教育"的形成与对西方教育体制的学习分不开,并结合中国特有的文化背景,来形成与转译的。

我国的教师教育制度从开端来看,是从国外传入的。对于19世纪后半期的中国来讲,人们更多接触到的是 normal school,并不是 teacher education,因为就西方来看,normal school 要明显早于 teacher's college、teacher's university 等概念的产生。这些新的概念都是高等教育发展到一定程度后才逐渐产生的。

到了20世纪30年代前后,西方发达国家出现了"教师教育",并将"师范教育"进行替代。如果人们习惯将培养教师的机构称为"师范学校",那么实施这种性质的教育被称作"师范教育"也是正常的,这就造成了我国的"师范教育"与西方的"教师教育"的不同。将 normal school 译为"师范学校"并进而产生"师范教育"的概念,有两大推动因素值得我们关注。

(1)由于我国博大精深的儒家文化,长期尊师重道的理念深入人心,"师"与"道"是两个并存的概念,师不仅是道统的代表与象征,更是肩负着传道受业解惑的责任。因此,将对教师的培养称为"师范教育"不仅与英文的词义相符合,又与中国的儒家文化传统定位相符,因此容易被我国接受。

(2)清末的教育改革是在救亡图存的背景下产生与发展的。鸦片战争之后,中国长期处于闭关锁国的状态,人们深知落后挨打的道理,因此在清政府内部出现了洋务派,主张"师夷长技以制夷"与"中体西用",在这一理念的指导下,中国最早学习的不是思想层面,而是"坚船利炮"等有形之物。准确来讲,清政府内部的改革者宁愿接受西方的技能,也不愿意接受西方的学术,显然"师范学校"要比"师范教育"更具有实体性。

基于这样的背景,即便"师范学校"与"师范教育"是同时来的,但是人们更容易接受的也仍旧是"师范学校",而不是"师范教育"。同时,对于缺乏近代学校根基的中国而言,清朝末年的教育改革更为倾向于解决近代学校体制的建立问题,而不是教育思想的讨论与研究问题。换句话说,当时中国更加需要的不是 teacher education,而是 normal school。

正是因为上述原因的存在,我国一开始将对教师的培养工作称为"师范教育",并一直沿用到今天。显然,"师范教育"与我们的历史背景与教师培养理念相关联。从概念的形成的原意上说,其指的是一次性完成职前教育,在办学性质上指的是中等以及中等以下水平。

（三）"教师教育"取代"师范教育"

在教师教育从初等、中等向高等转变的过程中，"师范"一词逐渐被舍弃。在西方发达国家，"教师学院""教师大学"或者一些综合性大学的"教育学院"将"师范学校"取代，而后人们更多地是使用"教师教育"。有学者甚至说道："美国到1940年，师范学校已经逐渐过时，从20世纪60年代，出现了很多州立大学，不仅会颁发人文学科学位，也会颁发教育学位。"至此，"师范学校"与"师范教育"在美国已经成为了一个过去式。

20世纪以来，教师的培养已经逐渐发展成为一个内涵丰富的教育活动。在教学内容上，其内容包含广泛的知识与技能的学习，并且学科教育、人文科学教育等都属于其重要部分。在教育时间上，其不仅指的是一次性的职前教育，还包括入职、在职教育。在组织形式上，不仅包含正规的学校教育，还包含各种非正规的形式。在办学层次上，不仅有专科、本科，还包含博士、硕士等。显然，如果说"师范教育"的概念在办学程度的维度上还可以通过扩大自己的外延来自我更新的话，那么，随着教师教育在办学性质和模式上的变化，这一概念变得似乎不那么适用了。

1980年前后，我国学术界又提出了"大师范教育"与"小师范教育"的概念，并将新旧教师教育的观念加以区分，认为"小师范教育"即我国近代以来传统的师范教育，"大师范教育"为那些开放的、立体的师范教育。可以这样说，"大师范教育"是人们在难以找到合适的称呼之前形成的一个过渡词汇。

到了1990年之后，教师教育逐渐在我国学术界占据一席之地，但是并未像西方那样使用普遍，"师范教育"仍旧占据重要的位置，仍旧被很多人使用。有人则认为，其实二者并无差别，只不过用词不同而已，只要将教师教育的新的性质赋予到"师范教育"身上即可，没有必要非得更换名词。应该说，这种见解也是存在一定道理的，也是对二者关系的权衡方式。但是，有些人又觉得用"教师教育"对"师范教育"进行替代可能显得更为妥当。具体有如下几点原因。

(1)"教师教育"的提法更体现国际性

教师教育的提法具有国际性，其与英文teacher education相契合，便于国际间的交流。尤其当今社会正处于全球化时代，我们已经加入WTO，尽可能与国际实现接轨，需要对人际交流的障碍进行消除。要知道，"师范教育"在西方国家的文献中已然不存在了，西方很多人已经不理解"师范"的概念了，尤其是那些开发程度较高的国家、地区等，都将教师的培养视作教师教育。

(2)"教师教育"的新内涵更为贴切

有些人提出仍旧以"师范教育"进行定义,但是添加新的内容,但是与其这么做,还不如用"教师教育"这一贴切的词来表达。因为前面那种做法容易让人模糊概念,后面的做法能够提醒人们认识新的意义。

(3)"教师教育"更符合时代潮流

在我国,"师范"一词有着特定的历史背景,直到今天人们仍旧会提到这个词,前面所说的儒家教师观、西方借鉴观等,都已经成为历史,或需要重新对其诠释,因此用"教师教育"对"师范教育"进行替代,是与历史发展潮流相符合的。

二、行动研究

近些年来,行动研究在我国高等院校开始得以重点发展,特别对教师教育形成了专业教育的主要途径。人们开始学习行动研究的基本原则、研究步骤,了解行动研究的做法,关注和尊重他人的调查。根据行动研究结果,人们可以阐明评估项目的可行性研究,提出改进教师专业发展活动的实施方案,最终达到教师持续专业发展的长远目标。当今行动研究不仅用于教师的专业教育,而且在教育管理和组织研究、社会工作和其他专业背景等均有所研究。

行动研究是被越来越多的从业人员采用的一种方法,这种方法能够监督人们的生活和环境。在国内,行动研究最初由北京师范大学王蔷教授进行研究并且取得了显著成果,其专著《英语教师行动研究——从理论到实践》的出版不但从理论上阐述了行动研究对英语教师发展的重要指导意义,而且从实践的角度介绍了教师如何在自己的课堂上开展行动研究。目前,在我国的教育教学和教师教育改革中,行动研究已经成为一个备受关注的课题,正逐步成为实现教师专业化发展的重要途径之一,我国广大教育工作者也逐渐地理解和接受并践行这一理论,尤其是对现阶段大学英语教师的发展方向产生了一定的影响。

我国学者普遍认同,行动研究是一种以教育实践工作者为主体进行的研究,以自己在实践中所发现的问题来进一步改进教育实践。

Calhoun E. F.(卡尔霍恩)提出了"行动研究循环"方法,具体包括选择一个领域或感兴趣的问题、收集数据、组织数据、分析和解释数据并采取行动(图10-1)。

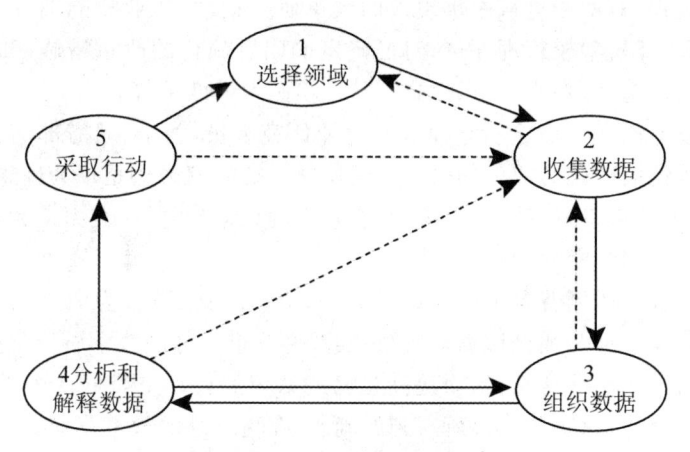

第十章 互联网背景下大学英语教师的专业发展

图 10-1　行动研究循环[①]

我们应该知道,行动研究有着不同的方法,但它是一种真正的科学探究的方法。尽管诸种定义表述各异,常常发生分歧,但有关行动研究所强调的精神却是一致的,即强调行动研究的重点是:如何做？谁来做？为什么？可能的结果是什么？同时,行动研究者则一致认为,行动研究是基于一定的原则的,是以解决现实中的具体问题为目标。

(一)行动研究的类型

行动研究的类型大体上有两种,一是独立进行的研究,二是合作性的研究。行动研究还可以分为三个层次。

(1)单个教师的行动研究。

(2)协作性的行动研究(理论工作者与教师合作)。

(3)学校范围内的联合行动研究。

行动研究针对的是中小规模而不是宏观的实际研究,是在教育的实际情境中进行的研究,即从实际中来又回到实际中去的研究。行动研究的适用范围主要是适用于教育的实际问题而不是理论问题的研究,单个教师的行动研究的特点是规模小、研究问题范围窄,具体易于实施,但力量单薄,很难从事深入的、细致的、说服力强的研究。

协作性行动研究的特点是可以发挥多个教师的集体智慧和力量,但可能在理论的指导方面较欠缺。具体表现为:课堂教学研究将改革措施实施

[①] 孔繁霞.行动研究与教师专业发展:大学英语教师方向[M].南京:东南大学出版社,2013:1.

于教学过程;对课程进行中小规模的改革研究;教师职业技能训练,提供新的技术和方法;学校管理评价;对已确定的问题施行的改革措施,如困难学生的教育措施、不良心理行为的矫正、环境因素的变革等。

学校范围内的联合行动研究是专业研究人员、教师、政府部门、学校行政领导等组成的较为成熟的研究队伍所从事的研究。这是较为理想的行动研究,它的特点是有专业人员参与,有较强的理论指导,研究力量大,能充分地发挥领导、教师和研究人员的作用。

高等教育体制背景下的行动研究是以教师与学习者为中心的,关心的是如何收集数据和测试证据,如何在实践中改进教师的教学质量,进一步理解行动研究的实践意义,从而提高自己的认识和行动。我们认为重要的是在现实世界中,解决与改进所遇到的问题,在更广泛的教育背景下具有一定的影响。

也就是说,教育行动研究通过自己的实践研究产生一定的经验证据。对自己的工作进行说明和解释,表明我们是如何提高教育的质量,以及在工作场所和机构改善个人和他人工作的重要意义。

(二)行动研究对教师发展的意义

1. 对教师教学研究的意义

首先,行动研究是针对教师在课堂上遇到的实际问题而出发的,它是解决教育研究中理论脱离实际倾向的一种良好的途径。一般研究多着眼于理论层面,理论与实践脱节是我国教育研究中长期存在的一个问题。在某种程度上,教育科研成了专家们的专利。他们多半是通过间接的资料进行研究,其主要目的是为了出书或撰写论文。即使联系学校也基本上是处于旁观者的角色,是"关于教育的研究",而不是"为了教育的研究"。行动研究则着眼于实际的教学问题,换言之,研究的主人翁是一线教师。

其次,行动研究的结果具有一些能改进教学问题的新做法。教师通过系统地搜集证据,寻找出哪些才是有效的解决方案。值得一提的是,研究虽然是针对教师遇到的问题,但这并不表示他们是问题教师;相反,优秀的教师才会不断改进自己的教学质量,达到精益求精。因此,行动研究不单是知识的增长,还意味着教师专业发展不断的提升。

另外,教师要采取哪种教学策略(行动)来解决所遇到的问题,就像一项研究假设。教学行动旨在探讨能否有效地改进现存的问题,教学其实就是研究的一部分。换句话说,行动研究也是一种教学方式,教学和研究两者是不可分割的。教师进行合理化的行动研究,主要关注的是教师行动研究的

第十章　互联网背景下大学英语教师的专业发展

范围程序和方法。

我们可以从以下几方面帮助教师自我发展。

(1)提高在教学环境下对教育与教学理论原理知识的认识。

(2)提高教师与教师,学生与教师,教师与管理人员合作的重要性的认识。

(3)通过教师发起行动研究,开展课程。

(4)提倡教师进行反思性教学和自我评价。

(5)提高教师在行动研究中的角色意识。

总之,行动研究的主体不是理论研究工作者,而是教育的实际工作者;研究的目的不是描述和解释教育的研究,而是改进教育实践的研究;研究过程不是游离于教育实践之外,不是一种旁观者的研究,而是为广大教师所理解、掌握和应用的一种研究方法,教师的收效自然也很大。这一方法不仅促进了科研对实践的指导作用,而且促进了教育理论的发展。有人认为,中国没有出现真正的教育家,没有自己的教育学,理论脱离实际是主要原因。而教育行动研究恰好相反,一方面,它的实践性是非常明显的。无论是研究的出发点、研究的目的,还是研究的主体、研究的过程都离不开实践;另一方面,行动研究也重视理论的作用,它强调理论工作者与实际工作者的结合,使两者相互合作,平等对话,共同促进和提高。教师可以从专家那里获得必要的专业理论知识和研究技能,理论工作者也可以从真实的教育实践中获得第一手材料,发现新问题和新课题,甚至发现和创造新的理论,使研究成果更容易为广大教师所接受。由此,我们不由得想起了前苏联的著名教育家苏霍姆林斯基,他所走的教育研究的路子,就是一条理论与实践相结合的路子。作为帕夫雷什中学的校长,从1948—1970年,他跟踪观察和研究了29个班级,共700余名学生从入学到毕业整个10年学习期间的生活。根据大量的实际材料,他分析了这些学生在德、智、体诸方面的成长过程,揭示了他们的知觉、情感、兴趣需要、意志的心理发展和言语的不同特点。在长期的教学工作和教育研究中,他撰写了41部专著和小册子,600多篇论文,约1 200篇文艺作品。其中许多著作被译成30多种文字在国内外出版。苏霍姆林斯基堪称理论与实践结合的典范,用今天的眼光看,在一定的意义上,他也可以说是教育行动研究的楷模。由此可见,行动研究是一条实现理论与实践结合的坦途,值得大大提倡。20世纪90年代以来,西方学者提出了所谓"V-S联合",即"大学—中小学联合"的教育研究发展模式,主张大学教师与中小学教师联合起来,各取所长,共同促进教育理论和教育实践的发展,确实是很有见地的。

以行动研究这一新的方式进行工作,可能会优于大多数教师之前的工作方式,这更符合教师发展的希望。教师们生活在他们的价值取向中,可能仍然有很长的路要走。虽然教师们已经解决了一个个问题,但其他的问题可能已经出现。教师们需要注意,也许在解决一个问题的同时,没有预料到的其他问题已经出现了。这是无止境的,也是自然发展的实践准则,更是进行行动研究的乐趣所在,因为问题是不断出现的。

每个结束都是一个新的开端。行动研究为个人和社会重建构成了有效的方法,教师要不断地思考与探索,对于未解决的问题不能放弃,只要教师能保持清醒的意识,不断开启新的起点,就有能力影响更多的人进行行动研究。

行动研究有利于突破教育科学实验的种种限制,比较简便易行,容易为广大教师所接受。迄今为止,在教育科学研究领域,许多人采取了思辨研究的方法。这种理论推导和资料引证的方法,对于承担着繁忙的教育教学任务的教师来说,既有一定的难度,又缺乏现实的运用价值。还有一些教育研究工作者,采用了实证主义的研究方法。为了追求量化、客观化和精确化,往往想方设法控制某些变量,力图使教育研究模仿自然科学实验。这种方法虽然有一定的指导意义,但教育科研有其自身的特点,它是以人为对象,环境千变万化,因果关系相当复杂,不能简单地模仿、照搬自然科学的实验方法。加之,它在实验研究之前,就从理论假设、实验原则等方面对实验者的理论水平提出了较高的要求,因而对大多数教师来说,也不一定适合。而教育行动研究,是从实际出发而非从理论出发,可以边研究、边学习、边改进,正好能避开上述两种研究方法的局限性,容易在教学教育中开展。教育行动研究有利于改进学校工作,提高教育教学质量;有利于提高教师的教育理论水平和教育教学能力,培养出科研型教师。国内教育行动研究的实践,可以有力地证明这一论断。行动研究把教师从终日忙于应付学校事务的状态中解放出来,使教师确立明确的发展方向,形成清晰的研究思路,提高专业能力和水平。同时使教师走上靠科学研究提高教育质量的正路。教师最大的收获是学会反思,学会研究,学会在研究状态下工作。通过行动研究使教师从"教书匠"向"研究型教师"迈出可喜的一步。

2. 教师开展行动研究的意义

(1)行动研究可转变教师的教育观念

"革新必革心",教育观念的更新是教育改革成功的前提。按照行动研究的理念,教师是研究者,不再是单纯的执行任务者,具有了主动认识问题、解决问题的意识和对自己教育行为的反思意识。行动研究使研究成为教师最有效的学习,使课堂实践变为教师最实在的工作空间。在研究实践中教

第十章　互联网背景下大学英语教师的专业发展

师树立了终身学习和创新学习的新理念。行动研究有利于教师解决教育实践的实际问题,促进教学改革,教师在充满不确定的教学环境中,通过实践不断开展行动研究,把所学的知识、原理和教学实际结合起来,采取适合特定情景的教学行为,形成优化的教学实践模式。广大教师在实践中积累了很多宝贵经验,深入分析和总结这些教改经验,丰富和充实学科理论体系,解决教育实践的问题,必将进一步促进教学改革。

(2)行动研究可转变教师的角色,促进教师专业发展

行动研究要求教师从传统的知识传授者与灌输者角色变为研究者和学习者。在研究和学习中,教师与专家、学生在平等民主的气氛中共同合作。日渐深入的教育改革使得新的教育思想、新的课程计划、新的教学方法和设施等不断地出现,要求教师在知识结构上更新、在情感与技能上适应,并需要教师对之做出评价,这种压力成为许多教师从事研究的动因。可以认为,行动研究是培养和促成"研究型"教师的重要途径。教师的专业能力不是仅靠学习专业学科知识和教育科学知识就可以转化生成的,也不是仅靠教学经验积累、阅历的增多自然积累的,而是需要教师在教育、教学工作中投入大量的精力进行行动研究,并将理论应用于实践中。也就是说,发展教师专业能力要求教师在实践中进行,在理论指导下进行,加深对理论的理解和辨识,分清理论的优缺点;更完善地了解和更准确地把握教育、教学情境,更敏锐地洞察、更深入地分析、更恰当地解决教育、教学情境中的具体问题;形成改进教育、教学实践的方案或措施,促进实际教育、教学工作的合理、科学与有效以及专业工作能力的不断提高。

(3)行动研究对开展科研兴校有一定的指导意义

行动研究对开展科研兴校有一定的指导意义,一方面学校通过专业学科或教育科学的学术性研究,促进学校的发展和形象的提升;更主要的是学校通过教育、教学研究,改进实践工作,提高人才培养质量,提升学校形象,促进学校发展。教师受学科专业知识、教育科学知识、工作经历、时间和精力的制约,从事专业学科研究、教育科学研究有一定的难度;另一方面,教师习惯进行经验总结、个案分析,只能就事论事,对问题的认识和理解处于较肤浅的水平,对教育、教学改进的参考价值不大,也不能作为科研兴校的最佳选择。根据实际,行动研究促进教师专业化发展最重要的是教师把自己看成是教育者和研究者统一的人,在实际教育教学中开展研究工作,从问题的发现、假设的提出、问题研究方案的拟定和具体实施、研究过程的调整乃至结论的作出和解释方面都严格按照科学研究的统一规范和程序进行,从而使学校教师和学生都受益。

第十一章　互联网背景下大学英语教学其他方面的创新

随着互联网技术与大学英语教学的深度融合,出现了很多创新的方法与技巧,如课程思政教学、生态教学、跨文化交际教学、ESP 教学。同时,大学英语教学的创新发展也离不开教材的创新。基于此,本章就对这些层面展开探讨。

第一节　课程思政教学的创新

一、课程思政教学的意义

长期以来,大学英语教学中融入课程思政教学一直未得到应有的重视。在大学英语教学中,很多教师对于语法、词汇、结构等进行过多地讲解,学生学习的目的也多是进行必要的考试,进而顺利毕业,然后期待毕业后能找到适合自己的工作。这样的教学模式更多是教书功能的展现,而忽视了育人功能。简单来说,当前的大学英语教学过分注重知识的传授,但是忽视了让学生认识世界与中国发展的大趋势,也忽视了让学生树立共产主义远大理想与中国特色社会主义共同理想的信念。因此,在大学英语教学中,课程思政教学的融入有助于提升学生的思想素质与道德素质,有助于培养学生具备正确的价值观与人生观,使自己努力成为建设社会主义的接班人。

二、课程思政教学的目标

基于经济全球化的背景,中国提出了"一带一路"的倡议,这就要求中国应该努力培育出一批英语专业能力强、能够展开跨文化交际的全方位人才。基于此,大学英语课程的思政改革教学需要从如下几点着手。

第十一章　互联网背景下大学英语教学其他方面的创新

(一)发扬中华文化精髓,培养大学生的文化自信

中华文化有着五千年的历史,到了今天,中华文化的价值理念一直为人类文明的进步提供重要启示。对中华优秀的传统文化进行研究与传承,有助于树立中华民族的文化自信。习近平总书记认为:"没有高度的文化自信,没有文化的繁荣兴盛,就很难实现中华民族的伟大复兴。"因此,大学英语课程的思政建设需要融入文化自信,从而让学生逐渐树立中华文化的自豪感。

(二)立足国际,胸怀理想

未来世界的竞争主要体现在国际人才上,能够从全球的角度对问题进行观察、处理等,是对未来国际人才的要求。随着世界一体化的推进,学生需要具备国际视野,这也是我国人才培养的一项重要目标。

当代大学生不仅需要具备爱国主义情操,还需要具备与国际接轨的能力,让自己逐渐成为具备多元价值观的公民。

(三)助推心理健康,构建完善人格

受功利主义的影响,传统的教育主要强调成绩,只有成绩好,学生才能树立自己的认同感,也能够得到教师、家长的认同。如果成绩不好,学生很容易产生抵触情绪,也比较容易出现挫败感。显然,自尊在学习中非常重要,有助于学生发挥主观能动性,只有具有明确的理想,才能够对自己的生活、学习安排处理得当,也能够处理好人际关系。课程思政教学就是要树立大学生的完善人格,从而帮助学生树立崇高理想,使大学生成为德才兼备的人才。

三、课程思政教学的创新策略

(一)培养英语课程的文化品格

英语课程属于一个系统工程,其不仅包含教学内容、教学目标、教学要求,还包含对英语课程性质的理解与把握。传统的英语课程仅仅从英语学科出发来教授知识与技能,显然这样的教学目标是不够全面的,忽视了对学生综合素质的培养。而对英语课程的文化品格进行研究可以将英语课程追溯到语言与文化这一本质问题上进行剖析,从而将英语课程放在一个更为广阔的领域进行研究,也是对以往英语课程局限性的突破,可以直接深入英

语课程的根本问题。

同时,随着英语课程与教学改革的深化,很多教师迫切要求一种新的理论来指导教学实践。而对英语课程进行文化语言学层面的研究,是更新教学观念、变更教学方法、建构教学新秩序的重要手段,有助于帮助教师走出应试教育的困境,具有实用性价值。也就是说,在英语课程与教学改革中把握英语教育文化的本质,才能在实践中调动学生的主观能动性,真正地实现教育目的。这就是对英语课程的文化品格进行分析的魅力所在。本节就对其展开详细的论述和探讨。

1. 什么是文化品格

关于"品格"这一词汇,《辞海》中有如下四层含义。

第一,指代物品的质量规格。

第二,指代文学艺术作品的格调、质量。

第三,指代一个人的性格、品格。

第四,指代一个人为官的品格。

对于这四点,最后一点可以忽略不谈,前三种可以将其泛指为品行、性格、质量。

在英语中,与"品格"对应的单词是 character,其中《牛津高阶词典》对这一词的解释为:品格、品质以及特点、特征等。

显然,"品格"一词用于人们对特定对象展开评价,多用于指代人的品性以及对事物特点的分析,是一种评价的标准。"品格"包含了品性、品质、品味等含义,由于研究目的差异,不同领域对其的研究侧重点也不同。但是,我们这里认为品格包含了风格,对于"风格",其含义是相对明确的,即特定的类型,风格是作品在整体上呈现的独特风貌,是人的内在特征在作品上的一种反映。可以这样说,风格是通过艺术品展现出来的相对稳定、较为内在的能够将时代、民族、艺术家等的精神气质、审美理想反映出来的外在印记。风格的形成是民族、时代、艺术家的艺术走向成熟的标志。

对于上述对品格的分析我们可以这样认为,文化品格即指的是人或者事物在思维方式、价值观念等层面表现出来的气质、精神、特点与风格,其不仅是对人或者事物文化属性的规定,也是其价值取向的一个重要表现。

从中国知网关于"文化品格"进行搜索,其主要涉及两大研究范畴:一是对某个人或者群体所具备的个性特征展开分析;二是对某类事物或者活动本身在文化层面表现出的属性与特征进行研究。但是综合分析来看,文化品格重在描述事物或者活动主体所展现出来的文化特征与气质,并且这些文化特征与气质是事物以及活动主体的重要体现。因此,本书采用"文化品

第十一章　互联网背景下大学英语教学其他方面的创新

格"来对英语课程展开描述。

2. 英语课程中文化品格的释义

无论是什么学科，一旦进入了学校教育领域，以一种课程的形式表现出来，其就不可避免地具备"文化品格"，这是由课程的本质属性决定的。就这一意义而言，所有课程都与文化有着密切的关系。但是，由于课程不同，这种文化的存在样态也是会存在差异的。对于英语这个课程来说，学生学习英语不仅仅是为了学习英语知识，更是要理解其隐形的符号系统。对于母语学习者来说，母语课程会浸润在日常生活中，是一种自觉的行为，但是对于外语学习者来说，由于一些场合与场景的缺乏，导致其势必会是一种探寻的结果。因此，英语课程的文化品格指的是英语课程作为一门语言教与学的课程，其自身所持有的文化气质、文化性格与文化品行。当然，这主要受英语课程的性质与任务决定。

(1) 从课程性质理解英语课程的文化品格

具体来说，英语课程的性质主要可以归纳为如下几点。

首先，英语课程的基础性。21 世纪是一个世界各国相互融合的时代，地球已经成为一个村落，在这一村落中，英语是流行的语言，要想在这一村落中生存，英语是必须具备的交际手段。随着信息技术的发展，计算机网络使人们获取知识的方式发生了改变，21 世纪的人才要求具备在网络上获取信息的能力，而英语成了国际网络上的交流工具。显然，掌握英语是新时代对人才的一大要求。我们处于一个多元文化的社会，而在这个社会中的人们需要学会与不同文化背景下的人们展开交流、和谐共处。英语课程为学生们打开了一扇了解他国文化的窗户，通过这一途径，学生可以接触不同的文化，了解不同文化背景下人们的生活方式，为进一步增进彼此之间的交流与合作奠定基础。显然，英语课程是学生开阔视野、培养智力、锻炼品质的一项重要课程。

其次，英语课程的交际性。实际上，不光是英语这门课程，其他课程也都具有交际性。但是由于受传统教育观念的影响，我国的英语课程过分注重词汇知识与语法知识的讲授，这种观念虽然有助于学生获取英语语言本体知识，但是随着对语言本质认识的深入，人们也认识到应该改变这种传统的课程观念，英语课程对于我国的学生来说是一门缺少真实环境运用的学习，基于这样的情况，一味地教授语言知识是远远不够的，这会让学生降低学习的兴趣，因此需要强化交际性，为学生创设各种交际环境，提升他们的交际能力。

最后，英语课程的人文性。英语作为一种语言，不仅是一种交际的工具,还是一种文化的彰显。学习语言更是为了学习语言背后的文化。因此,除了要注重英语课程的工具性,还需要注重其人文性,片面地强调其中的一方面会使英语课程发展不平衡。实际上,在英语学习的过程中,学生获取的不仅是语言知识,还有价值观念与思维方式的改变。通过英语学习,学生可以从不同角度对世界、对自我有客观的认识。因此,英语课程具有明显的人文性。人文性的凸显是英语课程在实践中需要关注的重要层面。在教学中,将文化教学与语言知识教学相结合,用文化对语言教学实践进行引领,是英语课程的题中之意。

(2)从课程任务理解英语课程的文化品格

英语课程的性质决定了英语课程的主要任务在于培养学生的综合运用能力。美国著名的语言学家巴赫曼(Bachiman)对语言能力的理论框架进行概括,具体如图 11-1 所示[①]。

在图 11-1 中,人类通过语言展开交流的过程是将所需要运用的一组知识,根据各自的地位与性质、作用与关系等进行组合排列,进而形成语言能力结构的各个要素。显然,巴赫曼研究的语言能力是那些能够在特定交际环境中可以被接受的言语功能,是那些常规的语言功能,并将这些言语按照话语需要以及一定的社会文化习俗要求,构成得体的言语能力。显然,语言能力包含语言的功能、意义等要素以及这些要素之间的关系。当然,巴赫曼的这一研究也说明了语言能力并不是各个成分之间的简单组合,而是一些相互关联的要素构成的有机整体。这对于英语课程的设置有着重要的意义。

长期以来,我国的英语教学大纲将对知识与技能的掌握作为课程目标与任务,这无形中就造成了英语课程过分重视知识与技能教学的倾向,从而忽视培养学生的语言运用能力。因此,语言知识不能直接与语言能力等同,而是要平衡语言知识与其他能力的关系。新的教学大纲除了要教授学生语言知识外,还需要教授给他们情感、态度与价值观,还需要让他们了解中西方文化的差异,拓宽视野,从而帮助学生形成健康的人生观。

(二)搭建优秀的传统文化交流平台

教师可以组织学生开展"我们的节日"等活动,对中国的传统节日文化进行丰富,使这些传统文化更富有生机。同时,加大宣传力度,如可以组织学生对学校的历史进行定期的学习,在学习校史的情况下,发挥传统文化的作用与意义。

[①] 陈宏. 第二语言能力结构研究回顾[J]. 世界汉语教学,1996,(2):46-52.

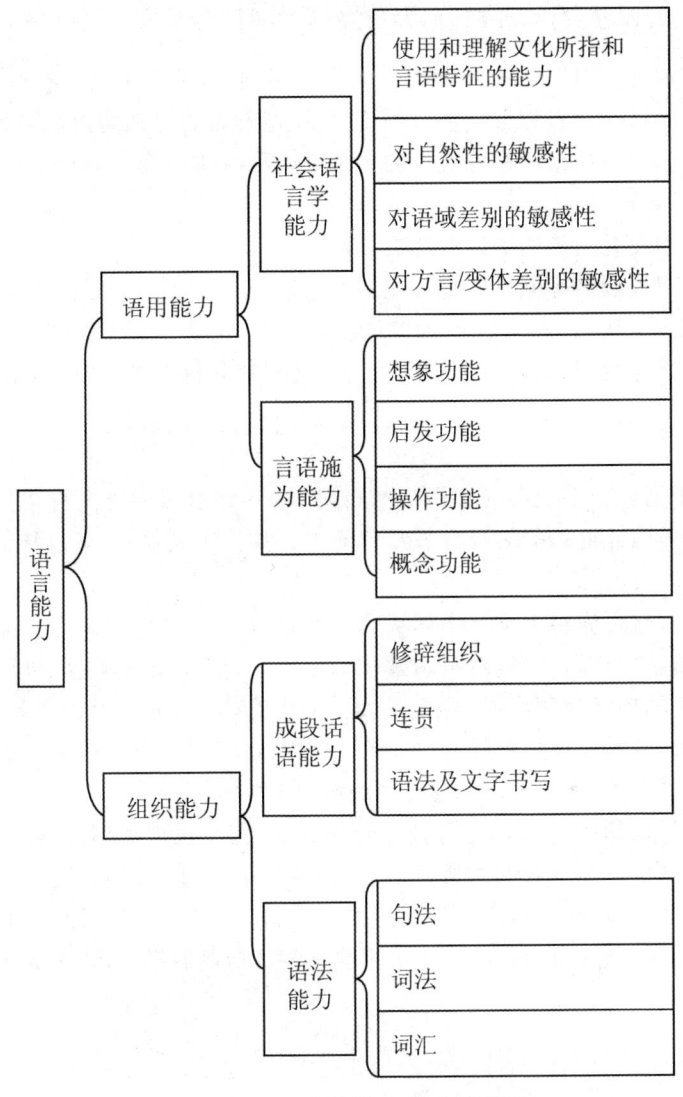

第十一章 互联网背景下大学英语教学其他方面的创新

图 11-1 巴赫曼语言能力结构图

语言能力
- 语用能力
  - 社会语言学能力
    - 使用和理解文化所指和言语特征的能力
    - 对自然性的敏感性
    - 对语域差别的敏感性
    - 对方言/变体差别的敏感性
  - 言语施为能力
    - 想象功能
    - 启发功能
    - 操作功能
    - 概念功能
- 组织能力
  - 成段话语能力
    - 修辞组织
    - 连贯
    - 语法及文字书写
  - 语法能力
    - 句法
    - 词法
    - 词汇

(资料来源:陈宏,1996)

教师可以运用多种文化资源,如图书馆、博物馆、遗址等,培养学生的民族认同感,并结合学校的多重优势,举办讲座,提升学生对中国文化的理解与认知,增强他们的爱国情操。

教师可以组织富有中国文化内涵的社团活动,通过这些活动,使学生的校园生活更加丰富多彩,也能够在学生不知不觉间感受传统文化的魅力。

(三)充分发挥新老媒体的传播作用

在新时代条件下,教师要引导学生运用网络,综合书籍、期刊、网站、电台等多种媒体,对宣传形式加以创新,使中国传统文化的传播与弘扬与时代发展的特点相符合,使中国优秀的传统文化更具有生命力。具体来说,可以采用如下几种方式。

(1)创设有内涵的中国传统文化网站。

(2)在校园网中创设传统文化项目,或者可以运用微信平台,将文化融入生活之中。

(3)充分运用学校资源,将学校的人文传统发挥出来,开设名家讲堂。

(四)提升教师传播中国优秀传统文化的能力

由于当前很多教师的知识结构相对单一,对中国传统优秀文化掌握得并不充足,因此应该努力提升教师的能力。具体来说,主要可以从如下三点着手。

第一,教师应努力学习中国优秀的传统文化。高校也应该鼓励教师不断对知识结构加以完善,对中国文化的发展情况、历史渊源等有所了解,对中国优秀的传统文化形成全面的认识,尤其是对核心价值观的理解和把握。

第二,教师应该不断提升敏感性。高校应该为教师提供出国培训的机会,让英语教师真正地置于文化交际语境中学习。

第三,教师应该不断提升自身的综合能力,真正地做到以身立教,投入到教学之中,培养自身的人格魅力,对自身的品质进行培养,这样才能与学生展开有效的互动与沟通。教师还需要具备广泛的心理学知识,对现代教育技术予以掌握,对不同的内容采用与之相适应的教学手段,真正地实现因材施教。

(五)在"一带一路"倡议下促进中华优秀文化传播

1. "一带一路"倡议的提出

中国"一带一路"倡议的构思来源于两个方面:一是中国古代的"丝绸之路",这是一条从中国内陆和西部省份跨越中亚,经过中东,终结于中欧地带的陆路通商路线。另一个是15世纪中国明朝的历史航道。当时中国的皇家舰队在郑和将军的指挥下,七次出航,打着"奉天承命"的旗帜,探索外部世界,并试图与之开展贸易。"21世纪海上丝绸之路"几乎与这一航道相吻合,它从中国东南沿海的福建省开始,穿过马六甲海峡,环绕非洲之角,穿过

第十一章　互联网背景下大学英语教学其他方面的创新

红海进入地中海,结束于意大利威尼斯。

"一带一路"倡议,涵盖了世界人口的65%和世界国内生产总值的1/3。"一带"主要包括中国周边国家,特别是那些原丝绸之路经过的中亚、西亚、中东和欧洲的国家;"一路"则将中国港口与非洲海岸相连,并通过苏伊士运河延伸到地中海。官方的"一带一路"倡议内容集中体现在2015年3月中国政府发布的《推动共建丝绸之路经济带和21世纪海上丝绸之路的愿景与行动》。这份文件给外部世界传递的关键信息是"和平、发展、合作和互利"。"一带一路"倡议涉及数以亿计的中国主导投资项目,覆盖了包括高速公路、铁路、电信系统、能源管道、港口等在内的基础设施项目网络。这将有助于加强在欧亚大陆、东非和六十多个伙伴国家之间的经济互联和共同发展。中国认为"一带一路"在促进经济增长、边境安全与和平等方面具有巨大的潜力,同时将中国西部地区定位为未来经济发展的中心。换一句话说,"一带一路"倡议的最大目标无疑是重新定位中国与全球经济的关系,并将中国界定为未来世界新秩序的主要参与者之一。

2017年5月14—15日,中国政府举行了第一届"一带一路"国际合作高峰论坛。28名国家元首和来自六十多个国家和十多个国际组织的高级官员出席了首脑会议,其目的是讨论中国的新丝绸之路倡议。此次峰会与20国集团(G20)和亚洲太平洋经济合作组织(简称"亚太经合组织",APEC)会议同样重要,是2017年中国的主要外交活动。中国国家主席习近平在2013年首次提出"一带一路"的宏伟构想,随后在亚洲、欧洲和非洲推出一系列基础设施项目。随着"一带一路"倡议的发布,中国正在努力将自己塑造成自由贸易和全球化的新拥护者,而当时世界经济正受到国际金融危机的负面影响,受到孤立主义政策和美国新政府的负面影响。

2."一带一路"与中国文化传播

中华文化在"一带一路"沿线国家的顺利传播几乎可以说涉及人类生活的各个方面,任务重,头绪复杂,障碍多。为此,我们必须以科学挖掘梳理适合"一带一路"背景下要传播的中华文化的内涵为基础,以充分客观了解"一带一路"沿线国家国情、舆情为前提,以科学规划中华文化在"一带一路"沿线国家的国际传播路径为手段,以推动建立"一带一路"沿线国家中华文化国际传播质量标准体系、效果评估体系和保障机制为支撑,以培养可在"一带一路"沿线国家可持续传播中华文化的中外专门人才为未来保障,以推动中华文化与"一带一路"沿线国家价值观的和谐共生为原则,着眼长远目标,立足现实需要,在对当前"一带一路"沿线国家中华文化国际传播现状细致调查分析的基础上,从战略和具体实施层面,探索"一带一路"背景下中华文化国际传播的内涵、原则、方法、目标及与沿线国家的文化外交、文化产业、文化生态建设、媒体、对外汉语教学、翻译、经济的关系,探讨建立具有中国特色、世界价值的中华文化国际传播理论话语体系、运行机制和效果评估体系,从而更好地服务于"一带一路"倡议,并推动世界各民族文化借力"一带一路"实现和谐共生。

(1)"丝绸之路"精神是"一带一路"精神的源头。"一带一路"倡议不仅有利于推动中国自身发展,对提升世界经济发展繁荣与和平进步也具有深远意义。而要实现这一造福于世界各国人民的宏伟蓝图,必须沿线各国互信合作,共享和平,共同发展。

"丝绸之路"迄今已沉淀为一种世界文化和谐交融的遗产,成为中华文明贯通世界的通道,也是中华文明世界胸怀的象征和不屈不挠的精神体现。这种"丝绸之路"精神也感染了沿线国家,礼尚往来,相互浸濡,逐渐形成了世界文明交流的基本原则,成为世界文化遗产。

古代"丝绸之路"作为一种国际合作与交流的象征,对建设 21 世纪的"一带一路"具有直接的借鉴价值,也能提供很多战略和策略上的启示。"一带一路"首先应该是连接沿线国家的文明之路,也是世界多元文化平等展示的平台,也必定是矛盾与冲突之路,但最终将推动世界和平,形成新的"一带一路"精神。

(2)国情、舆情事关中华文化国际传播的量与质。"一带一路"沿线国家的国情、舆情,就是"一带一路"背景下中华文化国际传播的"硬环境"和"软环境",事关中华文化国际传播的量与质。目前,沿线国家国情复杂,价值观差异性大,对"一带一路"倡议和中华文化的接受度不一致,应该分别调研分析,进而采取针对性措施,才能保证中华文化在"一带一路"不同国情下的顺利传播。

目前,"一带一路"沿线国家关于"一带一路"的舆情也同样复杂,但都一致认为"中国将受益于'一带一路'贯通"。在这种统一认识下,舆情又分化为两类。一类为"利益分享"型,认为自己的国家或所处地区将会从中国的发展中受益;另一类是"利益博弈"型,体现在过度担心"合作利益分成"中自己的国家没有足够的主动权,或自己的国家不得不通过出售土地、不可再生资源等不可持续的方式加入"一带一路"倡议的合作。

鉴于此,中国应在强化与沿线国家建立"商业伙伴"关系的同时,进一步强化对中华文化的客观阐释,坚持与沿线国家建立"拥有共同命运归属感与文化共性的朋友"关系。

(3)以当代视角和世界视角挖掘中华文化的时代内涵。"一带一路"背景下中华文化的国际传播要取得成功,需要研究中华文化在"一带一路"沿

第十一章 互联网背景下大学英语教学其他方面的创新

线国家传播的历史、方法、问题与对策,探寻中华文化国际化的规律,构建相关理论,并通过实践加以验证。只有这样,中华文化才能更好地助推中国走向世界。

中华文化要走向世界已成社会共识,但中华文化博大精深、多元共生,因此,要保证中华文化在"一带一路"沿线国家国际传播的质量和效率,必须基于全球化的背景,从"文化强国"的战略高度认真分析,从国家价值观、社会价值观和个人价值观三个层面明确"一带一路"背景下中华文化国际传播的基本内涵,明确社会主义核心价值观是中华传统价值观时代性转化的自然结果,从组织和实施主体方面研究中华文化在"一带一路"沿线国家国际传播的任务与方法、主导者和实施者的关系,并建立相关标准和传播效果评估机制,从而才能有针对性地、有条不紊地、张弛有度地、效率最大化、机制最优化地传播中华文化,并能牢牢掌握主动权,保证传播的长期性和稳定性。

(4)语言文化政策是中华文化国际传播的关键因素。当今世界,任何一种语言文化要想在其他国家传播,需要具备很多前提条件,主要包括源语国的综合国力和人口,源语国和传播对象国语言文化政策的支持,语言、文化自身的特点和价值,语言人口,等等。

历史证明,"一带一路"沿线各国汉语、中华文化教学的兴衰与各国语言、文化政策密切相关。如新加坡、泰国、菲律宾、马来西亚、印度尼西亚、越南、柬埔寨等国的汉语教学与中华文化传播,都经历过政策性涨落。

事实证明,语言、文化的国际传播受制于传播对象国的语言和文化政策,政策决定了语言、文化传播的盛衰荣枯。一国语言、文化政策的出台,与该国的独立历史、对世界一体化的认知和接受程度密切相关。语言、文化政策越开放、包容的国家,政治上越不孤立,经济上越能快速发展,文化上越能兼容并包,价值观多元共生的可能性越大。在世界一体化的今天,狭隘的民族主义语言、文化政策将会造成国家的孤立和闭塞,也会阻滞本民族和国家融入国际大家庭,也就难以汲取到发展的能量。

因此,汉语和中华文化在"一带一路"沿线国家的发展历史与语言、文化政策的关系,既是一面历史之镜,可鉴一国世界化的发展历程;也是一面未来之镜,可以预测一国未来发展的趋向是宽还是窄。我们则可以根据一国语言、文化政策把握中华文化融入所在国的时机,设计一国汉语与中华文化传播的路径和方法,制订科学可行的未来规划。

(5)政治生态复杂使中华文化传播面临风险。"一带一路"是和平的、开放的、无限的,但也有重点,其核心区域是"陆上丝绸之路"的中亚五国(哈萨克斯坦、吉尔吉斯斯坦、乌兹别克斯坦、塔吉克斯坦、土库曼斯坦)和"海上丝绸之路"的东南亚(印度尼西亚、马来西亚、菲律宾、新加坡、泰国、文莱、越南、老挝、缅甸、柬埔寨、东帝汶)、南亚(尼泊尔、不丹、印度、巴基斯坦、孟加拉国、斯里兰卡、马尔代夫)诸国。"一带一路"跨线长、跨界大,沿线各国政治文化生态迥异,与中国的历史渊源和当代交集各不相同。

总体来看,"一带一路"沿线国家政治生态不一,经济水平差异大,地缘政治复杂多变,社会与文化机制不同,缺乏多边合作机制。东南亚、印度支那半岛历史上数次发生政治动乱和排华浪潮;苏联解体带来东欧剧变,独联体各国存在着复杂的国内政治斗争和多边关系;中印边界问题至今仍影响着中印关系;阿拉伯国家内部冲突激烈;美国、日本对"一带一路"的怀疑与阻碍至今尚未根本性消除;等等。

总之,"一带一路"是踏着历史足迹的荆棘之路,有经验借鉴,更多的是在"无"中走出"有"来,充满着巨大的风险。作为铺路先锋,"一带一路"沿线国家中华文化的国际传播也必然会面对各种复杂的风险,必须积极应对,先生存后发展,再快速发展。

(6)中华文化国际传播易被视为国家安全威胁。文化是国之根基,是国家安全战略的组成部分,这是世界上所有国家的共识,是我们沿"一带一路"布局中华文化传播格局时必须要面对的现实问题,也是需要"一带一路"沿线国家共同努力面对和解决的问题。只有在和平、共存、共赢的原则下,贯彻"己所不欲,勿施于人""和而不同"的理念,以消除中华文化的传播给沿线国家带来的"不安全感",把中华文化的国际传播工作建设成"一带一路"沿线国家多元文化和谐共存的"和平"平台,推动相互理解和共赢,才能更好地解决这一问题。

(7)中华文化国际传播应缓解沿线国家主流文化与其他民族文化之间的矛盾。"一带一路"沿线国家的文化具有一定的"阶级性",客观上造成了不同民族文化之间的不平等,造成了民族矛盾,进而会影响到国家的整体发展。目前,越来越多的国家已逐渐意识到不同文化之间和谐共存的必要性,这为中华文化的国际传播营造了良性的环境。鉴于此,要在"一带一路"沿线国家传播中华文化,就必须发挥中华文化的和谐观,推动各国文化"和而不同""求同存异"共同发展。这本身就是中华文化融入沿线国家文化生态系统的途径,也是目的。

一国文化的国际传播也是一国国际形象的国际传播,是一国经济文化战略的基本环节。"一带一路"沿线各国都视文化的国际传播为一种战略资源,所以都采取各种方式推广本民族的文化。如阿联酋通过建立翻译学院和阿语教育学院传承阿拉伯语,并在海外建立阿语推广机构,推动阿拉伯语的国际传播;沙特阿拉伯则于2013年成立了"阿拉伯语国际服务中心",推

第十一章 互联网背景下大学英语教学其他方面的创新

动阿拉伯语和伊斯兰文化的世界传播。中华文化的国际传播应基于自身的现实需求和战略目标,扬弃"一带一路"各国文化国际传播的经验和教训,探索构建为"一带一路"各国所了解和理解的中华文化国际传播的"中国模式",形成可供"一带一路"各国文化国际传播借鉴的"中国经验",这是中华文化在"一带一路"沿线国家传播的体制保证和质量保证。

(8)年轻群体是中华文化国际传播的重点。互联网时代的青年人不只属于一个国家,更是属于同一个世界,因此,"民族"色彩往往成为他们为融入世界而要竭力抛弃的"色彩",其中就包括民族文化。但从另一个角度看,年轻人这种世界趋同意识,尤其是"攀龙附凤"的价值观念,却也为经济文化强势国家的文化国际传播奠定了心理基础。中国"一带一路"倡议应基于这种基础,重点培养沿线国家年轻一代"知华友华亲华"意识,让他们切实通过融入"一带一路"进一步理解和接受中华文化,并成为他们自己和国家融入世界的桥梁。

(9)"英语文化"对中华文化国际传播仍是巨大威胁。历史证明,只有政治和经济发达地区的语言和文化才会对处于相对落后地位的语言和文化产生强大的辐射与影响,并且基于客观的市场需求,通过主观推动得以实现语言和文化的传播。在世界上占据强势地位的西方语言和文化,都有过快速传播的历史机遇期,由此导致的西方中心主义,不但表现在经济、技术和政治方面,也表现在语言、文化和价值观方面,而且至今仍在影响着世界的文化格局。

"一带一路"沿线国家都受到英语的冲击,甚至因此导致少数民族语言文化逐渐消亡。当今世界,英语的世界化主要依托于英语国家的经济发展、科技文明,尤其是互联网技术。在全球化时代,英语成为事实上的国际通用语。"一带一路"沿线不少国家都曾是英国殖民地,英语在当今世界全球化和世界信息技术及交流方面的使用价值,也使各国政府无法忽视英语的地位,都或被动或主动地推动英语学习。如马来西亚、新加坡、越南、泰国、阿联酋、独联体各国等对英语的重视程度都很高,甚至推行语言净化运动的土耳其,最终也只能主动回应英语全球化的影响。

世界经济一体化决定了英语的全球地位,回避和拒绝都不会成功。中华文化要在"一带一路"沿线国家顺利传播,首先就必须正视英语所代表的西方文化的强势地位,然后寻找合适的途径"突破"西方文化的"包围",并在西方文化、本民族文化和中华文化之间找到平衡点,推动沿线国家将本民族文化的传承、西方文化的接受与中华文化的理解接受并重,形成各文化之间相互补充、优势互补的文化生态。

(10)华侨华人是中华文化国际传播的重要桥梁。"一带一路"倡议引起了海外华侨华人的关注和支持。事实上,目前已达数千万的海外华侨华人,在知识结构上越来越成为所在国的重要智力资源,他们了解所在国的语言、文化、政治、民风、社会、法律和族群关系,知道如何融合中华文化与所在国文化,这种独具的身份优势,决定了他们将为"一带一路"的顺利实施提供丰富的人力资源、雄厚的资金支持和宽泛实用的人脉网络。

华侨华人既是"一带一路"倡议的实际设计者,也是具体实施者,是"一带一路"的桥梁和隧道。我们在主动推广中华文化的国际传播时,一定要发挥海外华人华侨的先驱和先锋作用,通过他们以当地文化所能接受和理解的方式讲中国故事,更好地做到中华文化国际传播的"润物细无声",实现与世界各国文化的无缝对接。

第二节 生态教学的创新

一、什么是生态课堂

生态课堂是从生态学的视角出发,对生态状态下的课堂加以研究的学科,其强调教师、学生、教学信息与组织、教学环境、教学评价等环节要实现和谐统一,是对师生关系、课程结构等进行的新型建构,是一种各个环节之间彼此联系与和谐共生的教学形态。

教育要以人为本,因此英语生态教学也应该这样。人的生命发展具有多元性,而学生个体的发展具有多样化,这包含他们身心和谐的发展、个人的求知欲、与他人和谐相处的能力等。但是,学生个体的发展不能牺牲他人,因为教育面向的是全体学生,因此要兼容并包,对其他学生要予以尊重。

二、英语生态教学的理念

无论对于教师还是学生而言,英语生态课堂都是一个全新的教育观念,需要每一位教师付诸自己的心血来经营和追求。构建一个完整的英语生态课程系统十分困难,包含创设课堂环境、和谐师生关系、加强课堂互动、构建多元评价机制等。

第十一章　互联网背景下大学英语教学其他方面的创新

(一)创设和谐生态课堂环境

对于师生而言,课堂是他们演绎生命意义的舞台。创设一个和谐的课堂环境,是师生完整生命能够自由成长的基础与前提。生态课堂创设,不仅涉及物理环境的创设,还涉及文化环境与心理环境的创设。

1. 物理环境创设

英语生态教学中生态课堂的物理环境,是由自然环境和一些教学设备构成的,自然环境包含照明、光线、噪音等,教学设备包含教师布置、书桌布置等。这些在课堂教学互动中发挥着不同的生态意义与功能。

(1)适当的光线和照明

在课堂中,适当的照明与光线对于教师和学生都有重要作用,尤其是对学生的健康与心理等。例如,如果光线太弱,那么学生在学习中就会感到视觉疲劳,甚至产生厌倦心理;如果光线太强,那么学生就会受到过度的刺激,对健康产生影响。

(2)降低噪音

噪音会对人的生理机能产生影响,这是不容置疑的,而且会让人感觉到非常的不舒服,也会影响学生的心理,如使他们感到焦虑,记忆力下降,甚至思维变得迟钝等。在教室中,噪声大小与教室位置、班级学生密度有关,与位于城市的位置有关。也就是说,班级人数多,那么噪声就偏大;距离城区越近,噪声就越大。

另外,学生对噪声的承受能力会因为个性、性别等产生差异。因此,要想构建一个英语生态课堂,在位置上要远离城市中心或者比较喧嚣的地方。其次,对于班级的规模也应该予以控制。一般来说,公共英语的班级较大,教师应该根据具体的情况,对不同形式的教学活动进行安排,从而减少噪音。

(3)布置教室

作为课堂活动的场所,教室的教学设备、内部构架等都需要精心的设计与安排。教室内课桌的摆放以及墙壁等的布置整洁干净,会让师生感觉到精神上的舒适感与愉悦感。

形状不同的教室,其有着不同的优点。一般来说,梯形的教室适合讲座,长方形的教室适合课堂讲授,因为这样的教室便于安排座位;圆形的教室适合小组交流与讨论,这样座位的布置也是圆形的。

2. 文化环境创设

在英语生态课堂中，文化环境包含物质文化环境与精神文化环境两类。前者指的是符号化与物化的结果，属于一种表层的文化环境；后者指的是态度、情感等，属于一种深层的文化环境。

在英语生态课堂中，物质文化包含课本、教室、教学设备等这些硬性文化，或者可以称为显性文化，这些文化会对人的行为产生不知不觉的影响，因此在创设生态课堂文化时，能够调动各种物质文化的积极性，如班训、班报等，这样可以使课堂更富有气息等。

生态课堂中的精神文化环境包含学生个体的思想与个性发展、学生群体的精神风貌与其他学生之间的关系、师生关系等，这种文化是隐性的，属于一种软文化。对生态课堂中精神文化环境的创设需要将课堂中各个力量凝聚起来，形成具有特色、集体观念的生动课堂。

3. 心理环境创设

在英语传统课堂中，很多学生受学业压力的影响，存在一定的心理问题。因此，为了减轻学生的压力，教师需要考虑学生的健康情况，为学生创设一个自由、轻松的环境。

首先，家长要转变教育观念，对孩子的期待也要有一个限度，不能给孩子施加过多的压力，这样才能让孩子成为一个健全的人，而不仅仅是一名"好学生"。

其次，教师要做到以德育人、以理服人、以知教人，做到与学生和谐共处，平等相待。

最后，学校应该设立心理辅导课，发现学生的各种心理问题，并给予恰当的解决方法。

（二）确立民主平等师生关系

在英语生态课堂中，要保证师生关系的民主与平等，可以考虑从如下两点着手。

就教师层面来说，应该充分考虑学生的实际需求，对每一位学生的问题都要认真对待，发挥学生的主动性与积极性，尊重每一位学生的人格与个性发展，并多与每一位学生交流，真正地了解每一位学生的情况。

就学生层面来说，应该充分尊重教师，并接受教师的指导与帮助，在日常学习中也要积极地配合教师。

总之，师生之间应该建立一种平等对话的关系，彰显课堂的活力，彼此之间没有压力与猜疑,共同探讨与研究,学生可以畅所欲言,从而使课堂呈现一种和谐之美。

三、英语生态教学的模式

英语教学是植根于中国社会文化语言生态环境之下,学生需要将英语语言知识作为载体,英语教师充当引导者的身份,帮助学生在对英语语言文化了解与接受的基础上,对语言概念体系加以构建,从而培养学生语言与思维"天人合一"的思维方式,促进他们形成和谐、统一、动态的交往模式。

英语生态教学模式下的教学环境不仅涉及课堂教学环境,还包含学校环境、社会语言学习环境等,但是课堂教学环境占据主要位置。

英语生态教学是集合整体性、系统性、动态性、协调性为一体的一种教学模式,其从多个视角对教师、学生、语言、语言环境的作用进行分析和研究,并探讨了这些层面对语言习得的影响。因此,采用突现理论对语言生成进行整体的认识,采用多维时空的流变性对语言学习过程进行研究,采用符担性对语言学习与环境之间的关系加以探讨,这样才能对英语生态教学与研究有着全面的认识,也才能更好地指导英语生态教学。下面就从这几个层面入手进行分析。

(一)生态语言生成观——突现论

近些年,"突现"已经成为语言学研究、复杂性科学研究热点话题。美国圣菲研究所最著名的就是对复杂性科学的研究,他们在研究中提出:复杂性实际上就是一门与突现有关的科学。2006年12月,国际权威期刊《应用语言学》(*Applied Linguistics*)出版了一个突现理论专刊,这就意味着这一理论开始进入语言学研究的范畴。但是,当前对于"突现"的概念还没有一个明确的解释。

语言是一个复杂性、动态的系统突现出的特征的集合,语言学习是特征突现的表现。语言这一系统在人与世界的交往互动中生态地形成,并且其是一个在不同集合、不同层次、不同时间相互影响、相互作用、相互适应的复杂系统。其中不同的集合包含网络、个体、团体等,不同层次包含人的大脑、身体、神经等,不同时间包含新生、进化、发育等。

那么,语言是如何实现突现的呢?著名学者迈克温尼(B. Mac Whinney)指出,对于语言突现这一问题,现在的描述还不够完善,但不得不说的是突现论已经对很多语言现象进行了分析和描述。例如,人的发音过程主要依靠喉头、舌头等多个器官的协同作用,同时成人发音会对儿童产生影响等,因此音系结构就是对声道的生理制约而突现出来的。

(二)生态语言学习过程观——多维时空的流变性

一般来说,空间包含长、宽、高三个维度,时间包含过去、现在和将来三个部分。对于空间维度,人们是非常熟悉和了解的,但是对于时间维度,还未引起人们的重视,因为人们常常使用自然时间对人文时间、心理时间进行遮蔽,实际上,无论是人文角度,还是心理角度,都能够体验到现在、过去和将来,也能够对三者的区别与联系加以确认。

如果离开了过去、现在和将来,那么时间流程和时间观念就没必要提及了。从人文时间中的历史时间来说,可以划分为古代、近代、现代、当代,有些人也将当代称为后现代,但是后现代并不是时间概念,而是一种价值取向。人文社会科学不仅涉及过去与现在,还会谈论到未来,如人类学、历史学等都是对人类文化、历史等的未来进行预测与预期,而新兴学科"未来学"更是以未来作为时间坐标。

就心理时间来说,现在往往与目前、当下、此刻等有着密切的关系,过去往往与回顾、回忆等心理活动有关;未来往往与期望、预测等心理活动有关。

普通语言学的研究一直都以时空语言研究为重点,但是自从索绪尔提出历时语言学与共时语言学之后,语言学对时空的理解都存在一定程度的偏差,因此有学者将时空观念引入语言学研究之中,便于人们从时间与空间视角对语言系统进行整体性理解。在时空观念之中,时间与空间被认为是概念的存在,而这一概念只能从语言系统整体性生态存在中获知与体现。

通过这一观念对语言加以认识,可以帮助人们追溯语言及其语言流变,进而将语言时空结构统摄下的语言特点揭示出来,以语言流变所展现的时空特征对其过程状态加以解析,从而理解与探析语言整体状态。

英语生态教学观从时空观的视角出发指出,语言学习在时间上的流变性较为明显,如现时语言学习模式必定是以前学习模式的复制与改造,同时对语言形成的经验与思维加以学习,构建以后语言学习的经验与思维。这样,以后的心智结构投射能力必然是与当前的经验与思维相关。

(三)生态语言学习者与环境关系观——符担性

著名心理学家吉布森(Gibson)在对环境与特定动物间的对应关系加以描述的时候,用 afford 一词作为例子进行分析。众所周知,afford 的含义是买得起、花费时间与金钱等,但是该词只能表达能力,而不能传达意愿。吉

第十一章　互联网背景下大学英语教学其他方面的创新

布森在对自然界中生物的知觉行为加以探索的过程中,发现动物与栖息环境的共存关系,当然这是从生态心理学角度出发考虑的,企图解释动物如何通过知觉判断供给他们生存的食物、环境与水源,并能够根据这种知觉判断采取一定的行动,实现真正的繁衍生息。

但是,对于环境与特定动物之间的特定关系,并没有专有的名词去阐释它,因此吉布森提出了"符担性"这一名词。之后,很多学者对符担性进行了研究和探讨。

故此,凡·里尔(V. Lier,2000)在他的一篇文章中指出,现代语言教学应该从对语言输入的强调转向对语言符担性的注重。因为从语言输入的理论考虑,语言仅被视作固定的语码,而学习仅仅被认为记忆的过程,从而将学习者对语言符担性的生态理解予以忽视。

韩礼德(M. A. K. Halliday)从语言习得视角出发指出,符担性的内涵即所谓的潜在意义。他指出,意义并不是在潜在行动中隐藏的,而是行动与行动者对环境的理解与感知的基础上突现出来的,这可以从图11-2中体现出来。

从11-2中可知,可以这样定义符担性,即学习行为者从自身理解方式出发,对环境进行感觉,尤其是自然环境,其潜在意义在于使语言教学设计更为合理,使语言教学实施更具有针对性,使语言教学反馈更加及时,并为对学生的发展进行审视提供参照。

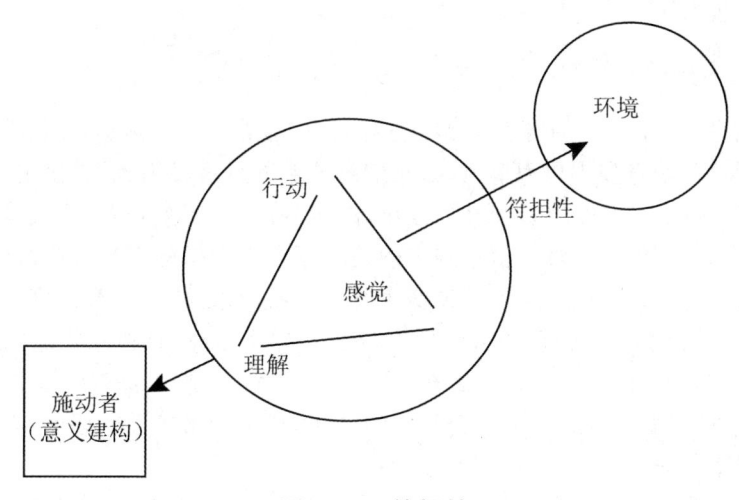

图 11-2　符担性

(资料来源:徐淑娟,2016)

四、英语生态教学的优化策略

(一)英语生态教学的优化原则

英语生态教学的优化需要按照一定的原则展开,从而明确优化目标。具体来说,需要坚持如下几项原则。

1. 稳定兼容原则

随着信息技术逐渐融入英语生态教学之中,必然会对一些教学环境产生干扰,进而影响系统内部各个教学要素的关系。这时候,本身兼容的各个要素之间也会因为新要素的引入呈现不和谐现象,这时候就要求教师、管理人员、学生等都需要进行一定程度的改变,从而促进信息技术与各个要素之间的融合与发展。就教学管理层面而言,要改变传统的管理模式,给予教师充分的知识,优化教学的环境,从而使信息技术与各个要素更好地融合与发展。就教师层面而言,教师要不断转变自身角色,不能仅作为分析者与讲解者。就学生层面而言,学生也应该发挥自身的主动性与积极性,从而主动探究知识。

可见,各个要素置于自己的生态位上发挥应有的作用,才能实现兼容,才能保证教学结构的稳定与平衡。

2. 制约促进原则

信息技术的介入使学生能够自主学习、个性学习。实际上,在教学中出现很明显的信息技术误用情况,如对信息技术的过度使用、滥于使用、低值使用等,这些误用对学生的个体发展是极其不利的,导致我国学生的自主学习能力与应用能力下降。信息技术的使用要考虑具体的教学目标,以学生为中心,运用恰当的方法,不可过度使用,也不能不使用,从而促进学生的发展,保证各个要素都能在各自的生态位上发挥作用,并且彼此之间相互依存。当然,功能的发挥需要设定在一定的范围内,不能随意扩大,也不能丧失他们的作用,要综合看待各个要素的功能,从全局出发进行把握,也不能失去微观意识。

总而言之,制约是为了更好地促进,促进又是合理制约的结果,这样英语生态教学才能更自然地进步与发展。

第十一章　互联网背景下大学英语教学其他方面的创新

3. 可持续发展原则

可持续发展是 21 世纪教育的根本。1992 年,巴西里约热内卢召开的联合国环境与发展大会上提出了《二十一世纪议程》,其中明确应该面向可持续发展对教育进行重建,从而将这一理念融入教育之中。

英语系统是高等教育的一个生态系统,要求应该坚持可持续发展原则。而社会的可持续发展主要归结于人的可持续发展,因此英语生态教学的发展也必然依赖师生的这些教学主体的可持续发展。就学生而言,要想培养学生的可持续发展能力,教学的目标不仅在于知识的传授。

现代教育包含四大支柱:教会学生认知、做事、共同生活、生存。学生的能力也是随着这些理念逐渐发展起来的。英语教学改革的目的在于提升学生的英语学习可持续发展能力。这种能力指的是学生在阶段及以后的学习和生活中,应该不断完善自我,不断发展。

从学科性质上说,这种能力指的是学生自主学习与自觉学习的能力。教师应该对学生的个性特点予以尊重,发挥学生学习的积极性与主动性,培养他们的探索意识与自身潜能,完成教学实践。

从教师层面上来说,要想实现教育的国际化,教师也需要遵循可持续发展原则,即如果仅仅是一些传统的教学理念,显然不能满足当前教学的要求,因此教师应该考虑国际化的形式,努力拓展自己的视野,拓宽自己的知识领域,培养自身的学术能力与思辨能力。

但是需要指出的是,教师、学生与其他生态因子都是教学生态系统可持续发展的重要组成部分,因此这些因子之间不能损害各自的利益,任何一个因子的缺失都会影响其他因子的发展,影响稳定性与和谐性。

(二)英语生态教学的优化策略

英语生态教学系统的优化需要在坚持上述原则的基础上,结合各个生态因子之间的关系,采用恰当的优化策略。当然,这是一个复杂的过程,在这一过程中,需要以教师作为突破,因为教师在英语生态教学中的作用非常关键,教师教学的态度、理念等如果发生改变,那么就会影响具体的教学情况。因此,只有保证教师的生态化发展,才能保证教学的优化。具体来说,需要从如下几点做起。

1. 促进教师的生态化发展

教育是国家大计,只有拥有好的教师,才能搞好教育。因此,要努力打造一支技术精湛、道德高尚的教师队伍,这是当前教育改革与发展的重要目标。

就教育生态学而言,教育生态系统主要由教师、学生、环境等构成,在这一系统中,教师是一个完整的生态主体,其对整个生态系统起着非常重要的作用。教师与其他环境之间要多进行能量与物质上的转换,因此其生存、发展必然是周围环境相互作用的结果。同样,英语教师在整个生态教学系统中也发挥着巨大的功能,教师的行为、理念等会对学生、教学等其他因子产生巨大影响。当然,要促进教师的生态化发展,需要做到如下两点。

(1)优化教师的生态位

在教育生态系统中,各生物主体之间与环境间是直接又是间接的关系,这种关系可能是竞争关系,也可能是共生关系,他们共同对系统中的资源进行消耗。在系统中,每一个生物主体的位置都是特定的,这就是所谓的生态位。在生态环境中,教师要服从学校的各种要求与规则,从而保障生态系统的稳定,同时还需要不断发展自我,不断适应变化的环境。显然,教师几乎与系统中的各个部分都有着密不可分的联系,生态位在这之中起着中介的作用。

在英语生态教学中,教师需要明确自己的地位,以学生作为中心与出发点。在信息技术背景下,教师需要有强大的适应能力。可见,教师是信息技术与英语生态教学整合的关键层面,对英语生态教学的发展起着十分重要的作用,并且随着环境的改变而不断完善与发展。

(2)提高教师的专业素质

一名合格的英语教师需要具备如下素质。

第一,专业知识扎实,专业技能充足,即词汇、语法知识与听、说、读、写、译能力。

第二,人品修养较高,个人性格要好,要有好学、谦虚等品质。

第三,现代语言知识具有系统性,也就是英语教师要系统了解语言的本质与规律,并能够用语言知识对教学进行指导。

第四,外语习得理论知识要把握清楚,尤其是要了解外语习得与外语教学的特殊性质。

第五,掌握一定的教学法知识,将教学法的优劣把握清楚,并取长补短。

当然,进入21世纪,除了具备上述素质外,教师还需要具备信息技术知识,不断转变自己的观念,提升自己的专业素质,从而向生态化方向发展。从内部来说,教师需要培养自身的反思精神,从外部来说,教师需要创建外在生态学习网络,通过参与和分享,不断提升自己的科研意识与水平,实现

第十一章　互联网背景下大学英语教学其他方面的创新

英语知识结构的更新,促进个人生态的进步与发展。

2. 建立和谐的师生关系

英语生态教学系统是相互联系的整体,在这一整体中,师生之间通过不断地交互,构成一个整体。在英语生态教学中,师生无疑是最重要的关系,是一种和谐共生的关系,他们通过交流与对话达成一致,教师以特殊的方式对自己的灵魂进行塑造,学生在教师的心理留下印记。

美国人本主义心理学家逻辑思维指出师生关系的三个要素。

第一,真实,即真诚,要求师生之间在交往时应该坦诚相待,诚实表达自己的观点与看法,教师不能将自己的意愿强加给学生。

第二,接受,即教师要相信学生能够进行学习,接受学生遇到问题时的那种犹豫和恐惧,同时要接受学生的冷漠。

第三,移情性理解,即教师要对学生的内心世界、生活环境等有所了解与把握,从学生的角度看待问题,真心地为学生着想。

可见,师生之间的交往活动不能仅依靠教师的话语来实现,还要与学生紧密相连,如果没有学生的发展,教学的价值荡然无存。英语生态教学不仅是为了传输知识,还是师生之间情感的互动,而要想实现教学目标,这样的互动是分不开的。

英语生态教学属于一种人文教学,即培养素质与人格的过程。就语言学习层面来说,学是首要的任务,而不是教,因为学习的过程就是在教师的指导下传递情感与信息的过程。师生之间要建立和谐的关系,需要做到如下几点。

首先,师生之间的地位要平等。这是开展课堂教学的前提条件,也是英语生态课堂的基本特征与心理环境,能够保证课堂生态系统的平衡,激发学生学习的动力与积极性。在英语生态教学中,师生这两大教学主体是有思想、有感情的人,彼此作为独立的生态因子,应处于平等的地位。

其次,师生之间要不断增进交往,拉近彼此之间的距离。由于中国学生谦虚、不张扬的性格使得他们很少与教师展开交流,教师上课来下课走的情况更使得彼此之间交流甚少,师生之间比较淡漠,缺乏互相了解,这让教学活动很难真正地展开。既然学生的性格不能主动找教师,那么教师就需要多和学生接触,努力创造了解每一位学生的机会和时间,使学生对教师产生依赖感与信任感,或者他们可以通过邮件或者QQ、微信等进行交谈,这样避免了面对面的交谈,也使得学生减少一些尴尬。

3. 转变教学环境中的限制因子

教育生态学中的限制因子定律具有自身的特殊性。在教育生态学中，所有的生态因子都可能被认为是限制因子，如果某些生态因子的量比临界线低时，就可能出现限制作用，但是如果某些生态因子的量比临界线多时，也可能会产生限制作用。教育生态系统中的有机体不仅对限制因子的作用具有适应性的作用，而且能够采用恰当的方法，创造条件对限制因子进行转换，成为非限制因子。这一定律对于英语生态教学是非常适用的，即在英语生态教学之中，每一个生态因子都可以进行转换，限制因子也同样可以转换成非限制因子。

教学生态系统即将复杂人际关系包含在内的系统，是一个集合智力、非智力等因素的系统，也是一个复杂的信息管理系统。要想对英语生态教学过程中的失衡现象加以调节，不断提升英语生态教学的质量，就需要明确这些限制因子，并将它们找出来加以改善，只有找准这些因子，才能对其进行转化。当然，要想找到这些限制因子，首先就需要进行观察，要认识到这些限制因子的限制界限，以及这些限制因子是如何阻碍教学发展的。

就目前的英语生态教学而言，教师需要从当前形势出发，使用信息技术展开教学，当然使用信息技术并不是说过多使用信息技术，要把握好使用的度。实际上，信息技术就是一种限制因子，因为如果学生不能进行网络自主学习，也同样对其自身发展不利。

当然，只找到限制因子还不充足，还需要将这些限制因子转变成非限制因子，这样才能将这一复杂过程进行简化，发挥师生的主观能动作用，加强交流与合作，创造有利条件，消除限制因子的不利方面，推动英语生态教学健康、和谐地发展。

4. 构建开放和谐，多维互动的语言环境

在生态环境系统中，生物并不是孤立的成分，而是与其环境有着紧密的联系。环境对生物产生影响，生物也会对环境产生影响。受生物影响发生变化的环境又可以对环境产生反作用，二者是不断协同进化的过程。因此，在英语生态教学中，要对自然、社会中的物质环境、人文环境展开分析和探讨。

课堂是教学的主体，是教师、学生与环境组成的基本系统。英语生态课堂的物质环境不仅对师生的身心健康产生影响，还会对学生自主学习能力的发展产生影响。因此，课堂良好的物质环境能够使课堂更有活力。英语

第十一章　互联网背景下大学英语教学其他方面的创新

生态教学的课堂可以被认为是一个小的自然生态系统,其不仅需要广阔的场地,还需要光线、温度等因素,还不能有噪声的影响。只有这些物理环境达到标准,才能实现彼此之间的协调。同样,教室内座位的编排也是非常重要的,因为在课堂这一系统中,需要时时刻刻地交互活动,这样才能保证课堂的动态性。

构建开放互动的语言环境,还需要为语言学习营造氛围。在英语生态课堂上,只有愉快、和谐的氛围才能让学生在学习的过程中得到解放,才能将自己生命的活力展现出来。在具体的教学过程中,教师应该考虑英语学习的特点,通过演讲、小组活动等为学生创设语言交际的情境。

语言学习并不是将知识机械地传输给学生,而是多种因素综合的结果和行为。用语言展开交际是语言学习的目的,其需要语言来参与其中,因此教师需要从教材出发,做到将教材中的教学情境真实化,这样才能让知识的教授更加生动。当然,在英语生态教学中,还需要为学生创设轻松的心理环境,这样有助于师生之间的交往,促进班级的和谐,教师要为学生营造一个有助于互动的班风,从而打造有助于多维互动的心理环境。

第三节　跨文化交际教学的创新

一、什么是跨文化交际

跨文化交际这一现象并不是近期才出现的,而是自古就有。随着人类不断进步,跨文化交际的内容、形式等也在不断改变。在当今时代,跨文化交际的手段和内容变得更为丰富。通过跨文化交际,国与国之间可以相互交流,这种交往的过程是十分复杂的过程。

虽然交流的时空距离在不断缩小,但是人们的心理距离、文化距离并没有随之缩小。由于受文化取向、价值观念等的影响,文化差异导致了一些冲突和矛盾的出现,不同文化背景下人们的交流面临着严峻的障碍。为了解决这些障碍,对跨文化交际进行研究是十分必要的。

"跨文化交际"一词是由著名学者霍尔(Hall)提出的[1],常用 cross-cultural communication 或者 Intercultural communication 这两个意思相近的词来表达,即指代的是一些长期旅居国外的美国人与当地人之间展开的交际。

---

[1] Hall Edward T. The Silent Language[M]. New York:Anchor Books,1959:5.

但是,随着跨文化交际的深入,其定义变得更为广泛,指的是不同文化背景下的人们之间展开的交际活动。

现如今,很多人将跨文化交际定义为来自不同背景的人们之间,通过语言来实现信息的交流与共享的过程。

二、跨文化交际的影响因素

(一)心理因素对跨文化交际的影响

心理因素指运动、变化着的心理过程,例如人的感觉、知觉和情绪等,它们往往被称为事物发展变化的"内因"。广义地讲,人的心理因素包括所有心理活动的运动、变化过程。具体来讲,人的心理因素主要有两种:积极心理因素与消极心理因素,它们是相互排斥的。积极的心理因素对跨文化交际起着促进作用。在当今经济全球化条件下,跨文化交际日益频繁,其本身的作用也日益重要。不同文化背景下的人们在交际中只有具备相应的心理意识,才能使得跨文化交际顺利进行。

消极的心理因素对跨文化交际具有阻碍作用。跨文化交际过程中,潜在的障碍主要来自于交际团体和个体间的心理取向。定式、民族中心主义、偏见、寻求相似性、普遍性假设等因素都会影响交际的顺利进行。只有交际主体提高对文化差异的认识,以尊重、平等、开放、包容的心态进行交际,才能获得跨文化交际的成功。普遍性假设也是跨文化交际的阻碍性因素之一。有些人认为自己与另一文化的人们有很多相似性,并以自己怎样看待事物为基础,去假设自己也知道别人的思维方式。这种假设会导致沟通障碍,甚至引发冲突。

(二)环境对跨文化交际的影响

跨文化交际研究的重点是文化差异,而文化的差异主要源于其所处的环境不同。环境包括因文化本身所造成的生理环境、心理环境、社会环境、自然环境以及具体的语言环境,环境因素对于跨文化交际的影响无处不在。

交际的物理环境对于交际的影响是非常明显的。人们在社会化的过程中学会了在什么样的场景下说什么样的话、怎么说、不说什么,等等。行为的场合具有一种约束力,人们对具体场合中什么是恰当的行为存在共识。在跨文化交际中,对某一个具体环境,不同的文化会有不同的反应。如中国学生上课的教室环境要求与美国教室的要求完全不同。社会环境被人们所塑造,但是又反过来影响人们的生活方式、价值观、思维方式等等,所以对

第十一章 互联网背景下大学英语教学其他方面的创新

跨文化交际来说也有至关重要的影响。

(三)思维方式对跨文化交际的影响

语言是以特定的民族形式来表达思想的交际工具。思维通过语言来存在和交流,语言又与该民族的思维方式和水平相适应。不同的文化背景造成不同的思维方式,其理解方式也大相径庭,因而在跨文化交际中就存在或多或少的障碍。

美国学者罗伯特·卡普兰通过对来自不同文化的学生作文进行分析发现:英语的篇章组织和发展模式是直线型,而东方语言则是螺旋型。前者表达和理解直截了当,由 A 即可推出 B;后者则拐弯抹角,借助于中转站 C 方可到达。就拒绝而言,前者直接一句"I'm sorry but…"便了事;后者却会罗列一堆理由,摆出许多联系并不紧密的缘由,但终究未将"不"说出口,得靠听者意会。具有特定语言思维轨迹的人,习惯用一种特定的方式理解事物、分析事物。因此当西方人在用其固定的严密的逻辑思维推导汉语词句可能的意思时,思维方式障碍将不可避免地遇到,其主要表现在两个方面。

1. 用线性思维方式理解汉语词句的含义

所谓的"线性"思维,其主要特点是用一元一维直线思维处理各种问题,又称"直线思维方式"。多元问题一元化、复杂问题简单化;将问题的性质都看成非此即彼,凡事必须做出明确的"是""非"判断,非黑即白。这就难以避免主观性、绝对化和片面性。从某种程度上看,这是西方的严式逻辑推理思维,过度强调精确的外化。例如中国人有时会说"你妈妈真年轻,就像你姐姐一样"。在我们看来这是明显地表示称赞对方母亲的年轻,而西方人则会认为这是显然地说自己看起来老于实际年龄。

2. 用主观性思维方式解释汉语词语的含义

主观性思维是使外部现实适应和服从自己头脑中的固有模式的思维习惯倾向。换言之,则是将外部事物强行融入自己的头脑模式,不管其正确与否。

例如"韬光养晦"一词,美国国防部对"韬光养晦"所用英文为"hide our capabilities and bide our time",意即"掩盖自己的能力,等待时机东山再起"。此后数年美国政府均采用同样的英文表述。另外还有一些英文书籍或文章译为"hide one's ability and pretend to be weak"或"conceal one's true intention"或"hide one's ambitions and disguise its claws"。以上等等

解读显然是没有正确地把握词语的真正含义。

诸如"韬光养晦"之类的包含着中国传统辩证思维的句词民谚,单纯用线性思维和主观思维是无法理解的。中西语言思维的差异致使对文本的理解有了沟壑。而线性思维方式与主观思维方式二者本无绝对区分。因此,当以线性思维看问题时就易陷入主观臆断当中;而主观思维反过来又促使线性思维直板、单一、片面地理解。对语言文化内涵的把握绝不可只限于从它产生的文化背景中了解它的一般所指,更重要的还在于能够从产生它的特定文化背景中去把握它所负载的、超出一般所指的特殊意义。

三、跨文化交际的要素

跨文化交际的过程是一个信息编码与解码的过程。这一过程是非常复杂的,同时会受到多种因素的影响和制约。其主要包含两大因素:一是言语交际因素,另外一个是非言语交际因素。下面就来分析和探讨这两大因素。

(一)言语交际

语言是人们进行交际的重要因素之一。语言跨越了人们的心理、社会等层面,与之相关的领域也很多。对语言进行研究不仅是语言学的任务,也是心理学、社会学等学科的任务和内容。因此,语言与交际关系的研究具有明显的跨学科性。

人具有很多特征,如可以制作工具、可以直立行走、具有灵巧的双手等,但是最能够将人的本质特征反映出来的是人的语言。人之外的动物也可以通过各种符号来进行信息的传递,如海豚、蜜蜂等都可以传递信息,但是它们所传递的信息只能表达简单的意义,它们的"语言"是不具备语法规则的,也不具有语用的规则。

人们往往通过语言对外部世界进行认识与理解。语言具有分类的功能,通过分类,人们可以对事物有清晰的了解与把握。人们的词汇量越丰富,他们对外部世界的认识就越清晰、越精细。

1. 言语交际的过程

人们在进行言语交际的过程中,往往会存在一个信息取舍的过程。下面通过图 11-3 来表达言语交际的具体过程。

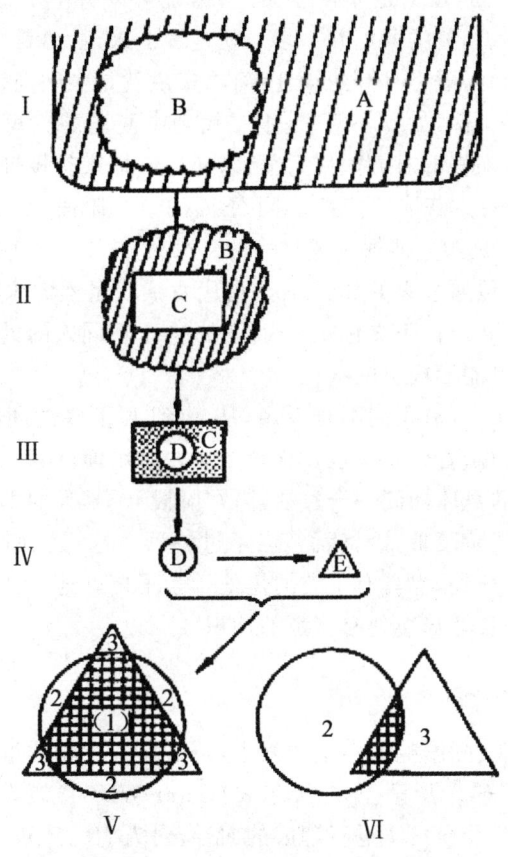

第十一章 互联网背景下大学英语教学其他方面的创新

图 11-3 言语交际的过程①

（资料来源：陈俊生、樊葳葳、钟华，2006）

在图 11-3 中，A 代表的是人们生活的无限世界，B 代表的是人类的听觉、视觉、嗅觉、味觉、触觉这五种感官所能触碰到的部分，如眼睛可以触碰到光线的刺激，耳朵可以触碰到 20—2 万赫兹声。另外，当这些感官不能处理多个信息的时候，在抓住一方时必然会对另一方进行舍弃。不过，还存在一些不是凭借五感来处理的，而是通过思维和感觉的部分。例如，平行的感觉、时间经过的感觉就属于五感之外的感觉。人们在头脑中进行抽象化的思维，有时候与五感的联系不大。

C 代表的是五感可以碰触的范围中个人想说、需要注意的部分。D 代表的是个人注意的部分中用语言能够传达出来的部分，这里也具有一定的

---

① 严明．跨文化交际理论研究[M]．哈尔滨：黑龙江大学出版社，2009：59.

抽象性。例如，人的知觉是非常强大的，据说可以将700万种颜色识别出来。但是，与颜色相关的词汇并不多。就这一点来说，语言这一交际手段是相对贫弱的。同时，语言具有两级性，简单来说就是中间词较少。尤其是语言中有很多的反义词，如善—恶，是很难找到中间词的。我们这样想一下，我们通过打电话来告诉对方如何系鞋带，通过广播来教授舞蹈等。

E代表的是对方获取的信息，到了下面的第Ⅴ阶段，是D和E的重叠，在重叠的部分，1是指代能够传递过去的部分，2与3是某些问题的部分，其中2是指代不能传递过去的部分，3是指代发话人虽然并未说出，但是听话人自己增加了意义。在跨文化交际过程中，由于不同人的世界观、价值观不同，因此完全有可能形成Ⅵ的状况。

总之，从图11-3中我们不难看出，从A到E下降的同时，形状的大小也在缩小，这就预示着信息量也在逐渐变小。这里面就融入了抽象的意义。在阶段Ⅰ中，人的身体如同一个过滤器；在阶段Ⅱ中，人的思维、精神等如同一个过滤器；到了阶段Ⅲ，语言就充当了过滤器。这样我们不难发现，言语交际不仅有它的长处，也具有了它的短处。为了更好地展开交际，就需要对言语交际的这一长处与短处有清楚的认识。

2. 言语交际的内容

在对跨文化交际影响的多个因素中，语言作为文化的重要表现，是跨文化交际的一大障碍。从萨丕尔-沃尔夫（Sapir-Whorf）假设中我们不难发现，语言是人们对社会现实进行理解的向导，对人们的感知和思维有着重要的影响。无论是何种语言，都有其独特的语音、词汇、语法、语言风格等。对一门外语进行学习，对其语言习惯与交际行为的了解有着十分重要的意义。

(1) 言语调节

语言并不是一个简单的交流工具，语言不仅是文化的载体，它还是个人和群体特征的表现与象征。一般来说，能否说该群体的语言是判断这个人是否属于该群体的标志。同样，某些人都说同一语言或者同一方言，那么就可以很自然地认为他们都源自同样一种文化，他们在交流时也会使用该群体文化下的行为规范、价值观念、交际风格，因此也会让彼此感到非常的轻松。正因为所说的语言体现出发话人的身份，而且人们习惯于与说自己语言的人进行交流，因此学外语无论在国内还是国外都热情很高，人们都想得到更多群体的认同。不仅如此，语言还标志着一个民族的文化独立与主权，其对于一个国家民族而言是非常重要的。统一的语言是民族、群体间的黏合剂，其有助于促进民族的团结。更为有趣的一点是，人们对其他民族语言如此的崇尚，往往会产生爱屋及乌的想法，对说这种语言的外国人会不自觉

第十一章　互联网背景下大学英语教学其他方面的创新

地流露出亲近与欣喜之情。

语言具有的这种个人身份与凝聚力预示着言语调节的必然性。所谓言语调节，又可以称为"交际调节"，即人们出于某种动机，对自己的语言与非语言行为进行调整，以求与交际对象建构所期望的社会距离。一般而言，发话人为了适应交际对象的接受能力，往往会迎合交际对象的需要与特点，对自己的停顿、语速、语音等进行稍微的调整。

常见的言语调节有妈妈言语、教师言语等，就是妈妈、教师等为了适应孩子或者学生的认知与知识水平而形成的一种简化语言。这属于一种趋同调节的现象，有助于更好地进行交流，达到更好的交流效果。当然，与趋同调节相对，还存在趋异调节，其主要目的是维持自己文化的鲜明特征与自尊，对自己的语言与非语言行为不做任何的调整，甚至夸大与交际对象的行为，这种现象的产生正是由于语言作为文化独立象征以及个人身份而造成的。或者说，趋异调节的产生可能是因为发话人不喜欢交际对象，或者为了让对方感受未经雕饰或者原汁原味的语言。总之，无论是趋同调节，还是趋异调节，都彰显了发话人希望得到交际对象的认同，通过趋同调节，我们希望更好地接近对方；通过趋异调节，我们希望能够保持一定的距离。因此，理想的做法应该做到二者的结合，不仅要体现出自己向往与对方进行交际的愿望，还要保证一种健康的群体认同感。

需要指出的是，在影响言语调节的多个因素中，民族语言活力有着非常重要的影响作用。所谓民族语言活力，即某一语言的社会经济地位，以及说这种语言的分布情况与人数等。如果一种语言的活力大，那么对社会的影响力也较大，具有较广的普及率，政府与教育机构也会大力支持，人们也会更加青睐。这是因为，人们会将说这种语言的人与语言本身的活力相关联，认为这些人会具有较高的声望，所以愿意被这样的群体接受与认同。

在跨文化交际中，言语调节理论证明了跨文化交际与其他交际一样，不仅是为了交流信息与意义，更是个人身份协商与社会交往的过程。来自不同文化的交际双方在使用中介语进行交流时，还需要注意彼此的文化身份与语言水平，进行恰当的调节。

(2) 交际风格

在言语交际中，交际风格是非常重要的层面。著名学者威廉·古迪孔斯特和斯特拉·廷图米(William Gudykunst & Stella Ting-Toomey)论述了四种不同的交际风格，即直接与间接的交际风格、详尽与简洁的交际风格、以个人为中心与以语境为中心的交际风格、情感型与工具型的交际风格。

第一，在表达意图、意思、欲望等的时候，有人会开门见山，有人却拐弯抹角；有人直截了当，有人却委婉含蓄。美国文化更注重精确，美国英语的运用在很大程度上与这一点相符。从词汇程度上来说，美国人常使用 certainly，absolutely 等这样意义明确的词汇。从语法、句法上来说，英语句子一般要求主谓宾齐全，结构要求完整，并且使用很多现实语法规则与虚拟语法规则。从篇章结构上来说，美国英语往往包含三部分：导言、主体与结论，每一段具有明确的中心思想，第一句往往是全段的主题句，使用连词进行连接，保证语义的连贯。与之相对的是中国、日本的语言，常用"可能""或许""大概"这些词，篇章结构较为松散，但是汉语中往往形散神不散，给人回味无穷的韵味。

英汉语言的差异，加上受个人主义与集体主义的影响，导致了英美人与中国人交际风格的差异。中国文化强调和谐性与一致性，因此在传达情感与态度以及对他人进行评论与批评时，往往比较委婉，喜欢通过暗示的手法来传达，这样为了避免难堪。如果交际双方都是中国人，双方就会理解，但是如果交际对象为英美人，就会让对方感到误解。因此，从英美人的价值观标准上来说，坦率表达思想是诚实的表现，他们习惯明确地告知对方自己的想法，因此直接与间接的交际风格会出现碰撞。

第二，不同的交际风格有量的区别，即在交流时应该是言简意赅，还是详细具体，或者是介于二者间的交际风格。威廉·古迪孔斯特和斯特拉·廷图米在对其他学者的研究结果进行研究的基础上指出，中东的很多国家都属于详尽的交际风格，北欧和美国基本上属于不多不少的交际风格，中国、日本等亚洲国家属于简洁的交际风格。这是因为，阿拉伯语言本身具有夸张的特点，这使得阿拉伯人在交际中往往会使用夸张的语言来表达思想和决心。例如，客人在表达吃饱的时候，往往会多次重复"不能再吃了"，并夹杂着"向上帝发誓"的话语，而主人对"no"的理解也不是停留在表面，而是认为是同意。中国、日本作为简洁交际风格的代表，主要体现在对沉默、委婉的理解上。中国人认为"沉默是金"，并认为说话的多少同地位有着密切的关系。一般来说，中国的父母、教师属于说教者，子女、学生属于听话者。美国文化中反对交际中的等级制，主张平等，因此子女与父母、学生与教师都享有平等的表达思想的机会。

第三，威廉·古迪孔斯特和斯特拉·廷图米提出了以个人为中心和以环境为中心的交际风格。以个人为中心的交际风格是采用一些语言手段，对个体身份加以强化；以环境为中心的交际风格是运用语言手段，对角色身份进行强化。这两种交际风格的差别在于，以环境为中心的交际风格是运用语言将社会等级顺序进行反映，将这种不对等的角色地位加以彰显；以个人为中心的交际风格是运用语言将平等的社会秩序加以反映，对对等的角

第十一章　互联网背景下大学英语教学其他方面的创新

色关系加以彰显。同样，在日语中，存在着很多的敬语和礼节，针对不同的交际对象、交际场合、角色关系等，会使用不同的词汇、句型，并且人际交往也非常的正式。如果是在一个非正式的场合，日本人往往会觉得不自在，在他们看来，语言运用必然与交际双方的角色有着密切的关系。与中国、日本的文化存在鲜明对照的是英美，英美文化推崇直率、平等与非正式，因此他们在使用语言进行交际时往往使用那些非正式的称呼或者敬语，这种交际风格表达是美国文化对民主自由的推崇。

第四，中西方交际风格的差异还体现在情感型和工具型的区别上。情感型的交际风格是以信息接收者作为导向，要求接收者具备一定的本能，对信息发出者的意图要善于猜测与领会，要能够明白发话人的弦外之音。另外，发话人在信息发送的过程中，要观察交际对方的反应，及时地改变自己的发话方式与内容。因此，这样的言语交际基本上是发话人与听话人之间信息与交际关系的协商过程。相比之下，工具型的交际风格是以信息发出者作为导向，根据明确的言语交际来实现交际的目标，发话人明确地阐释自己的意图，听话人就很容易理解发话人的言外之意，因此与情感型的交际风格相比，听话人的负担要轻很多。可见，工具型的交际风格是一种较为实用的交际风格。

显然，上述几种交际风格是相互关联与渗透的，它们是基于不同的文化价值观建立起来的，其中影响力最大的是集体主义与个人主义的差异，其贯穿于社会的各个领域，并从很大程度上决定中西方文化的不同。

(二)非言语交际

言语交际是通过语言来展开交际的，而非言语交际是通过非言语交际行为展开交际的。非言语交际是言语交际的一种辅助手法，是往往被人们忽视的手法。但是，非言语交际在英汉交际中起着十分重要的作用，甚至有助于实现言语交际无法实现的效果。非言语交际包含多个层面，如体态语、副语言、客体语言等。

对于非言语交际行为，中外学者下了不少的定义。

(1)将非言语交际定义为一种不运用语言展开的交际，这是一种笼统的定义。

(2)将非言语交际定义为不运用言辞来表达，并且被社会人们认可与熟知的一种行为，这是较为具体的定义。

对于非言语交际，一般来说主要包含如下几类。

1. 体态语

体态语又可以称为"身体语言",其由美国著名的心理学家伯得惠斯特尔(Birdwhistell)提出。在伯得惠斯特尔看来,他认为身体各部分的器官运动、自身的动作都可以将感情态度传达出去,这些身体机能所传达的意义往往是语言不能传达的。体态语包含身势、姿势等基本姿态,微笑、握手等基本礼节动作,眼神、面部动作等人体部分动作等。

所谓体态语,即传递交际信息的动作与表情。也可以理解为,除了正式的身体语言之外,人体任何一个部位都能传达情感的一种表现。由于人体可以做出很多复杂的动作与姿势,因此体态语的分类是非常复杂的。体态语包括眼睛动作、面部笑容、手势、腿部姿势等。

(1) 眼睛动作

眼睛是人类重要的器官,其是表情达意的重要组成部分,如愤怒时往往"横眉立目",恋爱时往往"含情脉脉"等。在不同的情况下,眼睛也反映出一个人不同的心态。当一个人眼神闪烁时,他往往是犹豫不决的;当一个人白别人一眼时,他往往是非常反感的;当一个人瞪着他人时,他往往是非常愤怒的等。

之所以眼睛会有这么多的功能,主要是因为瞳孔的存在。一些学者认为,瞳孔放大与收缩,不仅与光感有关,还与个体的心理活动有着密切的关系。当人们看到喜欢的东西或者感兴趣的事物时,他们的瞳孔一般会放大;当人们看到讨厌的东西或者不感兴趣的事物时,他们的瞳孔一般会缩小。瞳孔的改变会无意识地将人的心理变化反映出来,因此眼睛是人类思维的投影仪。

既然眼睛有这么大的功能,学会读懂眼语是非常重要的,同时要注意不要读错。例如,到别人家做客,最好不要左顾右盼,这样会让人觉得心不在焉,甚至心术不正。

需要指出的是,受民族与文化的影响,人们用眼睛来表达意思的习惯并不完全一样。

(2) 面部笑容

笑在人的一生中非常重要。当人不小心撞到他人时,笑一笑会表达一种歉意;当向他人表达祝贺时,笑一笑更显得真挚;当与他人第一次见面,笑一笑会缩短彼此的距离。可见,笑是人类表情达意不可或缺的语言之一。

笑可以划分为多种,有大笑、狂笑、微笑、冷笑,也有轻蔑的笑、自嘲的笑、高兴的笑、阴险的笑等。当然,笑也分真假,真笑的表现一般有两点:一

第十一章　互联网背景下大学英语教学其他方面的创新

种是嘴唇迅速咧开,一种是在笑的间隔中会闭一下眼睛。当然,如果笑的时间过长,嘴巴开得缓慢,或者眼睛闭的时间较长,会让人觉得这样的笑容缺乏诚意,显得非常虚假和做作。当然,笑也有一些"信号"。

其一,突然中止的笑。如果笑容突然中止,往往有着警告和拒绝的意思。这种笑会让人觉得不安,会希望对方尽快结束话题。但是,如果一个人刚开始有笑意,之后突然板着脸,这说明他比较有心机,是那种难缠的人。

其二,爽朗的笑。这是一种真诚的笑,给人一种好心情的笑,一般会露出牙齿、发出声音,这种笑会让对方觉得你是一个很好相处的人,很容易信任与亲近你。

其三,见面开口笑。这种笑是人们日常常见的,指脸上挂着微笑,具有微笑的色彩,这种微笑具有礼节性,可以使人感到和蔼可亲。无论是见到长辈、小辈,还是上级、下属,这种笑都是最为恰当的笑。但是需要指出的一点是,在笑的过程中要更为谨慎,其不是一见面就哈哈大笑,这会让人感觉莫名其妙,它是一种谨慎的、收敛的笑。

其四,掩嘴而笑。这种笑是指用手帕、手等遮住嘴的笑。这种笑常见于女性,显得较为优雅,能够将女性的魅力彰显出来。

由于文化背景的差异,不同国家的人对笑的礼仪也存在差异。在大多数国家,笑代表一种友好,但是在沙特阿拉伯的某一少数民族,笑是一种不友好的表现,甚至是侮辱的表现,往往会受到惩罚。

(3)手势

手是人体的重要部分,在表达情意的层面作用非凡。大约在人类创造了有声语言,手势也就诞生了。手是人们传递情感的行之有效的工具之一。一般情况下,手势可以传达的意思有很多,高兴的时候可以手舞足蹈,紧张的时候可能手忙脚乱等。

当一个人挥动手臂时,往往是表达告别之意,当一个人挥动拳头时,往往是表达威胁之意。而握手这样一个日常生活中普遍的动作,也能够将一个人的个性表达出来。

第一种类型是大力士型,其在与他人握手时是非常用力的,这类人往往愿意用体力来标榜自己,性格比较鲁莽。

第二种类型是保守型,这类人在与他人握手时往往手臂伸的不长,这类人性格较为保守,遇到事情时往往容易犹豫。

第三种类型是懒散型,这类人与他人握手时,一般指头软弱无力,这类人的性格比较悲观懒散。

第四种类型是敷衍型,这类人与他人握手是为了例行公事,仅仅将手指头伸给对方,给人一种不可信赖的感觉,这类人做事往往比较草率。

还有一种是标准的握手方式,即与他人握手时应该把握好力度,自然坦诚,不流露出任何矫揉造作之嫌。

(4)腿部姿势

在舞会、晚会、客厅等场合,人们往往会有抖腿、别腿等腿部动作,这些动作虽然没有意义,但是他们在传达某种信息。因此,腿在人们的表情达意过程中有着非常重要的作用。

对腿的动作了解是人们了解内心的一种有效途径。当你坐着等待他人到来时,往往腿部会不自觉地抖动,以表达紧张和焦虑之情。当心中想拒绝别人或者心中存在不安情绪时,往往会交叉双腿。

2. 副语言

一般来说,副语言又可以称为"伴随语言""类语言",其最初是由语言学家特拉格(Trager)提出的。他在对文化与交际进行研究的过程中,搜集整理了一大批心理学与语言学的素材,并进行了归纳与综合,提出了一些适用于不同情境的语音修饰成分。在特拉格看来,这些修饰成分可以自成系统,是伴随着正常交际的语言,因此被称为副语言。具体来说,其包含如下几点要素。

(1)音型(voice set),指的是发话人的语音物理特征与生理特征,这些特征使人们可以识别发话人的年龄、语气等。

(2)音质(voice quality),指的是发话人声音的背景特点,包含音域、音速、节奏等。例如,一个人说话吞吞吐吐,没有任何的音调改变,他说他喜欢某件东西其实意味着他并不喜欢。

(3)发声(vocalization),其包含哭声、笑声、伴随音、叹息声等。

上述三类是副语言的最初内涵,之后又产生了停顿、沉默与话轮转换等内容。

3. 客体语

所谓客体语,是指与人体相关的服装、相貌、气味等,这些东西在人际交往中也有着非常重要的作用。从交际角度而言,这些层面都可以表达非言语信息,都可以将一个人的特征或者文化特征彰显出来,因此非言语交际是一种非常重要的媒介手段。

(1)相貌

无论是西方文化还是中国文化,人们对于自己的相貌都非常看重。但是在各国文化中,相貌评判的标准也存在差异,有共性,也有个性。例如,汤加人认为肥胖的人更美,缅甸人认为妇女脖子长更美,美国人认为苗条的女子更美,日本人认为娇小的人更美等。①

(2)饰品

人们身上佩戴的饰品本身并没有什么意义,但是出现在不同的场合,就是一种媒介和象征。例如,戒指戴在食指上代表求婚,戴在中指上代表恋爱中,戴在无名指上代表已婚。这些作为一种约定俗成的代码,人们不可以弄错。

一般来说,佩戴耳环是妇女在交际场合的一种习惯。当然,少数的男性青年人也会佩戴耳环,以彰显时尚。佩戴一只耳环表示有大丈夫的气息,但是佩戴两只耳环表明他是一个同性恋者。

四、跨文化交际教学的现状

语言与文化有着密切的关系,因此在大学英语教学中融入文化有着非常重要的意义。在早期的大学英语教学中,跨文化交际教学的目的在于让学生理解目的语文化,因此教师教授的也多为目的语文化知识及其相关背景。随着研究的深入,跨文化交际教学的内容也发生了改变,将文化态度、文化观念等内容也容纳进去。这时跨文化交际教学的目标也相应发生改变。

(一)频繁的跨文化接触

随着人类社会不断进步与发展,人类的生活向着更加开放的方向发展,不同国家、不同民族可能因为生存的需要,或者是因为偶然,彼此之间不断交往,并且这种交往变得更加频繁。因此,跨文化交际产生。如果人与人之间的交往是早期的交往形式,以民族化作为特征,那么国家之间的交往就具有国际化或者地域化的特征,从而逐渐转向全球化。随着当今科技的迅猛发展,不同国家与民族之间的交往更加频繁与紧密,这也成了民族兴旺发达的一项重要内容。因此,这也促进了从文化视角研究教学的可能性。

(二)教学具有明显的功利性

基于传统教育体制与理念,我国的大学英语教学呈现了明显的功利性特色,即考试考什么,教学内容就教授什么。这种传统在初中、高中表现得极其明显。在实际的教学中,教师过分关注语言知识的传授,很少将文化知

---

① 李莉莉.跨文化交际中的非语言行为[D].黑龙江:黑龙江大学,2004:23.

识纳入其中展开教学。

受这一思想的影响,不管是教师还是学生,都将教学的目标看作通过考试,教师的教学主要是为了英语过级服务。当然不得不说,这有助于学生提升自身的应试技能,却让他们很难学习到文化背景知识。

(三)文化碰撞实战演练较少

我国学生都是在母语环境下学习英语的,这种学习效果显然不如在目的语环境中学习。也就是说,我国学生在学习英语时由于缺乏外语学习氛围与环境,很少与异域文化进行碰撞与接触,这就导致他们的实战操练机会很少。

例如,很多学生在学习西餐时都会学习"开胃菜"这个词,背诵了几遍就记住了"开胃菜"的单词与意义,但是对于其到底是什么,很多学生并不清楚。但是,如果学生是在目的语环境下,他们只要参加一次,就很容易了解与把握。显然,外语文化环境的缺乏导致学生的英语学习事倍功半。

(四)教学中侧重语言学立场

所谓大学英语教学的语言学立场即将外语作为一门语言知识来教授的教育策略。具体来说,大学英语教学的语言学立场主要教授给学生词汇、语法等语言知识与语言规则,忽视语言背后的其他内容的教授,外语教育中这种单一的语言学立场明显是具有局限性的。

1. 割裂了语言与文化的内在关联性

众所周知,语言与文化关系密切,语言是文化的载体,文化是语言的灵魂。语言教育肩负着使不同文化得以传递、保存、发展的重要责任,因此英语教学是一种文化传播的过程与手段。

语言与文化具有同构性。从语言的形式构成来说,任何语言都是由语音、词汇、语法等要素构成的;从原因的形成来说,任何原因都是对特定价值观念、思维方式等的反映,每一种语言都与某一特定的文化相互对应,而修辞的运用、语言结构的选择、语言意义的生成等都会受到文化特性、文化价值观的规范与制约。因此,就本质上而言,语言的发展与传播反映的是文化思维方式、文化价值观念等的变革。就教育层面来说,语言学习的过程就是文化理解、文化传播的过程,也是促进学生思维方式与价值观念建构的过程。如果学生的语言学习离开了文化学习,那么学生学到的仅仅是语言符号,只能导致语言学习的符号化。

也有人认为,文化学习是源自于语言学习的。但是如果把文化的东西

第十一章　互联网背景下大学英语教学其他方面的创新

简单地视作形式化的语言符号,那么文化学习就走向纯粹的语言符号了。传统的外语教育只注重语言形式的学习与技能培养,人为地将语言教学与文化教学割裂开来。这样很多学生即便学到了语言知识,能够说一口流利的语言,但是也很容易出现语用错误。实际上,任何知识都是由三个部分组成的:符号表征、逻辑形式与意义,而逻辑形式与意义不仅在符号表征中呈现,还在语言知识特有的文化元素中呈现。如果将语言的符号知识与其隐含的文化元素割裂展开教学,便是割裂了语言知识与文化内涵之间的关系,这样的外语教育显然也会失去文化立场。

2. 不利于渗透国际理解教育

与母语相比,英语教学为学生打开了另外一扇窗户,其能够引导学生了解另外一个民族的语言文字以及背后的文化与价值观念等,进而提升学生的文化理解力。尤其在当前经济全球化背景下,英语教学需要确立一种开放的思维方式,引导学生逐渐形成国际理解力,但是英语教学这种单一的语言学立场显然并未认识到文化的重要作用,很难让学生认识多元的世界,形成一个开放的思维。

3. 不利于提升学生文化选择力、文化判断力、文化理解力

我国社会就文化背景的构成来说,虽然不像西方国家社会具有那么大的差异,但是内部也会存在一些文化传统。基于这样的现实,如何开展与文化模式相适应的教学呢?随着我国改革开放的推进,国际合作办学不断发展,很多城市开办了国际学校,招收不同国籍、不同种族、不同文化背景的学生,这必然对多元文化教育提出更高的要求。教师如果对不同的文化模式不了解,就很难驾驭多元文化教育课题要求,很难提升学生的文化选择力、文化判断力、文化理解力。

五、跨文化交际教学的创新任务

外语教育的文化立场作为外语教育的一种基本策略与思维方式,并不意味着在语言知识中简单嵌入文化因素,而是将语言知识与文化知识整合起来,更好地融为一体展开教学。显然,外语教育的文化立场的意蕴便显现出来。

(一)实现外语教育的文化立场转向

外语学习不仅是一种语言学习,更是一种对多元文化认识与理解的过

程。单一的语言学立场容易造成语言与文化的分离。众所周知,语言与文化是并存、共生的,二者是密不可分的关系,语言是突出部分与表现形式,是文化的载体与产物。世界上没有不反映文化内容的语言,也没有与语言无关的文化。语言本身就属于一种文化现象。一个民族的文化在其民族语言中隐藏,因此语言结构具有民族文化的通约性。如果不了解语言中的社会文化,那么就很难真正地理解语言。因此,就本质上说,语言教学与文化教学有着密不可分的关系,语言教学本身应该将文化内容纳入其中来讲授。而且,学生通过对文化知识的学习,能够了解不同的思维方式与风俗习惯,拓展他们语言学习的知识面,提高自身的文化修养。

(二)克服单一的语言知识教学的局限性

外语教学不仅是一种文化教学,更是跨文化视角下的文化回应性教学。所谓文化回应性教学,即要求在教学目标上培养学生尊重其他文化的态度与意识,帮助学生形成自身文化的自豪感与认同感,使学生能够从不同视角出发对同样的事件和经验加以审视与理解,提升自身对文化差异的鉴赏力。外语学习其实属于一种跨文化学习。外语与母语有着不同的价值观、不同的文化背景,因此在外语教育中,教师需要引导学生在了解语言符号知识的基础上,对不同的文化立场与文化背景进行认识和了解。同时,回归母语文化,对不同文化因素的差异性进行判断与理解,对人类共同的核心价值观进行识别,从而有助于培养学生形成尊重其他文化的态度,构建对自身文化的自豪感。

第四节 ESP 教学的创新

一、什么是 ESP

ESP 是 English for Specific Purposes 的缩写,也就是平常所说的"专门用途英语"或"特殊用途英语",如旅游英语、商务英语、财经英语、医学英语、工程英语等。第二次世界大战以后,全球经济迅猛发展,科学技术日新月异,国际贸易、金融保险、邮电通讯、国际旅游、科技交流等全球范围内的各种交往空前频繁。国际大交流呼唤一种能担当此重任的交流工具。由于种种原因,英语成了国际交往中的主要通用语言。随着经济和科学文化的发

第十一章 互联网背景下大学英语教学其他方面的创新

展,英语作为国际语言的地位正在日益得到加强,世界出现了学英语热。为了满足各类人员学习英语的需要,ESP便应运而生,学英语热的持续升温导致了ESP的迅速发展。

ESP是一种目标明确、针对性强、实用价值高的教学途径。它有两个明显的特点。

其一,ESP学习者均为成年人,要么是正从事各种专业的专门人才,如科学家、工程师、工业企业家、医师等;要么是在岗或者正在接受培训的各类人员,如从事商业、金融业、旅游业、航空、航海等行业的各级各类人员;要么是在校大学生,包括学习大学英语的非英语专业学生,也包括学习对外贸易、国际金融、涉外保险、国际新闻等课程但同时又学习英语的英语专业学生,还包括部分将来需要经常使用英语的中等专业学校(如对外贸易学校)或职业中学(如旅游职中)的在校学生。

其二,ESP学习者学习英语的目的是把英语作为一种手段或工具来学习,以便进一步进行专业学习,如各类大学的非英语专业学生,或者是把英语作为手段或工具来学习以便有效地完成各项工作。ESP的精髓是分析和满足不同学习者的不同需要,以提高教学效果。

二、大学英语教学与ESP理论结合的可行性

英语教学的最终目的在于让学生从对语言的学习转向对语言的使用,让学生在特定的职业中能够将英语运用得恰到好处。英语课程不仅需要打好语言基础,还需要培养学生实际运用英语语言的能力,尤其是运用英语进行日常处理与交流的能力。因此,大学英语教学必须从学生的学习需求与用人单位的需求出发,满足不同专业对教学的要求,培养出符合用人单位需要的专业人才。ESP教学使语言教学为专业学习服务,这就说明在实际的工作中,学生需要了解各个专业的发展动态,让英语学习与具体的实践相连接。在大学英语教学中引入ESP教学,就是与相关的专业联系起来,这样培养出的人才不仅具有较强的外语能力,还具有专业性。

ESP教学是社会语言学给语言教育制订的高标准,也是社会实践的基本要求,运用专门用途英语理论指导大学英语教学是可行的。

(一)专门用途英语的教学原则符合大学英语教学要求

专门用途英语主要有以学生为中心、真实性、需求分析三大基本教学原则,专门用途英语的这三大教学原则也符合大学英语教学的要求。

1. "以学生为中心"的原则

ESP 具有鲜明的目标性,其学习者多是成年人,并且这些成年人的时间是有限的,因此在教学中需要做到以学生为中心。ESP 教学以培养学生的交际能力为目标。

教学目标的确定、内容的选择和教学方法的采用,首先要考虑学生学英语的目的和原因,要由他们用英语进行交际的需要和学习需要来决定。哈钦森与沃特斯(Hutchinson & Waters)认为,虽然强调语言运用可以说明我们陈述教学目的,但在 ESP 教学中我们关注的并不是语言的运用,而是语言学习。① 真正有效和可行的 ESP 教学途径必须建立在充分了解语言学习过程的基础上。这里"语言学习"指的是能使学生理解和产出规范语言的学习策略和教学方法。强调"语言学习",实际上就是强调开展以学生为中心的各种教学活动。这一点与大学英语教学要求相符合。大学英语教学要改变传统的以教师为中心的方式,在教学大纲和课堂教学等方面都强调以学生为中心,设计多种形式的课堂教学活动,根据不同的课程需求、不同学生的语言水平采用灵活多样的课堂学习任务,让学生 learning by doing,提高学生自主学习能力和参与能力,充分调动学生的学习积极性,发挥学生的主观能动性,注重培养学生的语言实践能力及跨文化交际能力。做到让学生学一点,会一点,用一点,提高大学英语教学的效率。

2. "真实性"原则

真实的学习任务是体现 ESP 教学真实性原则的重要组成部分,真实性是 ESP 教学的灵魂。教材内容要来自与专业相关的真实语料,练习设计和课内外教学活动都应体现专用英语的社会文化情景。"真实的语篇"加上"真实的学习任务"才能体现 ESP 教学的特色。真实的材料包括科技杂志的文章、实验报告和产品使用说明等不同体裁的语料。真实性体现在阅读技能的训练、听说写等语言技能的训练以及学习策略和交际策略的培养上。大学英语教学也要求尽量使用和专业相关的真实的材料使学生的学习更有针对性和目的性,以便学生毕业后能尽快适应岗位工作,使大学教学更加具有实用性。高校学生对目标岗位的真实任务和真实的材料都格外有兴趣,关注度也极大地提高。

---

① 梦红.ESP 框架下应用型本科院校大学英语教学模式研究[M].长春:吉林大学出版社,2015:120.

第十一章 互联网背景下大学英语教学其他方面的创新

3."需求分析"原则

需求分析是制订 ESP 教学大纲、编写 ESP 教材的基础。在 ESP 教学领域,需求分析包含两方面的内容。

第一,是分析学习者的目标需求,即分析学习者将来必然遇到的交际情景,包括社会文化环境、工作环境以及特定环境可能给学习者在未来工作中带来的特定心理状态等。

第二,分析学习者的学习需求,包括学习者缺乏哪些方面的技能和知识,哪些技能和知识应该先学,哪些应该后学,哪些是学习者喜欢的学习方法等。

约翰·斯韦尔斯(John Swales)认为,学习需求分析还应包括对教学环境的考察,因为校园或课堂文化氛围、教师队伍状况、教学后勤工作等方面的因素也会直接影响教学需要。高校学生英语水平差距较大,应用能力更是参差不齐,所以大学英语教学强调以"实用为主,够用为度",从学生的实际需要出发进行教学。[①] 根据不同学生的基础,设计、调整好教学层次,突出职业岗位的重点能力,有所侧重,并使学生的听、说、读、写、译各项语言技能协调发展。大学英语教学课时安排非常有限,应结合学生的专业需求,教给学生最迫切需要的,必不可少的语言知识和技能。以最大限度地提高学生在校的学习效率。ESP 以需求分析作为教学的出发点和中心,分析和满足不同学习者的不同需要。通过"用中学,学中用,学用结合",为高校学生高效地获取职业或专业所要求的语言交流形式提供一种可行的方法,适合高校学生的客观实际。

从以上内容可以看出,ESP 教学体现了语言教学和学习是为行业发展、岗位技能提高服务的,这些都大大提高了学生的学习热情。ESP 的教学原则与大学英语教学所提倡的尊重学生的学习个性和特点、一切以学生的真实需求为本的理念不谋而合,运用专门用途英语理论指导大学英语教学是可行的。

(二)专门用途英语的教学理念与未来大学英语培养目标一致

ESP 强调从专业的需求出发,探求一种英语与专业相结合的方式。它以实用为导向,与职业紧密结合,注重学生语用能力的培养。这与现阶段我国大学英语教学强调的培养与职业能力相匹配的英语使用能力这一目标一

---

① 梦红.ESP 框架下应用型本科院校大学英语教学模式研究[M].长春:吉林大学出版社,2015:121.

致。ESP注重培养学生的交际能力,提高学生使用英语在目标岗位范围内活动的能力,培养能够在特定专业领域或行业领域范围内运用专业语言交际的专门人才。现阶段我国大学英语的培养目标也是要培养学生在特定职业范围内运用这门语言的能力。ESP目标的设置把"目标情景"分析或需求分析作为教学的出发点和中心,提炼出与职业或学术领域相适应的英语应用能力,然后整合词汇、语法、教法等教学因素,形成一个针对性特别强、以实用能力训练为中心的教学路径。现阶段大学英语教学以岗位所需英语为基本目标,培养学生在其将来的工作岗位上能够借助英语完成工作任务。由此可见,ESP为我们提供了实现大学英语教学目标的可借鉴的观念和工具。

(三)高校学生具备接受专门用途英语教育的基础

ESP学习者均为成年人,包括从事各种专业的高级人才、在岗或者正在接受培训的各类人员、在校大学生、中专生或职业中学的在校学生等。他们把英语作为一种手段或工具来学习,以便进一步进行专业学习,或者是把英语作为手段或工具来学习以便有效地完成各项工作。高校学生通过高中阶段的学习已具备了一定的英语语言基础,掌握一定的语言共核部分,即不论学习对象将来从事何种工作,都必须掌握的语言知识。学生的词汇量、语法知识、文化背景知识和交际技能已经能够帮助其完成一般的交际任务,学生已经具备一定的接受ESP训练的能力。在此基础上开展ESP教学,传授略高于其现有的知识,使他们在某一专业或职业上实现英语知识和技能专门化,让学生转入学习营销英语、金融英语、机电英语、物流英语等这些他们毕业后最可能从事的专业英语,有利于激发学生的学习兴趣。ESP教学是通用英语教学的扩展和延续,是从基础英语能力的培养向英语应用技能培养的过渡。高校学生通过对专业英语的学习,掌握一定的专业词汇和会话,能阅读专业相关产品使用说明、操作指南,熟悉行业英语实用写作规范等,实际上是对其专业能力的加强和补充,对学生终身学习和可持续性发展进行的铺垫。

(四)高校教师具备专门用途英语教师的潜质

从当前的通用英语教学过渡到标准的ESP教学还需要一个过程。专门用途英语教学需要培养的ESP教师队伍既要有较高的英语水平,又要有一定的专业知识,是英语教师和专业教师的完美结合。高校教师具备专门用途英语教师的潜质,可以通过对已有的教师资源进行培训,来培养符合ESP教学要求的具有综合语言能力的教师。对具备良好的英语基础的英语教师进行专业培训,鼓励年轻的外语教师攻读其他专业的硕士学位,或对

第十一章　互联网背景下大学英语教学其他方面的创新

英语水平达到一定标准的其他专业的教师进行英语培训,不断壮大双师型教师队伍,使他们成为支撑 ESP 教学的第一代教师。同时,高校英语教师和专业教师加强业务合作,进行跨学科合作教学,弥补彼此的不足,不断提高教师队伍的素质,逐步建立起一支专业知识和英语知识都过硬的 ESP 教师队伍。目前,高校与企业产学研结合不断加强,高校英语教师的操作技能和动手能力在这个过程中不断提高,对于学科专业知识、发展趋势和企业岗位实践的深入了解,再加上扎实的语言基础知识,为 ESP 教学打下基础。

大学英语教学应考虑学生的学习需求,将学习基础语言与学习专业语言结合起来,教学重心需要从 EGP 教学向 ESP 教学方向转移。运用 ESP 理论指导大学英语教学是一次大的革新,也是大学英语教学改革的现实需要。

三、大学 ESP 课程理论的建构

大学 ESP 的存在形态是学科课程,是对学科教育内容的组织,以实现学科的教育目标。大学 ESP 的一个关键问题是课程中语言、教育学和内容三者之间关系的处理(图 11-4)。三者中哪个最为重要?应怎样将它们整合起来?这与课程相关方的语言学习观直接相关。

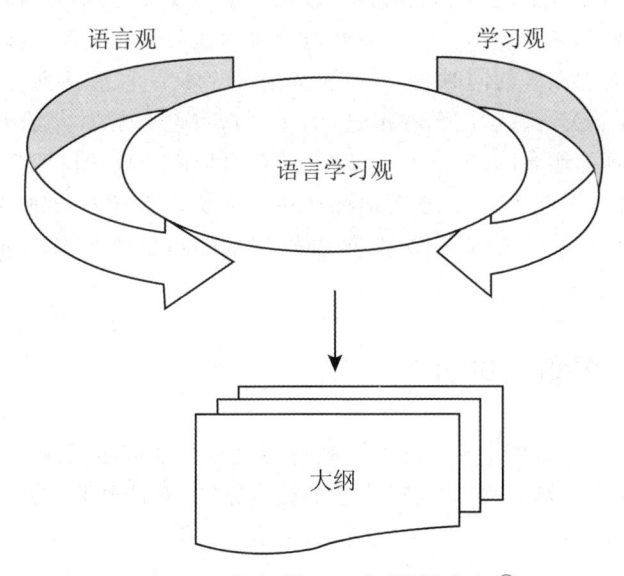

图 11-4　语言学习观与课程内容[①]

[①] 张雪红. 大学 ESP 课程模式与建构[M]. 南昌:江西高校出版社,2014:105.

此外，语言是为一定的社会生活情境服务的，大学 ESP 课程的整合建构也会受到社会因素的影响。

第五节 英语教材的创新

一、什么是英语教材

随着我国改革开放步伐的加快和中国加入 WTO，使用多年的这套教材反映出了"内容陈旧和忽视对学习者交际能力的培养"等问题。大学英语教材的发展呈现出一系列的特点。一方面，教材不断地系统化、层次化、精细化和考试化。大学英语教材的编写从最初全国理工科通用的大学英语教材，到各具特色的大学英语教材；从以大纲为主要依据的教材编写，到结合其他教育政策以及考试大纲的教材编写；从着重培养阅读能力的教材，到各种能力分层培养、各种能力同等重要的教材，这一系列发展变化与大学英语的发展、社会发展、学生英语水平的提高等是分不开的。另一方面，教材在内容、题材和体裁上发生了变化。经过几十年的发展，大学英语教材内容不断丰富，题材和体裁更加多样。逐渐地涵盖到社会生活的各个方面，在教材分层次、分能力训练的同时，也更加注重教材的体系性、整体性与一致性。

随着大学英语教学改革的推进，为了适应社会各界对大学生英语能力的要求，教育部颁布的《教学要求》对大学英语提出的教学目标为"培养学生的英语综合应用能力"。大学英语的改革导致大学英语教材的变化和教学系统的发展。《教学要求》对大学英语教材从编写到发行都产生了深远的影响。

二、英语教材的开发要求

英语教学的跨文化转型对英语教材开发提出了新的要求，不仅要求英语教材符合外语教材的基本特征、基本编写原则，而且要求教材中的文化知识内容、教材的建设等均符合跨文化交际能力培养的要求。

(一)把握基本特征与原则

在英语教学的跨文化转型背景下，英语教材作为教学的主要载体，应该能够满足教师的教学需求，更重要的是能够满足学生的不同需求，能够潜移

第十一章 互联网背景下大学英语教学其他方面的创新

默化地丰富学生的文化知识,培养学生的文化素养,锻炼学生的自主学习能力、语言应用能力和跨文化交际能力。可见,切实将教材的编写与学生跨文化交际能力、实践创新能力的培养相融合并落到实处十分重要。具体而言,新时代的英语教材应具备以下几个基本特征。

第一,教学内容和语言对时代发展相吻合,能够反映快速发展和变化的时代。

第二,要梳理好专业知识、学科知识和语言训练之间的关系,并处理好它们之间的关系。

第三,教材不能局限于知识的传授,要着眼于对学生思维能力、鉴赏批评能力、文化能力和创新能力的培养。

第四,教学内容要重点突出,具有针对性和实用性。

第五,教材要能够与多媒体、网络等先进的教育技术相结合,并能充分利用这些教学手段。

就编写原则而言,英语教材的编写应遵循系统性原则、交际原则、认知原则、文化原则和情感原则。具体而言,英语教材应系统地介绍英语的基础语言知识和基本语言技能;英语教材中材料的选择和练习的设计要具有可操作性和实践性;英语教材中语言材料的编排和练习的设计要充分考虑英语学习的基本规律;英语教材中语言材料的选取要体现主流文化。

(二)弄清英语教材中的文化内容

英语教学的跨文化转型对英语教材的文化内容提出了相应的要求。大部分的教材都十分关注和重视对学生语言能力的培养,却忽视了对学生文化意识和跨文化交际能力的培养。实际上,英语教材应能够培养学生的实际交际能力,能帮助学生在实际生活中进行交际,教材中的文化内容应满足学生跨文化交际能力发展的需要。具体而言,英语教材的文化内容应体现以下特征。

第一,英语教材中的文化内容应体现国际性和跨文化特征,除了要涵盖英语国家的文化知识,还要包括丰富的国际性文化知识。在经济全球化和文化全球化背景下,英语已经成为一门世界性语言被人们广泛使用,越来越多并非以英语为第一语言的人们开始学习和使用英语,并试图和不同对象进行交际,因此英语教材中不仅要包含英语国家的文化背景知识,还要包含其他非英语国家的文化背景知识,也就是国际文化知识。

第二,英语教材的文化内容应覆盖面广,并且具有多样性,能够体现关于人本身、环境、生活方式、文化等方面的多样化知识,能够体现文化内容的核心,即价值观。

具体来讲,英语教材的文化内容应体现在以下几个方面。

首先,英语教材应具有真实意义,也就是说英语教材中应包含目的语国家的文学、艺术、音乐等内容。

其次,英语教材应具有社会意义,也就是说英语教材应反映目的语国家的习惯、家庭、娱乐等。

再次,英语教材应具有语义意义,也就是说英语教材应体现语言的概念系统。

最后,英语教材应具有社会语言意义,能够让学生了解社会地位、年龄等对语言的影响,并能够帮助学生熟悉不同的写作文体。

除此之外,英语教材应包含本民族文化知识,丰富学生的本民族语言和文化知识,帮助学生树立文化自信,使学生能够用英语传播本民族文化。

三、英语教材的选择和使用

(一)英语教材的选择

随着英语教学的跨文化转型,现在的英语教学已经将跨文化能力的培养提升到了与语言能力培养同等重要的地位,在选择英语教材时就应对此加以注意,并体现这一理念。英语教材的选择应充分考虑跨文化交际能力培养的需要,在选用教材之前,教师和管理者应深入分析教材的优缺点,对教材进行全面评估,进而选择最佳的教材。

具体而言,在选择英语教材时,要充分考虑学生的学习动机、学习兴趣和语言水平;考虑所涉及的文化内容的广度以及系统性,注重文化信息和主题的呈现形式,注重文化传播的过程;考虑教材运用的实践性和可操作性;注重文化意识和跨文化交际能力的培养。当选择原版教材时,就要注意教材要满足教学实际的需要,也要考虑学生的语言能力和需要。

(二)英语教材的使用

课堂上如何使用教材,即如何保证学生、教材、教师之间的交互质量,对学生的文化学习和跨文化交际能力的培养起着重要的作用。

每一个教学环境都有其独特性,而且受多种因素的影响,如学生的学习动机、资源的可供性、课堂的动态性、教学大纲的限制等。为了更有效地开展教学,切实培养学生的跨文化交际能力,教师需要对教材进行必要的改编。具体而言,教师在使用教材过程中要具有一定的自主性、灵活性和创造性。教师在教学实践中以课本为主,同时辅助其他教学材料,也可以根据实

第十一章 互联网背景下大学英语教学其他方面的创新

际教学情况对教材进行必要的增减、改动和替代,科学、有效地使用教材。自主、灵活、创造性地使用教材具有显著的优势,即通过课本,教师可以获得课堂教学的通用框架,使教学有据可依;采用其他教学材料,可以弥补课本的不足;对教材进行必要的调整,能够有效满足学生的需要,也为多样性教学活动的开展和教学技术的运用提供了空间。

对此,教师除了要依据教学大纲、教学目标、学生需求使用核心教材,还要自主地、灵活地、有选择性地利用、整合其他各类教材内容和多媒体技术、网络资源、影视节目等课程资源,并且根据学生的实际情况和教学需要对这些资源进行改编、加工等,以激发学生的学习兴趣,为学生提供练习的机会,满足学生的学习需求。需要注意的是,教师在教材进行改编时,首先要对教材和教学环境有深入的了解,同时要充分考虑学生的实际情况,包括学生的学习动机、学习兴趣和学习风格等。

总体而言,教师在使用教材过程中,应不拘泥于课本,从实际情况出发,合理筛选、整合、利用教学资源,灵活、创造性地使用教材。

参考文献

[1]蔡先金.大数据时代的大学:e课程e教学e管理[M].济南:山东人民出版社,2015.

[2]陈俊森,樊葳葳,钟华.跨文化交际与外语教学[M].武汉:华中科技大学出版社,2006.

[3]陈莉.英语教学与互联网技术[M].北京:光明日报出版社,2016.

[4]崔长青.英语写作技巧[M].北京:中国书籍出版社,2010.

[5]樊永仙.英语教学理论探讨与实践应用[M].北京:冶金工业出版社,2009.

[6]何冰,汪涛.翻转课堂与英语教学[M].长春:吉林人民出版社,2019.

[7]何自然,冉永平.新编语用学概论[M].北京:北京大学出版社,2009.

[8]胡文仲.跨文化交际学概论[M].北京:外语教学与研究出版社,1999.

[9]贾冠杰.英语教学基础理论[M].上海:上海外语教育出版社,2010.

[10]姜涛.高校英语写作教学理论与实践[M].长春:吉林出版集团有限责任公司,2009.

[11]焦建利,王萍.慕课:互联网+教育时代的学习革命[M].北京:机械工业出版社,2015.

[12]金惠康.跨文化交际翻译续编[M].北京:中国对外翻译出版公司,2004.

[13]康莉.跨文化视角下的大学英语教学:困境与突破[J].北京:中国社会科学出版社,2014.

[14]柯清超.超越与变革:翻转课堂与项目学习[M].北京:高等教育出版社,2016.

[15]孔繁霞.行动研究与教师专业发展:大学英语教师方向[M].南京:东南大学出版社,2013.

[16]李成洪.英语教学与跨文化传播[M].沈阳:东北大学出版社,2013.

[17]李莉莉.跨文化交际中的非语言行为[D].黑龙江:黑龙江大学,2004.

[18]李莉文.英语写作教学与思辨能力培养研究[M].北京:外语教学

与研究出版社,2011.

[19]李庭芗.英语教学法[M].北京:高等教育出版社,1983.

[20]李晓朋."互联网+"时代英语自主学习与课堂教学的整合模式探究[M].成都:电子科技大学出版社,2017.

[21]李鑫.英语教学的理论与实践[M].北京:知识产权出版社,2012.

[22]李正栓,郝惠珍.中国语境下英语教师教育与发展研究[M].保定:河北大学出版社,2009.

[23]连淑能.英汉对比研究(增订本)[M].北京:高等教育出版社,2010.

[24]林大津.跨文化交际研究[M].福州:福建人民出版社,1996.

[25]刘润清,韩宝成.语言测试和它的方法(第2版)[M].北京:外语教学与研究出版社,1991.

[26]刘鑫.高校英语教师自主专业发展研究[M].昆明:云南大学出版社,2010.

[27]刘颖.计算语言学[M].北京:清华大学出版社,2014.

[28]鲁子问,康淑敏.英语教学方法与策略[M].上海:华东师范大学出版社,2008.

[29]鲁子问,王笃勤.新编英语教学论[M].武汉:华中师范大学出版社,2006.

[30]梦红.ESP框架下应用型本科院校大学英语教学模式研究[M].长春:吉林大学出版社,2015.

[31]孟丽华,武书敬.网络环境下大学英语教师专业素质发展研究[M].北京:外语教学与研究出版社,2015.

[32]孟银连.高中英语阅读教学中文化知识教学调查研究[D].重庆:重庆师范大学,2018.

[33]穆雷.中国翻译教学研究[M].上海:上海外语教育出版社,1999.

[34]庞维国.自主学习——学与教的原理和策略[M].上海:华东师范大学出版社,2003.

[35]平原春.大学英语教师向专门用途英语(ESP)教师转型研究[M].重庆:重庆大学出版社,2016.

[36]沈银珍.多元文化与当代英语教学[M].杭州:浙江大学出版社,2006.

[37]束定芳,庄智象.现代外语教学:理论、实践与方法[M].上海:上海外语教育出版社,2008.

[38]孙慧敏,李晓文.翻转课堂,我们在路上[M].杭州:浙江大学出版社,2018.

[39]唐俊红.互联网+英语教学[M].北京:新华出版社,2018.

[40]王笃勤.英语教学策略论[M].北京:外语教学与研究出版社,2002.

[41]王凡,王金宝,赵慧敏.跨文化交际与当代英语教学[M].长春:吉林大学出版社,2015.

[42]王宏印.英汉翻译综合教程[M].大连:辽宁师范大学出版社,2002.

[43]王岚,王洋.英语教学与英语思维[M].长春:吉林人民出版社,2019.

[44]王琦.信息技术环境下的外语教学研究[M].北京:中国社会科学出版社,2006.

[45]王素荣.教育信息化:理论与方法[M].北京:社会科学文献出版社,2006.

[46]王亚盛,丛迎九.微课程设计制作与翻转课堂教学应用[M].北京:机械工业出版社,2015.

[47]王哲.互联网环境时代背景下的初中英语教育形态[M].哈尔滨:黑龙江教育出版社,2013.

[48]威尔斯著,祝珏,周智谟译.翻译学——问题与方法[M].北京:中国对外翻译出版社,1988.

[49]魏朝夕.大学英语文化主题教学探索与实践[M].北京:中国农业科学技术出版社,2010.

[50]邢新影.大学英语口语教学理论与实践[M].长春:吉林出版集团有限责任公司,2009.

[51]徐道平,王凤娇,赵卫红.互联网时代下高校英语教学研究[M].长春:吉林人民出版社,2019.

[52]徐燕,伏振兴,李兆义.信息技术与现代教育手段[M].银川:阳光出版社,2018.

[53]许智坚.计算机辅助英语教学[M].厦门:厦门大学出版社,2015.

[54]严明.大学英语自主学习能力培养模式研究:体验的视角[M].哈尔滨:黑龙江大学出版社,2009.

[55]严明.跨文化交际理论研究[M].哈尔滨:黑龙江大学出版社,2009.

[56]禹明,郑秉捷,肖坤.中学英语教学评价[M].成都:四川教育出版社,2008.

[57]于永昌,刘宇,王冠乔.大数据时代的教育[M].北京:北京师范大学出版社,2015.

[58]战德臣.MOOC+SPOCs+翻转课堂:大学教育教学改革新模式[M].北京:高等教育出版社,2018.

[59]张豪锋.教育信息化与教师专业发展[M].北京:科学出版社,2008.

[60]张红玲.跨文化外语教学[M].上海:上海外语教育出版社,2007.

[61]章兼中.英语课程与教学论[M].福州:福建教育出版社,2016.

[62]张雪红.大学 ESP 课程模式与建构[M].南昌:江西高校出版社,2014.

[63]张雪萍.信息技术教育应用[M].东营:中国石油大学出版社,2009.

[64]赵轩.互联网+时代的教育变革与思考[M].北京:北京理工大学出版社,2019.

[65]郑茗元,汪莹.网络环境与大学英语课程的整合化教学模式概论[M].北京:中国水利水电出版社,2015.

[66]钟玉芹.大学英语混合式教学探究[M].北京:电子工业出版社,2017.

[67]崔冬梅.翻转课堂视域下的大学英语教学状况研究[D].吉林:辽宁师范大学,2015.

[68]郭琬.微课的应用及其开发研究——以初中语文为例[D].西安:陕西师范大学,2015.

[69]黄兰.微课在初中课堂教学中应用的现状分析与对策研究[D].宁波:浙江师范大学,2015.

[70]马苹惠.高中英语阅读课中文化教学的研究——以图式理论为基础[D].福州:福建师范大学,2016.

[71]闵婕.思维导图在高中英语阅读教学中的应用研究[D].聊城:聊城大学,2017.

[72]潘清华.微课在中职英语教学中的应用[D].济南:山东师范大学,2016.

[73]齐婉萍."微课"在高中语文教学中的运用[D].哈尔滨:哈尔滨师范大学,2015.

[74]王曼琪."慕课"教学模式评析及实施建议[D].呼和浩特:内蒙古师范大学,2015.

[75]肖敏.大学英语教学中的跨文化教育[D].长沙:湖南师范大学,2009.

[76]孟银连.高中英语阅读教学中文化知识教学调查研究[D].重庆:重庆师范大学,2018.

[77]赵富春.大学英语口语探究式教学研究[D].南京:南京航空航天大学,2010.

[78]曾春花.网络多媒体辅助下的英语语法教学探究[J].福建广播电视大学学报,2015,(4).

[79]陈宏.第二语言能力结构研究回顾[J].世界汉语教学,1996,(2).

[80]邓芳.文化教学与大学英语教学的有机融合[J].安徽电子信息职业技术学院学报,2015,(1).

[81]丁念亮.谈高级英语教学中的文化教学实践[J].时代文化,2010,(4).

[82]董舒,黎夏涛,望京.多媒体网络教育的发展现状[J].湖北中医学院学报,2006,(2).

[83]高频.多媒体和网络环境下大学英语词汇教学改革初探[J].凯里学院学报,2008,(2).

[84]顾煜彤.跨文化交际背景下的语用失误及对外汉语教学中的策略应对[J].汉字文化,2020,(10).

[85]郭淑英,赵琼.大学英语自主学习学生自我评估调查研究[J].黄石理工学院学报,2008,(1).

[86]韩宝华.影响多媒体网络教学发展的因素[J].教育教学论坛,2014,(13).

[87]何克抗.教学设计理论与方法研究评论[J].电化教育研究,1998,(2).

[88]洪鸳肖.基于《跨文化商务交际》的参与式课堂模式研究[J].现代商贸工业,2020,41(16).

[89]胡铁生,黄明燕,李民.我国微课发展的三个阶段及其启示[J].远程教育杂志,2013,(4).

[90]胡铁生.微课:区域教育信息资源发展的新趋势[J].电化教育研究,2011,(10).

[91]黄元龙.浅议高职英语写作教学的循序渐进原则[J].开封教育学院学报,2017,(2).

[92]黄志成,魏晓明.跨文化教育——国际教育新思潮[J].全球教育展望,2007,(11).

[93]焦建利.微课及其应用与影响[J].中小学信息技术,2014,(4).

[94]靳淑梅.多元文化主义的困境及对教育的启示[J].教育评论,2009,(1).

[95]黎加厚.微课的含义与发展[J].中小学信息技术,2013,(4).

[96]李俊卿,刘纯盛.应用技术背景下的大学英语课堂[J].中外企业家,2020,(17).

[97]李瑞芳.大学英语翻译教学中文化的导入[J].亚太教育,2016,(30).

[98]李松林,李文林.教学活动理论的系统考察与方法论反思[J].外国中小学教育,2008,(1).

[99]梁静.大学英语听力教学的跨文化思辨能力培养[J].海外英语,2020,(10).

[100]刘红霞,赵蔚.基于"微课"本体特征的教学行为涉及与实践反思[J].现代教育技术,2014,(2).

[101]刘俊玲,曾薇.慕课在高校英语教学中的应用研究[J].课程研究,2016,(5).

[102]刘梦雪.通过自我评估训练促进自主式英语学习的实证研究[J].疯狂英语(教师版),2009,(4).

[103]刘艳晖.多媒体网络环境下的英语词汇教学[J].湖南第一师范学报,2009,(2).

[104]欧阳日辉.从"＋互联网"到"互联网＋"——技术革命如何孕育新型经济社会形态[J].人民论坛·学术前沿,2015,(10).

[105]彭兵转,朱戈,鹿晶.主观性视角下基于现代信息技术的跨文化交际能力评测实证研究[J].黑龙江教育(理论与实践),2020,(6).

[106]沙德玉.英汉词汇的对比研究及其翻译初探[J].零陵学院学报(教育科学),2004,(6).

[107]沈彩芬,程东元.网络多媒体环境下的外语教学特征及其原则[J].外语电化教学,2008,(3).

[108]苏小兵,管珏琪,钱冬明,等.微课概念辨析及其教学应用研究[J].中国电化教育,2014,(330).

[109]隋志娟.高职英语混合式教学模式研究[J].中国教育学刊,2014,(12).

[110]滕星.教学评价若干理论问题探究[J].民族教育研究,1991,(2).

[111]汪晓东,张晨婧仔."翻转课堂"在大学教学中的应用研究——以教育技术学专业英语课程为例[J].现代教育技术,2013,(8).

[112]王广新.微课设计与制作的理论与实践[J].远程教育杂志,2014,(6).

[113]王珏.基于慕课环境的大学英语翻译教学[J].湖北函授大学学报,2016,(18).

[114]王利梅.试论需求分析与英语教学[J].上海工程技术大学教育研究,2008,(3).

[115]肖亮荣,俞真.论计算机网络技术给大学英语教学带来的机遇和挑战[J].外语研究,2002,(5).

[116]杨惠元.课堂教学评估的作用、原则和方法[J].汉语学习,2004,(5).

[117]杨仕章.翻译界说新探[J].外语教学,2015,(6).

[118]尹苗苗."互联网＋教育"在我国的发展历程探析[J].文教资料,2016,(16).

[119]张福群.大学英语翻译教学中文化的导入与教学方法分析[J].现代经济信息,2018,(10).

[120]张军燕.浅析英汉词汇翻译技巧[J].外语教研,2008,(14).

[121]张林.浅析大学英语阅读教学的原则与方法[J].英语教学,2009,(12).

[122]张楠楠.基于慕课时代的大学英语课堂教学模式探索与研究[J].科技创新导报,2014,(36).

[123]张玉兰,张玉宁.多媒体网络教学及发展趋势浅析[J].山东电大学报,2003,(1).

[124]赵婧宏.慕课对大学英语写作课堂教学的影响[J].科技教育,2016,(2).

[125]郑小军,张霞.微课的六点质疑及回应[J].现代远程教育研究,2014,(2).

[126] Berwick, R. Need assessment in language programming: from theory to practice[A]. The Second Language Curriculum[C]. In R. K. Johnson(ed.).Cambridge:Cambridge University Press,1989.

[127]Catford,J.C. A Linguistic Theory of Translation[M].London: Oxford University Press,1965.

[128]Cook, S., Burns, A. Integrating Grammar in Adult TESOL Classroom[J].Applied Linguistics,2008,(3).

[129] Harmer, J. The Practice of English Language Teaching[M]. London:Longman,1990.

[130]Katharina Barkley.Does one size fit all? The applicability of situational crisis communication theory in the Japanese context[J].Elsevier Inc.,2020.

[131] Larsen-Freeman, D. Teaching Language: From Grammar to Grammaring[M].Beijing:Foreign Language Teaching and Research Press,2005.

[132] Lewis, M. Second Language Vocabulary Acquisition[M]. Cambridge University Press,1997.

[133] Marcel Pikhart. The Use of Mobile Devices in International Management Communication: Current Situation and Future Trends of Managerial Communication[J].Elsevier B.V.,2020,171.

[134] Mark A. Levand. Consent as Cross-Cultural Communication: Navigating Consent in a Multicultural World[J].Springer US,2020,24(4).

[135] Nida, E. A., Taber, C. R. The Theory and Practice of Translation [M].Shanghai:Shanghai Foreign Language Education Press,2004.

[136]Ning Liu, Yan Bing Zhang.Warranting theory, stereotypes, and intercultural communication: U.S. Americans' perceptions of a target Chinese on Facebook[J].Elsevier Ltd,2020,77.

[137] Richards, J. C., R. Schmidt. Longman Dictionary of Language Teaching and Applied Linguistics[M]. London, UK: Longman, 2002.

[138] Rubin, J. An Overview to "A Guide for the Teaching of Second Language Listening"[A]. A Guide for the Teaching of Second Language Listening[C]. D. Mendelsohn, J. Rubin. San Diego, CA: Dominie Press, 1995.

[139] Ur, P. Grammmar Practice Activities: A Practical Guide for Teachers[M]. Beijing: Foreign Language Teaching and Research Press, 2009.

[140] Widdowson, H. G. EST in theory and practice[A]. Explorations in Applied Linguistics[C]. In H. G. Widdowson (ed.). London: Oxford University Press, 1979.

[141] Williams, Jenny, Chesterman Andrew. The Map: A Beginner's Guide to Doing Research in Translation Studies[M]. Shanghai: Shanghai Foreign Language Education Press, 2004.